生活・讀書・新知 三联书店

刘仁文 著

死刑的温度

增订版

图书在版编目（CIP）数据

死刑的温度／刘仁文著．—增订版．—北京：
生活·读书·新知三联书店，2019.1
ISBN 978 – 7 – 108 – 06324 – 3

Ⅰ．①死…　Ⅱ．①刘…　Ⅲ．①死刑－研究－中国
Ⅳ．① D924.124

中国版本图书馆 CIP 数据核字（2018）第 101114 号

责任编辑　徐国强
装帧设计　赵　欣　康　健
责任印制　徐　方
出版发行　生活·讀書·新知 三联书店
　　　　　（北京市东城区美术馆东街 22 号 100010）
网　　址　www.sdxjpc.com
经　　销　新华书店
印　　刷　河北鹏润印刷有限公司
版　　次　2019 年 1 月北京第 1 版
　　　　　2019 年 1 月北京第 1 次印刷
开　　本　635 毫米×965 毫米　1/16　印张 27
字　　数　301 千字
印　　数　0,001 – 5,000 册
定　　价　75.00 元
（印装查询：01064002715；邮购查询：01084010542）

目　录

超越愤怒（增订版序）　1

超越悲剧（第一版序）　6

第一编　理想与现实　1

宽　恕　3

司法宽容需要这样伟大的母亲　7

一个死刑案件的跟踪　11

当场击毙必须掂量五个问题　47

民意与死刑判决　51

人权：判处死刑的死刑　56

生活在一个没有死刑的社会，我们准备好了吗　60

人道主义背景下的死刑改革　65

刑法大修：逐步减少死刑罪名仍是趋势　75

2016 年：平反冤案值得肯定，死刑控制任重道远　85

复旦"求情信"呼吁"超越悲剧"　93

第二编　他山之石　99

荷兰的三个命案判决　101

世界死刑存废趋势　104

与巴丹戴尔先生谈死刑　108

生命无价
　　——《死刑的全球考察》译后记　112

死刑的威慑力问题　121

"终身监禁"并不等于在监狱中度余生　127

联合国通过全球暂停执行死刑议案意味着什么　131

从日本恢复执行死刑看废除死刑的复杂性　137

亚洲死刑观察　141

第三编　中国之路　147

严格限制死刑的几个前提条件
　　——在哈佛大学的演讲　149

中国的死刑制度及其改革
　　——在外国记者驻华俱乐部的演讲　154

废除死刑是否需要设立期限　176

68 个死刑罪名可废除 67 个半
　　——关于死刑的对话　183

中国废除死刑之路
　　——在中国政法大学"蓟门决策"论坛上的演讲　192

死刑改革不能倒退，只能前进　201

中国的死刑改革之路
　　——在燕山大讲堂的演讲　205

中国死刑存废的现状与争议
　　——在岭南大讲坛的演讲　232

要创造条件取消贪腐犯罪的死刑　240

为什么要创造条件废除贪腐犯罪的死刑 247

死刑削减仍然在路上 255

死刑的宪法维度 258

第四编 生杀大权 265

死刑核准权"回归"的四大好处 267

如何收回死刑核准权 270

死刑复核权不应仅仅是收回 272

落实死刑案件二审开庭 277

"留有余地"与"疑罪从无" 282

寄望最高法院审慎复核吴英案 286

对最高检死刑复核检察厅的三点期待 290

加强检察机关对死刑二审案件的法律监督 294

最高法院死刑复核结果应当直接通知律师 301

第五编 执行的风度 305

废除"死刑立即执行"的提法 307

死刑执行的方法及相关问题 310

解密注射死刑执行车 316

死刑执行权应从法院剥离出来 324

废止枪决统一注射死刑的条件已经成熟 327

从美国经验看注射执行死刑的改进 337

刑法的人道化历程　341

注射死刑：12 年的静止与变化　344

用注射取代枪决，实现死刑执行方法的统一　356

第六编　死刑的温度　363

加强对死刑案件的辩护　365

死刑复核被告人应有法律援助权　371

死刑案件不应排除和解　374

死刑案件特别赦免程序之构想　377

美国弱智罪犯不执行死刑之启示　382

绝症死刑犯与人文关怀　385

对老年罪犯免死是智慧的立法　392

死囚生育权带来的法律思考　395

死刑犯器官利用需进一步规范　399

为什么不知道马加爵被执行死刑　403

死刑犯行刑前应有权会见亲属　406

建立对刑事被害人的补偿制度　411

后　记　414

超越愤怒（增订版序）

《死刑的温度》2014 年出版后，承蒙读者的厚爱，曾获评当年《法制日报》的"十大法治图书奖"，序言《超越悲剧》在《上海书评》发表后，亦获得当年新浪的"致敬奖"。

现在该书已经告罄，出版社决定再版。利用这个机会，除了补充几篇近年的新作外，我还想加个增订版序。

一位读者曾经在给我的来信中说：过去他一看到主张废除死刑的文章就排斥，但《死刑的温度》一书序言却深深地感染了他。回想起来，这篇序言并没有直接呼吁废除死刑，而是用普方案这个悲伤的故事，以及悲剧发生后被害人亲友超越悲剧的后续故事来引发大家对死刑问题的思考。由此给我的启发是，相比起理性的学术论著而言，用更为感性的方式来表述其实很重要。书中有一篇回忆我与法国原司法部长巴丹戴尔先生谈论死刑的文章，他就指出，在推动废除死刑的过程中，光靠法学家呼吁还不够，还要注意发挥文学作品和影视作品的作用，因为它们的受众面更广，影响更大。因此，我期望更多的知识界、文艺界、体育界的人士来关注死刑这一重大话题。本书的主要定位也即在此。

记得在聂树斌冤案平反后的系列报道中，有一个仔细想想令人恐惧的情节：当时送达聂树斌死刑执行令时，为什么没有他本人的签字？有关方面的答复是：因为过去看守所发生过犯人拿笔戳人的事，所以当时为了安全考虑，就代签了。这个解释恐怕是无论如何也说不过去的，且不说"人之将死，其心也善"，就算他真要拿笔戳人，在脚镣手铐和看守全副武装的绝对可控环境下，这种危险也几乎为零。我当时看到这则报道，最直接的感慨就是：中国的刑事司法还需要一场人道主义的启蒙！

近年来，许多像聂树斌案这种当初被视为"铁案"、现已相继平反的冤错案件，深深刺痛了国人的心。冤错案件的一个共同的罪魁祸首就是刑讯逼供，而国际上防止刑讯逼供最有效的办法是确立被讯问人的律师在场权，即任何人在被讯问时必须有律师在场，讯问完双方在录音带封条上签字，任何没有律师在场的讯问笔录一概不得作为证据使用。血的教训警醒我们：应当尽快确立被讯问人的律师在场权！

死刑冤案的另一个重要原因是，对犯罪嫌疑人和律师的意见重视不够。在呼格吉勒图案中，呼格吉勒图曾请求检察官调查他被警方刑讯逼供一事，但检察官却斥其为"胡说"。正是这种公权力的任性，导致了呼格吉勒图最后被冤杀。而不按司法规律办事的另一恶果是，包括时任呼格案专案组组长、后升任呼和浩特市公安局副局长的冯志明在内的27人被严厉追责直至定罪判刑。

正如我在本书中所反复阐明的一个观点，生命无价，所以即使从朴素的报应观来看，也只有致命性的犯罪才能与死刑发生关联，否则就连"以牙还牙、以眼还眼"的原始等价报应观都不如了。而现代刑法又以犯罪人的意志自由、期待可能等"责任主义"为基石，判处死刑意味着让行为人承担百分之百的责任，所以除非能证明行为人要对自己的行为负百分之百的责任，否则对其判处死刑就不公平，但现代心理学、生理学和神经科学的发展，让我们对人类病态行为的"意志自由"产生了疑问。我直接或间接接触过一些被判处死刑的案子，脑子里常常出现某些死刑犯向我喊冤的形象：你们刑法不是强调意志自由吗？可我在行为时是不自由的呀！

对于那些有严重人身危险性又实施了严重危害社会的行为的人，如果不能从"责任归咎"上判其死刑，又要"保卫社会"，怎么办？于是有了那些废除死刑国家的"保安监禁"这类的制度，即对那些心理上、生理上有"病"的犯罪人，出狱之前，要经过"人身危险性"的评估，如果通不过人身危险性的评估，就不能"放虎归山"；与此同时，也恰恰因为他们是"病人"，所以"保安监禁"不同于"监狱服刑"，监狱服刑主要还是立足于报应和惩罚，而保安监禁则主要立足于保卫社会和治疗病人，被保安监禁者应有定期接受人身危险性评估的权利和机会。

假如确有对自己的致命行为要负百分之百的责任的人，是否就要判处死刑呢？这其实就是现在欧洲和美国在刑罚理念上的一个差别：欧洲认为死刑经不起人道主义的拷问，所以要一概废除（但为保卫社会要建立起相应的"保安监禁"制度），美国（联邦及有的州，它的另一些州也已经全部废除了死刑）认为对剥夺他人生命的一级谋杀罪判处死刑是正义的报应（但它反对对非致命的犯罪适用死刑，这也是为什么它在将一些腐败犯罪者遣送回我国时要我们承诺不判处死刑）。当然，欧洲认为美国的文明程度不如它。

说来说去，在死刑问题上看来至今还得回到贝卡里亚在《论犯罪与刑罚》中提出的两个观点：一是"在一个管理良好的国度里，死刑是否真的公正或者有用"，二是"如果我要证明死刑既不是必要的也不是有益的，我就首先要为人道打赢官司"。

中国的死刑改革近年来取得了长足进步，十八届三中全会还把"逐步减少适用死刑罪名"写进了党的文件。但如果放眼世界，我们削减死刑的任务还很重（更遑论废除死刑）。就在写这篇序的时候，我接到一封毛骨悚然的邮件：发邮件者以郑州空姐被滴滴司机杀害为由，严厉质问那些中国法学家，面对这样的凶手，为什么还要残忍地主张废除死刑？……

我不能对这样的邮件再说什么，近年来我也尽量避免就一些悲剧性的个案发表意见，因为悲剧的出现对我本来已是一个打击，如果再出现一个悲剧（像本案中的犯罪嫌疑人疑似自杀），简直让我对这种害人害己的行为百思不得其解。作为一个刑法学者，我的知识是多么的贫乏，我多么想弄清楚这样的行为人的心理。我想起在德国马普所时，一位犯罪学家拿着当天报道一个恶性案件的报纸跟我谈起他的困惑：他为什么要这样做？我们的刑罚对他有用吗？

我又想起另外一件事来。2007 年 4 月 18 日，一名韩裔学生在美国弗吉尼亚理工大学枪杀了 32 名师生之后自杀。当时，一些韩裔师生担心遭到报复，但后来的情况令他们大为吃惊，学生们在为死者立纪念碑时，一共立了 33 个，包括那名行凶者。当然，要原谅一个凶手，这个过程注定是痛苦而复杂的，最后他们之所以要这样做，是因为他们尽管对他的行为感到愤怒，却也对他感到可怜，"他的自杀已经使他得到了最大的报应"。同时，他们也认识到："如果不选择原谅，就无法摆脱愤怒。"在接下来的祈祷中，他们还替凶手的家人祈祷，"因为他们要面对死者及其行为给他人带来的痛苦这样双重的压力。"令我印象深刻的是，师生们在悲剧

发生后，开始反思他们的枪支管制政策为何能让凶手这样的人轻易就能买到枪支……[1]

虽然文化不同，但善良、恻隐这类人性的美德和境界总是可以带给我们心灵上的共鸣。我相信，我们的文化中，一定不缺这样的基因。这也是我继本书第一版序名为"超越悲剧"之后，将此次增订版序取名为"超越愤怒"的原因。特与读者诸君共勉之。

刘仁文

农历戊戌年（2018）初夏于京西寓所

---

[1] 详见美联社记者休·林赛（Sue Lindsey）2007年4月26日发表于《华盛顿邮报》的文章《超越愤怒》（"Va. Tech Has Little Anger for Gunman"，http://www.washingtonpost.com/wp-dyn/content/article/2007/04/26/AR2007042601832_pf.html），最后访问时间为2018年5月13日。

超越悲剧（第一版序）

一、悲伤的故事

2000 年 4 月 1 日深夜，四个来自苏北农村的无业青年，潜入南京玄武湖畔的金陵御花园行窃，他们最初进入一座不亮灯的空宅，结果在那套正在装修的别墅里一无所获，接着他们选择了隔壁的一家。但盗窃行动很快被这个外籍家庭察觉，因为言语不通，惊惧之中，他们选择了杀人灭口。这个不幸的家庭，一家四口顷刻间全部遇害。

遇害的是一家德国人，他们 1998 年落户南京。男主人普方（Jürgen Pfrang）时年 51 岁，是扬州亚星奔驰合资公司的德方代表，他 40 岁的妻子是一位和善的全职太太，15 岁的女儿和 13 岁的儿子都是南京国际学校的学生。这一天正是西方的愚人节，以至于很多友人听到这个噩耗后都难以置信：天哪！这是真的吗？

很快，四个凶手被抓获，并迅速被起诉到法院。庭审时，普方一家人的亲友也赶来旁听。让他们震惊的是，这四名 18 到 21 岁的凶手看起来就像刚刚逃出课堂、做错事的孩子，他们一脸稚气，显露着没有见过世面的窘迫和闯祸后的惊惶。在普方亲友的想象中，凶手应当是那种"看起来很强壮、很凶悍的人"，可实际上，"跟你在马路上碰到的普通人没有区别"。

听说这四个孩子根据中国法律将很可能被判处死刑，普方的母亲（一说普方妻子的母亲）在跟亲友商量之后，写信给中国法官，说不希望判处这四个青年死刑，"德国没有死刑。我们觉得，他们的死不能改变现实"。

这个案子当年在国际上也产生了影响。在一次中国外交部的新闻发布会上，有德国记者转达了普方家属希望从宽处理被告的愿望，但我外交部发言人的回应是："中国的司法机关根据中国的有关法律来审理此案。"

果然，南京市中级人民法院的一审死刑判决书很快就下来了，其中特别写道："本案庭审后，被害人贝塔·普方的近亲属致函本院，认为各被告人的犯罪行为应当受到法律惩罚，但反对对被告人适用死刑。对此，本院予以注意。本院认为，依照我国的法律规定，凡在我国领域内犯罪的，一律适用中华人民共和国刑法。本案四名被告人在我国境内犯罪，应当适用我国刑法，依照我国法律定罪量刑。"最终，江苏省高级人民法院驳回了四名被告的上诉，维持死刑的判决。当时新华社曾以《南京特大涉外凶杀案公开宣判》为题做了报道，报道中提及："法庭认为，仲伟杨等四名被告人杀人手段特别残忍，情节特别恶劣，后果特别严重，社会危害极大，依法均应予以严惩……"

二、悲剧的超越

惨案发生数月后，居住在南京的一些德国人开始想到，再过几年，认识普方这一家的朋友们也许都会先后离开南京，到那时，这个不幸的家庭或许将被人们遗忘。想到这些，大家都有一种难以言喻的忧伤。于是，他们决定以一种更积极的方式去纪念普方一家。当年 11 月，由普方夫妇的同乡和朋友发起，在南京居住的一些德国人设立了以普方的名字命名的基金，用于改变苏北贫困地区儿童上不起学的状况。[1] 之所以如此，是因为庭审中的一个细节给他们触动很深：那四个来自苏北农村的被告人都没有受过良好的教育，也没有正式的工作，"如果他们有个比较好的教育背景，就会有自己的未来和机会"。

"如果普方还在世，那么普方家肯定是第一个参与的家庭。"德国巴符州驻南京代表处的负责人朱利娅（Julia Güsten）说。她是普方基金的创始人之一，和普方是同乡。她觉得这是纪念普方一家最好的方式。在她的印象中，普方及其太太一直都热心公益、乐善好施，他们家的一双儿女也总是学校组织的各种公益活动的积极参加者。

为了能在中国的法律框架下合法地开展活动，普方基金找到南京当地的一家慈善组织"爱德基金会"，获准挂靠在它的名下，以"普方协会"的名义搞慈善。"这些外国人找到我们的时候，我是很震撼的。"爱德基金会的原副秘书长、最早接触普方基金的中国人之一张利伟说，从爱德基金会和普方基金开始合作，到七年前离开爱德，他亲自执行了这个助学项目七年。和普方基金多年的合作让张利伟对宽恕有了更深的理解，在 2010 年的一次媒体采访中，他如是说："'以德报怨'这个词在我们中国的文化中也有，

---

1 文中关于普方案和普方基金的介绍参考了以下文献：王娜：《普方基金：一场悲剧的处理与超越》，载《新闻晨报》2010 年 1 月 17 日；周大伟：《我们如何学会宽恕》，载《中国新闻周刊》2012 年 12 月 17 日；刘炎迅：《普方的中国"遗产"：教育能够成就人的一生》，载《中国新闻周刊》2013 年 1 月 11 日。

但是真正做出来需要超越非常大的限制，包括伦理上和文化上的。就是现在，你看最近我们南京讨论得非常多的一件事情，醉驾司机张明宝，他撞死了四个人，他的妻子去这些人家里跪着求情，（死者的）家属会原谅吗？他们连门都不让她进。这些都是可以讨论的，事情已经酿成了，我们如何去处理，去超越？但是在十年前，普方的这群朋友就告诉我那四名罪犯年纪都很轻，是因为失业贫穷而去偷窃，并不是存心要去做（杀人）那样大的罪行。他们认为事件的根源是这些人没有机会得到好的教育，所以帮助这些穷困失学少年完成学业才是解决问题的根本办法。"

最早，他们资助苏北地区的贫困中小学生完成九年义务教育，随着中国逐步实行免费义务教育，他们对项目做了相应的调整，如把资助的地区从苏北扩大到了皖南，资助的对象延伸到了高中。当然，重点仍然放在初中教育上，虽然学费取消了，但是那些孤儿、单亲家庭、父母患重病以及自身残疾者等弱势群体仍然需要生活上的资助和其他一些帮助。

每年的 4 月，有一个集中筹款的"普方晚宴"活动。这个晚宴最早是为了追思普方家人，因为 4 月是惨案发生的时间。早期在南京不少人都对普方一家很熟悉，随着他们的朋友渐渐离开南京或离开中国，如今这项活动越来越成为纯粹的慈善活动，参加晚宴的人基本上都已经不认识普方一家人了，参与者也从最初的德国人到后来的其他外国人再到如今的中国人外国人都有。早先一次晚宴大约可以募集到几万元，现在每次募集到二三十万元很正常，2012 年的"普方晚宴"竟募集到了一百二十余万元善款。

另一场有意义的活动是每年的 12 月，南京国际学校——也就是普方夫妇的一双儿女原来就读的学校，会在校园里竖起一棵爱心树，树上挂满卡片，每张卡片上都写有一个接受普方项目资助的孩子的名字，师生们路过这棵树，会挑选一张卡片带回家，给卡片上的孩子精心准备一份礼物，放回树下。这些礼物将由普方协会和爱德基金会派专人送达每个孩子。

14 年来，普方协会从无到有，慢慢发展。我看到的统计数字，到 2012 年，它已经默默资助了超过 600 名中国贫困学生圆了求学梦。这其中，绝大部分受资助者并不知道普方基金背后的故事。"我们并不想传达这样一个信息，因为一家德国人不幸遇难，我们就要资助凶手家乡的孩子，"普方协会的负责人说，"我们只是想帮助贫困儿童获得平等的教育。"

三、解读与联想

对于长期生活在没有死刑的国度的欧洲人以及长期生活在对死刑习以为常的国度的中国人来说，悲剧发生后的处理思维之不同有时令人惊异。多年前，我曾听一位在中国司法部工作的朋友说，他接待一个欧洲来的代表团，对方提到一个案子，问为何要判处被告人的死刑？他回答道：因为这个人杀了人。对方困惑地追问：已经死了一个人，为什么国家还要再杀一个人？

和许多中国人一样，我最初听到普方案中那位母亲的选择也感到震撼，甚至有点费解。但后来接触到的一些人和事，让我对他们的这种选择多了一份理解。

令人欣慰的是，近年来，普方母亲的中国版本也开始出现。2008 年 7 月 15 日，不少中国媒体都报道了这样一个案例：河北青年宋晓明因债务纠纷刺死马某而受审，受害者马某的母亲梁建红当庭向法官求情："儿子死了，很伤心，但枪毙他又有什么用？我儿子仍活不过来。我对他也有仇有恨，但毕竟他年轻，救他当行好了吧。我不求他回报，希望他出狱后重新做人。"这回，法院采纳了这位母亲的意见，最终从轻判处被告人12年有期徒刑。事后，审判长坦言："如果梁建红不求情，宋晓明绝对不会判这么轻。"

应当承认，梁建红的这种做法在中国确实还很罕见，以致当她提出自己想救宋晓明一命时，其家属没有一个同意。最后，她不得不说："孩子是我生的，我养的，这件事我做主。"如果我们与普方案对照一下，显然普方母亲的做法得到了更多亲友的支持。至于针对犯罪的深层次原因采取更积极的方式去纪念死者、造福后人的做法，这在中国似乎就更为缺乏了。

我曾在报纸上撰文，向梁建红这位伟大的母亲致敬，称赞她"有两颗心，一颗在流血，一颗在宽容"。[1]但我的文章招致了一些读者的批评，被指"无度的宽容是对正义的反叛"。我想在这里回应的是，我并不是主张"无度的宽容"，也不认为宽容就一定跟正义不相容，我只是主张用"以直（公正）报怨"来取代"以怨报怨"，理由很简单：当国家以怨报怨时，它就堕落到与要报复的犯罪人同一境界了。事实上，在没有死刑的欧洲，如果一个罪大恶极的犯罪人被判处了该国的最高刑罚终身监禁，则无论被害人一方还是社会公众，都认为这已经在法律上实现了正义——当然，对那些极少数有特别人身危险性的犯罪人，如果定期给予的人身危险性评估通不过，医学上又暂时还没有办法治愈，那么他的这种终身监禁将是不可假释的。

---

1 刘仁文：《司法宽容需要这样伟大的母亲》，载《南方周末》2008年7月31日。

我在这篇文章中，还特意提到，与 2000 年中国法院对待普方母亲意见的机械做法相比，2008 年法院在法律的框架内采纳梁建红的意见的做法更为可取。遗憾的是，现在我们还常看到某些法院和法官在面对被害方、社会公众或者外国领导人对某个死刑犯的求情时，不但置之不理，甚至还说出某某人不杀，就会天下大乱之类"正义凛然"的话。也许，是我对某些个案的案情了解有限，也许在中国还保留有死刑、司法又难免受到外界一些干扰的情况下，这些法院和法官的表态有一定的苦衷甚至合理性，但我仍然希望，我们的法官，至少要有民国时期杰出法律人吴经熊的那种哀矜勿喜："我判他的（死）刑只是因为这是我的角色，而非因为这是我的意愿。我觉得像彼拉多一样，并且希望洗干净我的手，免得沾上人的血。"

　　关于死刑，我还有很多话想说，那么，亲爱的读者朋友，就请你和我一起来走进这本小书吧。

刘仁文

农历甲午年初春于京西寓所

第一编

理想与现实

宽　恕 [*]

　　宽恕，或者宽容，对于国家来说，是一种"政治上的睿智"。一部人类社会的历史，总的来说就是国家不断走向宽容的历史。

　　康德把宽容看成是人类"永久的和平"的保证，而考夫曼（Arthur Kaufmann）更指出："宽容在今日世界，乃至于明日世界是一个人类的命运问题甚至存活问题。"

　　南非的图图大主教写过一本著名的小册子《没有宽恕就没有未来》（*No Future without Forgiveness*），讲述了他担任南非真相与和解委员会主席期间，如何引领南非人民在揭露昔日种族歧视暴行的同时，又与那些愿意忏悔者达成和解的经过。今天我们都知道正是这场疗救祖国的运动挽救了新南非，但看过该书，才知道和解是多么不易。不要说受害人克制"复仇心切"的心理需要做多少工作，就是加害人要做出真诚忏悔又谈何容易。在那旷日持久的和解过程中，真相与和解委员会的成员们充当的不仅是"洗碗机"，更是"吸尘器"，把所见所闻的痛苦和创伤吸入自身，致使他们都成了"受伤的疗伤人"。正如图图所说："我自身的疾患似乎生动地证明了，让创伤的人们康复，其代价是何等沉重。"

　　尽管德里达主张，最高境界的宽恕应是宽恕那不可宽恕者，

* 原载《检察日报》2010 年 10 月 15 日。

"如果只宽恕那可宽恕者，就没有真正去宽恕"，但毫无疑问的是，如果被宽恕者能够真诚悔过，那就给和解创造了好的条件。正是从这个意义上，日本学者西田几多郎（Kitaro Nishida）指出："罪恶是令人憎恶的，但世界上再也没有比悔罪更美的了。"也正因此，图图主教认为，不仅是宽恕者，而且还有道歉者，他们都是坚强而非软弱的人。

宽恕需要坚强，这一点都不错。南非前总统曼德拉就说过："当我走出囚室、迈过通往自由的监狱大门时，我已经清楚，自己若不能把悲痛与怨恨留在身后，那么我其实仍在狱中。"可以想象，曼德拉对种族歧视者的愤恨有多强烈，如果不是用坚强的理性去压住心中的怒火，那么他当上总统后很可能给这个国家带来灾难，最终也可能毁灭自己。所以，宽恕也是一种自我拯救，它可以将一个人从往昔灾难的阴影中拯救出来，与无情的历史和解。

《悲惨世界》中的主人公冉·阿让在偷走米里哀主教的银器后被警察抓获，但主教大人善意的谎言使冉·阿让幸免牢狱之灾。米里哀主教的这一宽恕令冉·阿让十分感动，从此洗心革面，后来成为一名成功的商人直至当上市长。按照解构大师德里达的观点，米里哀主教的宽恕应视为一种善良的对法律的背信。所以，保罗·利科（Paul Ricoeur）认为，宽恕"不仅是一种超法律价值，还是一种超伦理价值"。

不过，宽恕与法律也有交织在一起的时候，拉德布鲁赫（Gustav Radbruch）就把宽恕看成是与赦免相关的一个概念，指出"赦免使与法律无关的价值领域兀立于法律世界的中央，比如宗教的慈悲价值、伦理的宽恕价值"。

宽恕之所以为人类社会所必需，是因为人人都难免有过错。

《圣经》里有一个故事，法利赛人把一个通奸的女子带到耶稣面前，准备将这女子用乱石砸死。耶稣说，你们中间，谁没有过罪过，就朝她扔石头吧。然后，法利赛人羞愧地一个个走了。

我们之所以提倡宽恕，是因为被宽恕的人也是人生的不幸者。圣伯夫（Charles Augustin Sainte-Beuve）曾言："假如我们可以洞察所有人的内心，那么人世间又有谁是不可同情的呢？"

一个人自己可以宽恕自己吗？可以的。黑格尔和列维纳斯（Emmanuel Lévinas）都是把自己作为他者来宽恕的，如果自己不宽恕自己，自我构成的过程就会停止。当然，宽恕自己的前提是能够严于解剖自己。

一个人可以代替他人去宽恕人吗？德里达有过这方面的困惑："宽恕时有背叛他人的危险。"但他马上又解开了这个困惑，"我应该为了公正去请求宽恕"。更何况宽恕那些真诚悔罪的人，想必天堂里的死者也是会同意的。

宽恕有个人美德的因素，更有社会文化的因素。2000年4月，四名中国青年在南京市金陵御花园，杀害了中德合资企业外方副总经理普方一家四口，被我人民法院判处死刑。然而，这个判决，却遭到来自死者家属和德国政府的异议，他们请求中国法庭免罪犯一死。就连与此事无关的葡萄牙、法国、瑞典等国政府，也与德国政府一起联名向中国政府提出这一请求。当时听说此消息，自己竟难以置信。但就在前不久，我又亲耳所闻一个类似的故事：一位中国留学生在欧洲杀死了自己的挪威籍女友，然后回到北京，被警方抓获，结果挪威受害方居然向我这个中国刑法专家请教，怎样才能救该男子一命？当我告诉对方被害人家属的意见很重要时，他们马上说，他们不希望判他死刑。

类似的例子在中国也有。2008 年，河北青年宋某因债务纠纷刺死马某，马某的母亲在伤心之余，却想到"枪毙他又有什么用呢？他顶命我儿子也活不过来了……救他当行好了吧"，结果法官采纳了她的求情，免对方一死。我当时发表文章称这位母亲为"伟大的母亲"，并援引纪伯伦的话来赞扬她："伟大的人都有两颗心，一颗在流血，一颗在宽容。"

当然，宽恕，或者宽容，并非无原则，更不是要纵容。伏尔泰在《论宽容》(*Traité sur la tolérance*)中早就指出："虽然在《旧约》中有许多表示宽容的例子，但是也有严厉的事例和律法。"就连倡导"无条件宽恕"的德里达也承认：宽恕问题总是关乎有限的存在，即使是无条件的宽恕，其本质也应该是有限的，是"只此一次"的。

司法宽容需要这样伟大的母亲 *

2000 年初春，在英国伦敦的某组织总部，我与一位慈祥的女士讨论死刑问题，她是反对死刑的，我则问她一个中国人常爱问的问题：假如你的儿子被人杀了，你还反对死刑吗？她的话我至今仍记得很清楚："如果我的儿子被杀，我首先肯定会非常痛苦，如果判处对方的死刑能够使我儿子活过来，我不反对死刑，但问题是，我儿子已经不可能再活过来，这时何必再制造一个新的悲剧呢？况且，也许我儿子也有过错。于是我会说服自己用基督徒的宽容去饶恕对方。"

我没有想到的是，8 年后，在中国北京，会有一位来自河北的中国普通农家妇女，用自己的行动演绎了一个与前面这位女士所设想的类似故事。

2008 年 7 月 15 日，不少报纸报道了这样一个案例：河北青年宋晓明因债务纠纷刺死马某一案，在马某的母亲梁建红向法官求情的情况下，法院最终从轻判处被告人 12 年有期徒刑。审判长坦言："如果梁建红不求情，宋晓明绝对不会判这么轻。"

梁建红的求情，与别的死者家属强烈要求杀人偿命的做法形成鲜明的对比，她说，儿子死了，自己很伤心，"但枪毙他又有什

* 原载《南方周末》2008 年 7 月 31 日。

么用？他顶命我儿子也活不过来了。我对他也有仇有恨，但毕竟他年轻，救他当行好了吧。我不求他回报，希望他出狱后重新做人，对社会多做些贡献"。

别的家属在类似案件中如果要同意杀人不偿命，往往夹杂有要求赔偿等条件，但据审判长说，梁建红在此案中没有获得任何利益，也没有表示任何需求，"完全是义举"，"当她面对夺子之凶，发自内心地向法官求情时，所有在场的人都为之动容"。对此，梁建红自己是这么说的："给多少钱我儿子也活不了，我愿意要儿子。何况他们家的情况连我都不如，能赔什么钱？"

听说儿子被杀后，梁建红的家人都希望凶手杀人偿命，当梁提出宋晓明还年轻，希望给其一个机会时，没有一个家属同意。"最后，我说孩子是我生的，是我养的，这件事我做主，他们才同意，"梁建红说。

看完这则报道，我深深地被梁建红这种以德报怨的胸怀所感动。事实上，被告人一句跪谢"妈，您多保重"，以及后来接受记者采访时说出的"她让我知道何为宽容，我出去后，一定要到她身边，好好伺候她"，也让我们看到这个伟大的母亲对被告人的感染。

我们知道，在中国目前的司法实践中，法院很在乎被害人家属的谅解，如果被害人家属不谅解，法官不敢轻易轻判，因为害怕他们上访。在这种情形下，被害人家属的态度有时往往决定着一个被告人的生死，诚然，我们没有权利强求所有的被害人家属都原谅被告人甚至替被告人求情，但如果我们这个社会多一些像梁建红这样的人，就有可能慢慢塑造出一种宽容的文化，用以取代报应色彩浓厚的文化。

几年前，一德国商人在南京被犯罪分子杀害，后来其家人曾请求中国法院不要判处犯罪分子死刑，当时这对于中国人来说是如此不可思议，以致法院没有采纳被害人家属的意见，还是判处了犯罪分子死刑。在宋晓明一案中，法院已经改变了过去那种机械执法的思维，采纳了受害人家属的意见，在法律规定的范围内实现了司法宽容。

圣伯夫曾言："假如我们可以洞察所有人的内心，那么人世间又有谁是不可同情的呢？"确实，以我近二十年研习刑法之体会，我感到绝大部分犯罪人都是值得同情、都是可以找到被宽恕的理由的。当然，作为被害人一方，其受到犯罪伤害的感情也是完全可以理解的，要宽恕犯罪人，则需要更大的勇气和毅力。正因此，我愿意向梁建红这位伟大的母亲表示自己的敬意，因为她用爱和美德控制住了内心的报应冲动，告诉我们，在我们这个社会也会出现这样的被害方请求：不仅要惩罚，也要救赎。如果按照诗人纪伯伦的标准，梁建红是够得上"伟大的人"这一称号的，因为纪氏说过："伟大的人都有两颗心，一颗在流血，一颗在宽容。"

附：宽容无悖于正义 [1]

我国《刑法》第 61 条规定，对犯罪分子决定刑罚的时候应考

---

1 《南方周末》2008 年 8 月 7 日刊登了一位署名为范昀的读者的来信，是对"司法宽容需要这样伟大的母亲"的批评。他认为，宽容须建立在正义的基础上，无度的宽容其实是对正义的反叛。司法并不是为了宽容而存在的，捍卫公正才是司法建设最重要的目的。同情是同情，正义是正义。个体良心与公共正义有时候并不能混为一谈。在谈论司法的时候，它的客观与公正才是我们更需要关注的，也只有在正义的基础上，宽容才显得有意义。我据此发表了这篇简短的回应。

虑其犯罪情节，这里的"情节"既包括法定情节，也包括酌定情节，而被害人一方的谅解和宽容通常被解释为一种酌定从轻情节。因此，不能说法官考虑梁建红的态度而对犯罪分子从轻处罚，是破坏了法律的硬标准。

正义最根本的含义就是公平、公正，如果一项制度可以适用于所有的人和案件，那就是公平因而也可以说是正义的。建议借鉴国外的立法经验，将刑事和解等实践中已经存在的制度法律化、规范化，同时明确将被害人一方的谅解和宽容，作为一种可供法官选择的从轻情节规定下来，这样就可以更加清楚地表明，宽容不仅不与正义相悖，反而能为实现更高层次的正义提供资源。

一个死刑案件的跟踪 *

　　今天我讲的题目是《一个死刑案件的跟踪》，从研究方法来看，这可能称得上是一种死刑的个案研究，也算是实证研究。我争取做到两点：一是客观描述，对情况的介绍尽量客观；二是在此基础上适当地对一些问题发表一下自己的评论。

　　首先向大家报告一下这个案子的简单情况。这个案子是一个故意伤害案，大约在三年前，也就是2004年5月，我湖南老家的一个老乡刘某通过我父母打来电话，说他们收到某某市公安局寄来的"逮捕通知书"，告知她丈夫的弟弟在外面犯事了（请允许我这里不指出具体的省市名字），请我无论如何帮帮他们。我让她到县城把"逮捕通知书"发一个传真给我，只见上面写着周某因涉嫌故意伤害罪已被当地检察院批准逮捕（县级市检察院），并告知被羁押在当地看守所。我想进一步问问有关情况，但她说她什么也不知道。于是我答应帮她打听一下。

　　怎么打听？这可费了周折。我当时就想：要是像这类逮捕通知书能告诉家属一个办案机关的联系电话就好了。因为家属特别是外省市的家属，尤其像本案中地处偏僻山区的农民家属，他们

---

* 本文为 2007 年 3 月 13 日在中国社会科学院法学所的一次讲座，初稿由时为社科院法学所硕士生的张晓艳根据录音整理，最后由作者本人审定。主要内容原载《方圆法治》2007 年 5 月（下半月刊）。

要亲自去一趟是很费劲的，有时甚至不可能，他们连东南西北都分不清。而他们也没有钱支付律师费，以便让律师去跑一趟。事实上，即使你有钱，此时能用电话解决的为什么就一定要去跑一趟呢？实践中有的律师第一趟去就是打听一下案子在哪里，也没做什么实质性的工作，但当事人就得付出不薄的费用，这从成本的角度看是绝对有问题的，也是完全可以改进的。

好不容易通过省高院的一个同学打听到，他告诉我此案已经不在逮捕通知书上所说的那一级检察院了，而是到了市一级的检察院。你看，后来我知道，从那个县级市到中级人民法院所在的市，距离很远呀，这样变更起诉机关和审判机关，家属却无从知道，律师也得通过关系来打听。一个案子进展如何？什么时候从公安机关侦查完毕，移送审查起诉，又什么时候起诉到法院，没有一个顺畅的告知渠道，结果很多本来简单的事情复杂化，本来可以通过光明正大来办的事得通过"关系"来办。有感于此，我在 2004 年 6 月 23 日的《检察日报》上曾发表过一篇题为《刑事司法信息应顺畅抵达涉案各方》的文章，就此问题进行了展开。我的基本意思是：刑事执法和刑事司法机关，无论是纵向的上下级还是横向的各部门，应当有一个让犯罪嫌疑人或被告人的家属及其律师简便易行地打听案件下落和进展情况的途径，这并不难，只要在通知书上告诉一个联系电话，并规定在家属第一次联系后办案人员要留下对方的电话，一旦案子移交下一个机构或上级部门，就要通报给家属并告知其新的联系电话和联系人。别看就这么个小细节，你要是将心比心，把自己设想成犯罪嫌疑人的家属，远隔千里，接到一纸逮捕通知书，上面就简单的一个"故意伤害罪"，作为家属是多么希望能有一个快捷的联系方式具体打听一下到底是伤害到什么地步了，情况严重不严重。

因为家属没有钱，被告人的哥哥又在外打工，父母都是七十多岁的农民，且身体都不好，于是我跟他的嫂子刘某商量，等到法院快开庭时我再去一趟。这年 8 月，我正好在去耶鲁大学之前要回湖南看一下父母，法院也正好在这前后开庭，于是我将两个时间安排在一起，这样总算心理平衡些，虽然无经济利益可言，但也是顺路。

与刘某约好在省会城市碰面，相会以后，我找到一个当地的同学，他将我们安排在一家不错的单位招待所里，但刘某却不愿住，而是去住每天十几块钱的地下招待所，吃饭也看得出来她压力很大，因为她觉得惭愧，自己请不起大家，反而吃我同学的。同学帮我找了个车送到市中院，我先去阅卷。承办法官善意地对我说："刘老师，这个案子您就不要费劲了，因为在我们这里这样的案子肯定是'一号'。"他说的"一号"就是死刑立即执行的意思。我说案子还没有开庭，你怎么就说是"一号"呢？他说，第一，这个案子不管是故意伤害还是什么，反正死了人，杀人就要偿命；第二，被告人周某不但把人弄死了，而且还是在假释期间再犯罪，主观恶性大。他怎么是假释期间再犯罪呢？阅读案卷得知，他十多岁在湖南老家就没上学了，跟着老乡到广东那边打工，工作没找到，被一帮老乡带去参加盗窃，结果被判刑（被告人是 1973 年出生的）。但是判刑以后他在监狱里表现不错，先被减刑，后又被假释。他是一个打工仔，没有关系和金钱，必然要靠他表现好才能减刑和假释。按照刑法规定，假释期间再犯罪也是将前罪没有执行完的刑罚与后罪所判处的刑罚按照数罪并罚的原则来处理，并不是说你假释期间再犯罪就一定要对后罪从重处罚，特别是在涉及被告人死与不死的时候。

这位法官还告诉我，前段时间他办的一个案子，比这个还情有可原得多，也被审委会判了死刑。因为审委会按照历来的思路，认为这种情况就是该杀。我一听心里沉甸甸，怎么办？既然去了，还得做工作，先把卷阅完，并复印部分卷宗。然后从市里坐长途汽车到县级市的看守所去会见被告人。行前中院的承办法官告诉我，虽然是中院开庭，但他们就去他一个人，另在当地找两个人民陪审员。后来开庭时这两个人民陪审员很有意思，一男一女，他们自己也知道是摆设，所以大部分时间心不在焉，一会儿出去接手机或干别的什么，常常半晌也没回来。最后开完庭，法官给每个人5块钱，说这是你们的交通费，看那个动作还有点施舍的样子。

我们现在讲司法监督、司法民主，国家政策倡导扩大人民陪审员的适用范围。但从实际效果来看，像本案，人民陪审员完全是个摆设。我在耶鲁大学时曾去旁听过那里的法院开庭，看到他们的陪审团，那是有实权的，有罪无罪最后他们说了算。当然，陪审员的选择、回避、报酬等也是有一套规范的，比如，法官应详细地向陪审员讲解有关法条和证据规则，等等。[1] 当然，我们的陪审员制度与美国的陪审员制度不是一码事，但如何使我们的陪审员制度不流于形式，这个确实需要好好研究和解决。

其实，不光这两个人民陪审员是个摆设，连法官自己也近乎摆设。开完庭后，法官倒是被我感染了，他说，刘老师，我被你的这种人道主义精神所感动，也觉得你说得有道理，但是我说了不算。接着他暗示我，这个案子要想有转机，除非能说动他们的

---

1 参见刘仁文：《在美国听庭审》，载《检察日报》2005年1月12日。

院长。于是，我在回北京后，又赶快从邮局查到该法院的邮编，给院长写了一封信，连同辩护词寄给他，说明这个案子的来龙去脉和开庭情况，恳请他们考虑我的辩护意见。

开庭情况如何呢？首先，经过法庭调查，案件真相基本弄明白了：被告人周某和被害人李某某还有另一个陈某某，三人合伙开金矿。他在山上开机器，他女朋友在山下给他们煮饭。有一天，他女朋友打电话给他说，底下的人做手脚了。于是他下来，与另两人说好，金子由他们三个写好封条，交他女朋友保管。三人也同意了。被告继续上山开他的机器，但李某某后来不同意了，因为这个事情和被告人的女朋友打起来了。客观地说，应该是互相都打了对方，可能她摔了杯子，把人家的电视机砸坏了，人家把被告人的女朋友打伤了。被告人的女朋友打电话叫他下来。被告人还是有理性的，他想他是在假释期间，可不能冲动。于是跑了十几里地，跑到当地的一个警务区，他还买了一条烟给民警送礼，请他们帮忙处理一下。但是，可能是嫌山路太远，警察并没有去。当我昨晚整理这个讲座的提纲的时候，就再一次感到人的生命太偶然了，如果警察当时要是去了，调解了可能就什么事情也没有了。我这里且不去批评警察欠缺起码的"公仆意识"，但想强调一下犯罪的偶然因素。长期以来，我们习惯了对"必然性"的强调，在犯罪原因上过于强调犯罪人的咎由自取，但其实必然性之下有许多的偶然性，包括犯罪，有时一个偶然性因素完全改变了事情的发展方向，最近我在读福柯（Michel Foucault）等人的一些书时，发现他们也是同意这个观点的。

警察不来，被告人只好回去找老乡和邻居调解，他说自己的女朋友被打伤后住院花了多少钱，对方得赔这个医药费，对方说不行，你女朋友把我的电视机砸坏了，你也得赔，咱们扯平，谁也不欠谁。最后大家劝对方多少赔一点，现在就是这个有争议，被告人讲最后对方同意赔一千元，但对方不承认，说你也砸坏了我的电视机，你什么时候把我的电视机修好，我就赔这一千元。这样就一直没有赔，也因此埋下了祸根。

合伙合不下去了，被告人就退股，他已经准备回家了，这时偶然性又来了。他在市场上突然看到被害人在贴广告，他走上去说，我都要走了，你欠我一千块钱什么时候给啊。对方个头大，说，我不欠你，你再说，我把你扔到河里去喂鱼。我在开庭前曾在看守所问被告人："你当时为什么用刀子捅人家？而且经过公安局的尸体解剖鉴定，你捅了人家七刀，怎么解释？"他的回答是：第一，我不是携带凶器，因为我牙齿不好，在山上开矿，我带的小水果刀随时别在腰带上，吃苹果时一小块一小块削下来吃。第二，当时由于被害人个头比我高，而且还叫旁边他的朋友来帮忙，我的女朋友被他打了，这一千块医药费要不到，我心里感觉很委屈、很窝囊，所以，激愤之下，拿出水果刀捅了他。第三，我当时脑子一片空白，根本不记得自己捅了对方几刀。

他捅完就跑，然后再坐火车跑。跑掉当天晚上，他还打被害人的手机，想问问伤势严重不严重。从这个角度来看，他本意绝对不是要杀死对方，所以起诉书和最后的判决书都是故意伤害罪，而不是故意杀人罪。对方这个伤呢，虽然捅了七刀，但由于是小水果刀捅的，所以伤势并不严重，如果抢救及时应是没有问题的。可惜在他被送往当地一个矿山职工医院抢救时，医院并没有仔细检查，只给他做了包扎，病历记载说病人一切正常。由于有一刀伤到被害人的脾脏，里面在出血，所以到了第二天，在表面看来

"病情已较稳定"的情况下，病人形势突然急转直下，最终抢救无效死亡。你想流了一个晚上的血，能不死吗？

顺便我想提一下开庭中的几个细节。我最近对法庭的细节比较关注，甚至在一家报纸上开了个专讲司法细节的专栏[1]，将来准备单独出个小册子，题目就叫《细节中的正义》。本案出庭的公诉人是一个主管副检察长和另一名检察官，由主管副检察长宣读起诉书和公诉词，但一看就知道是他部下写的，他读都读不顺畅。他经得法官同意（法官可能也不得不同意，因为他毕竟是副检察长，相对于一名普通法官来说，他是官），要他的部下从各个角度给他照相。据说现在对领导亲自出庭有任务要求，但像他这样并不利于提高庭审质量。再就是，在法庭调查阶段，法官让法警拿着公诉人出示的死者尸检照片，血淋淋的，然后让被害人的妻子去辨认那是不是她丈夫。他妻子一看到就哇哇大哭，整个法庭气氛顿时都不对了。我觉得，法庭调查是为了发现真相，出示证据是必要的，但要不要采取这样一种方式去刺激她，我是有疑问的。个人认为，对此类证据由法官和律师把关即可，以免给被害人的妻子带来更大悲痛。还有，我曾经在全国不同地方出过几次庭，发现各地法院对法庭调查、法庭质证等的做法也不一致，有时公诉人举证时作为辩护方的我想反驳，法官却说等到法庭质证再说；但有时等到法庭质证时想再反驳公诉人的举证，却又发现法官不再给机会。这实际是一个法院开庭规范化的问题，应当在全国予以统一。

进入法庭辩论阶段，我主要讲了以下几点辩护理由：第一，

---

1 指《新京报》的《司法细节系列谈》。

被害人有一定的过错，不管怎么说，你打了人家的女朋友，人家在医院就诊是事实。第二，医院的抢救有失误，如果医院能细心检查、抢救及时的话，被害人不会死。所以说，被害人的死亡不是被告人行为的必然结果。第三，本案之所以发生，我们的公安机关也有责任，如果能应被告人的请求及时介入，也就没有后面的事了。第四，庭上被告人的表现是好的，也表达了他的歉意和悔意，相信能取得被害人家属一定程度的谅解，因为他们毕竟没有深仇大恨，而是曾经甘苦与共的合伙人。

由于附带民事诉讼，因此刑事部分开完庭后还有民事部分。通过该案的开庭，我对刑事附带民事有一种两张皮的感觉：在刑事部分，被害人一方请的律师一直坐在那里闲着；而到民事部分，公诉人又一直闲着。更重要的是，在一个案子的判决中，刑事和民事有时很难截然分开，被告人是否积极赔偿在实践中已经成为不少法院刑事判决轻重的一个考虑因素。在这种情况下，我们是否可以将刑事附带民事尽可能地在法庭上结合在一起呢？公诉人不仅仅是代表国家起诉犯罪，而且也要代表被害人的利益。如果担心由此过分增加公诉人的负担，也可考虑先由被害人一方请律师将民事赔偿部分的清单准备好，征得公诉人同意后由他在法庭上统一提出。

在本案中，被害人妻子及其委托的律师提出了 14 万多元的赔偿要求，但被告人根本无赔偿能力，双方差距太大，因而走过场式的民事调解很快结束。但开完庭后，法官跟我说，此案如果要救他一命的话，你至少要想办法赔点钱。赔多少？他说，恐怕至少要两万块才好做对方的工作。我于是再去做被告嫂子的工作，她刚开始说她拿不出两万块钱，我就说，你能不能给我个面子，回去想办法借两万块钱，因为人家确确实实是死了人了，你们怎么也得赔点钱。她还算通情达理，说被告人的父母是肯定没有钱，她回去想办法借。她回去借到后，又几次打电话说要寄给我，由我交法院，因为她害怕法官私自将钱截留掉，或者说话不算数，落个人财两空。我只好又与法官联系，法官就对她说，你这两万块钱不是你弟弟的财产，是你借来的，我给你写一个收条，如果最后事情办成了，你弟弟没被判死刑，这两万块钱就给死者家属了；如果被判死刑，这两万块钱我还退给你。这样，被告人的嫂子才将两万块钱寄给法官。后来，法官又约被害人妻子到他的办公室，经过做工作，对方同意不判被告人死刑，并先行领走一万元，另一万元等判决生效后再给她。这种庭外调解使我意识到，如果要当庭宣判，速战速决，几乎不可能达到这种结果，因为法庭上正式的程序有时反而会渲染出一种不利和解的气氛，至少在刚进行完刑事开庭后气氛是如此，因此虽然多费点时间，但我想在可能的情况下还是值得的，特别是在这种死刑案件中，更要尽一切可能调解。当然，如何健全这种调解程序，避免将法官的意志强加给对方，确保经过调解后对方真心实意地接受调解结果，这也是值得研究的。

此案是 2004 年 8 月开的庭，随后我就到耶鲁大学去做访问学者了。走前我觉得自己对此案已尽了力，既出了庭，又在法庭上安抚了被害人妻子，而且先一天会见被告人时也提醒他在法庭上要向死者家属真诚道歉，他在法庭上也这样做了，效果还不错；我又将辩护词寄给了法院领导并写了信；也说服了被告人嫂子将两万块钱交到法官手上。因此，剩下的就只有等结果了。这期间，我让学生定期帮我到办公室去看一看，有没有从某省某市法院寄来的信。2004 年 11 月的一天，学生告诉我，有这么一封信，我赶忙把电话打过去，说你拆开看一下，是什么判决结果，他说是死缓，我松了口气，总算是初步救下了一条人命。一审法官采纳了我的一点辩护意见，那就是医院在抢救过程中存在失误，所以被告人的伤害行为不是造成被害人死亡的唯一原因。判决书原文是这样说的："其辩护人认为医院救治李某某措施不当，请求从轻处罚的辩护意见，本院酌情考虑。"

我于是又给承办法官打了个电话，一是表示感谢，二是想探听一下此案还会不会有什么危险。他告诉我，一审判决下达后，检察院没有抗诉，被害人一方也没有提出抗诉的请求，被告人也没有上诉，现在就等省高院的复核结果了。我一听就更加充满了信心，因为按我的理解，复核主要是为了保证死刑案件的质量而专门设立的一道程序，不可能在复核过程中还将死缓改为死刑吧。

如果说这个案子就此罢了，那应当总的来说法律效果和社会效果都还是不错的，我花去的时间和精力也还不算多，但没想到，此案由此陷入了一场"司法马拉松"。2005 年 2 月，我回到北京，轻松地给一审法官打去电话，问高院的复核结果下来否，被告人现在是否已经送往监狱。但他却说，这个案子复核结果至今没有下来，这么长时间了，有点反常，你要是高院有熟人，是否也打听打听。我现在这个后悔呀，本来省高院的主管副院长还有点熟，当时要是真下点力气去说服他，也许就成了。但我总是自信地认为，复核主要是为了防止杀错人，确保死刑案件的质量，给死刑案件增加特殊的第三道程序来把关，从这个角度出发，既然中级法院的法官都判了死缓，尤其在当前严格控制死刑的情况下，高级法院的法官怎么会在这个问题上再置被告人于更不利的境地呢？这样一想，也就没把一审法官的提醒当回事，结果到了6月底，有一天突然接到该法官的电话，说高院发回，让我们重审……我当时的感觉就像一下子掉进了冰窟窿：谁都明白，发回重审意味着省高院对这个案子的结果不满意。我马上给同在耶鲁做访问学者归来的北大刑诉法教授汪建成打电话，问他死刑复核能不能发回重审？他说，你得查一查最高法院关于执行刑事诉讼法的司法解释，好像里面规定法院可以这样做。我马上找出《最高人民法院关于执行〈中华人民共和国刑事诉讼法〉若干问题的解释》（1998），果然在第285条发现，最高法院规定在死刑复核过程中可以发回重审。这就要了命了！按照《刑事诉讼法》第200条的规定，高级人民法院只有在不同意判处死刑时，才能对中级人民法院一审判处死刑的案件进行提审或发回重新审判，而最高人民法院的这个司法解释却倒过来，允许将判处死缓的案件发回重审，这不是把人往死里整、完全违背了死刑复核的初衷吗？所以后来我在关于死刑的一篇论文中就提出，对于在死刑复核程序中发回重审的案件，必须要限制一点，那就是不能加重刑罚，如果加重被告人的刑罚，就违背了死刑复核制度设立的本意。须知，复核法官既不是上诉法官，也不是处于审判监督环节的法官，更不是负责法律监督的检察官，其唯一任务在于确保不杀错人。如果原审判决确实存在重罪轻判的现象，那得靠检察机关的抗诉或法院的审判监督程序来纠正。[1] 值得指出的是，此次最高法院收回死刑复核权，并没有包括死缓，也就是说，死缓的复核权将继续由各省高级人民法院行使，如果这一漏洞不及时堵住，不排除各

---

1 参见刘仁文：《从程序上提高死刑案件的质量》，载陈泽宪主编：《刑事法前沿》（第三卷），中国人民公安大学出版社2006年版。

地在死刑复核权丧失后，利用发回重审这一杀手锏来贯彻自己的重刑思想，致使下级法院按照相应的潜规则，将发回重审的死缓案件改为死刑立即执行。顺便要说的是，如何在死缓案件中将省高院的二审与复核真正剥离开，也是一个值得研究的问题。

回到本案，我们看到，假如它是一般刑事案件，两审终审，反而被告人没事了，由于死刑案件多了个复核，而这个复核本意是为防止错杀、冤杀，却把被告人推到了一个更不利的境地，这不是和死刑复核的立法初衷背道而驰是什么？现在来看重审：重审要依法组成新的合议庭，原审法官又告诉了我新的审判长的名字和电话，他是刑事审判庭的副庭长。还像上次，另两个合议庭成员是到当地找人民陪审员。我跟新的审判长联系上，说某某法官，能不能请你交个底，这个案子发回重审还有没有希望。如果没有，我就不用再花时间去了，因为被告人家里一穷二白，没有钱，一审赔的两万块钱都是他嫂子看我的面子借的，现在再开口要路费，也说不出口。谁知道这个审判长态度很积极，他说这个案子我还是同意你的辩护意见的，从我的本意来说，我还是想尽力维持原判。但他又说，你要是不来就肯定没有希望了，因为法庭上没有人给他辩护。[1] 我一听这个，又觉得柳暗花明有一线希望了。正好邻近的一个市检察院要成立一个专家咨询委员会，我也是他们请的咨询委员之一，要开一次会并讲一次课，于是和法院

---

[1] 此案最后被告人被执行死刑后，我给原一审承办法官发去手机短信，问如果我不去出庭，他们会不会给被告人指派律师，据他说，一、二审可能判处死刑的案件，法院会通知司法局的"法律援助中心"，由其指派律师出庭。如他所说属实，则重审审判长的话有误。不过通过后者的话也能印证一个先前我有所了解的问题：实践中法律援助律师更多的是走过场，不仅法官不重视其辩护意见，就是法律援助律师自己也由于报酬低、缺少激励机制等，对有关阅卷、会见被告人和出庭辩护工作不积极。另外，法律援助的时间仅限于审判阶段，实践中又将其限于开庭前的几天，对保证案件的辩护质量显然也是有问题的。

商量能否将开庭安排在这个时间，这样也就不用再和家属商量如何解决路费了，法院同意。我到请我去开会的检察院后，就请他们派了个车过去一趟，参加重审开庭。

这里又有个事关制度设计的细节：省高院发回重审除了有个裁定书，还有个内部通信。裁定书就是笼统地说"事实不清"，所以依法发回重审。内部通信则具体指出省高院在复核中发现的几点矛盾和疑点，请重审时予以查清。后者是不对律师公开的，但律师要有的放矢地辩护，不了解这些怎么行，可能到头来辩护半天都不是在针对高院所关心的问题。而重审法官肯定也很在乎省高院发回的重审意见，如果律师不能驳倒甚至根本就没有涉及这些内容，那重审法官怎么能采纳你的意见呢？可是如果律师没有机会了解发回重审的理由，他又怎能有效地发表辩护意见？所以，我对司法实践中这样的做法是持强烈的批评意见的，包括我过去批评过的法院办案内部请示制度。[1] 但救人心切，无奈之下，我只好通过私人关系，才打听到这个内部通信的大致内容。

重审的辩护词比较简单，除了扼要重申一审辩护意见外，我重点针对省高院发回重审的几点意见提出反驳：首先，它提到："周某（被告人）辩护人认为医院救治李某某措施不当……医院有无责任，即使有责任，能否减轻被告人的责任。"对此，我指出：从医院关于被害人治疗及抢救过程的记载材料看，医院确实存在过失，被害人的死因是"脾脏破裂失血性休克死亡"，但医院的 B 超却没有查出被害人的脾脏受伤，反而认为"病情已较稳定"，致

---

1 取保候审也是如此。现在在司法实践中甚至形成了一个潜规则，花多少钱可保出一个人，并由此出现了一批司法掮客。相反，如果按照正当的程序去申请，则很难成功。这导致当事人宁愿委托社会上的一些人去摆平，也不信法学专家的判断。

使错过抢救机会。可见，被告人的行为不是造成被害人死亡的必然原因。接着我从学理上论证了对刑法上的必然因果关系和偶然因果关系应区别对待，指出本案被告人的行为与被害人的死亡只属于偶然的因果关系。其次，它提道："一审认定被告人构成故意伤害罪，但伤害前因上谁的责任大不清，过错责任不明。"对此，我再次重申了被害人存在一定过错的观点，包括打被告人的女朋友又不赔医药费，事发当天又当面刺激被告人（叫旁边的人上来帮忙，说要将他扔到河里去喂鱼）。再次，它提到："被告人假释期间再犯罪，主观恶性大，从轻处罚当否？"我认为：假释期间再犯罪，不能简单认为主观恶性大，尤其像本案前后两个罪属两种不同的犯罪类型，且都事出有因。从另一方面看，正是因为他在监狱里改造得好才把他假释出来，刑法中也找不到假释期间再犯罪要从重处罚的依据。根据《刑法》第86条的规定，假释期间再犯罪，也只是说将没有执行完的刑罚与新罪的刑罚依照数罪并罚的原则来处理。退一步讲，即便对假释期间再犯罪在司法实践中形成了要从重处罚的定向思维（尽管这不对），我们也得考虑，他先一个罪是盗窃罪，而且他是个从犯，现在是故意伤害罪，能不能因为他先前一个比较轻的罪，再从重处罚，把他判处死刑，因为这涉及一个生与死的问题，一个死缓或无期徒刑与死刑立即执行的问题。我的观点是：绝对不能。此外，我不认为本案判处死缓就是从轻处罚。从省高院认为这是"从轻处罚"可见我们现在司法实践中的重刑思想之严重！最后，省高院认为：被告人连捅被害人几刀，这也是"主观恶性大"的表现。我则着重分析了人在激愤状态下不能简单以行为表象来判断其主观恶性，并提到国外的立法和司法都对激愤犯罪的量刑与有预谋的犯罪相区分。

更何况本案的凶器是一把小水果刀，"连捅几刀"并不是像人们想象中的那么凶。最后，我指出死刑复核的立法本意是基于保护被告人，现在如果复核程序中发回重审，致使没有被判死刑的被告人反而被判死刑立即执行，这无论如何有违死刑复核的立法本意。而且，本案一审后检察院没有抗诉，被害人也没有请求抗诉或自己上诉，说明办案效果总的来说是好的。

还需要一提的是，省高院的意见里提到本案属重大刑事案件，应由审委会讨论。我对于哪些案子应上审委会确实不清楚，曾问过原一审法官，但他说，他们那里只要求死刑立即执行的案子要上审委会，死缓可以不上。而且他告诉我，如果上审委会，那就凶多吉少了，因为大多数审委会委员按照当地的习惯思维，都会觉得此案的被告人该杀。

重审开庭时我见到被告人，印象特别深，他第一句话就问：我嫂子怎么没来？他知道是他嫂子在救他。我说你嫂子出外打工，联系不上，原来的手机也停机了。当时正好是夏天，他把裤腿撩起来让我看，两腿都烂掉了，还有各种疤痕，当时我和出庭的检察官说，检察机关有监督的职能，这个是不是要给人家治疗呢？检察官对押送他来的看守所民警说，你们回去要给他治疗。最后到底治没治，我也不知道。被告人还和我说，他曾给他嫂子写过信，要她给寄点钱来，他在里面需要钱，也不知道信收到没有。我想起这些人的里外生活处境，心中很不是滋味。

在庭上还发生了一个意外，由于在法庭质证时，被告人没有记住我第一次嘱咐他的一定要向被害人的妻子道歉，相反，他还说另一个合伙人陈某的证言不可信，因为谁都知道，他与死者妻子有不正当的关系。这下等于当众羞辱了被害人的妻子，致使其一改原审时那种通情达理的形象，随即向法官跪下，说我不要他赔钱，只请求法官公正判处。一时法庭气氛全变了。

重审是 2005 年 8 月 11 日开的庭，距原审恰好一年。到 2005 年 10 月 26 日，重审判决书下达，此前审判长就已经告诉我，这个案子汇报到审委会，卡壳了，审委会说，无论新的合议庭怎么汇报，反正这个案子省高院发回重审，意思再明确不过，就是我们先前判得太轻，现在除非是让省高院的主管副院长亲自给我们院长来个电话，告诉我们这次维持原判后，到省高院不会再改判或发回重审。这怎么可能？于是最后改为判处死刑立即执行。审判长自己也有难言的苦衷，他说刘老师，您看看我的判决书就知道了，判决书都是前后矛盾的，前面是我的观点，结论是审委会的。可不？你看，判决书是这样写的："虽然医院在对被害人抢救过程中存在着伤情诊断不准确、治疗不当的情况，但造成被害人死亡的主要原因，仍然是被告人的加害行为所致，故其辩护人以医院在对被害人救护过程中措施不当要求对被告人从轻处罚的意见，理由不足，本院不予采纳。"

这里有必要谈一下审委会。现在关于它的利弊、改革已经有很多的讨论。当然，它在目前条件下有有利的一面，如防止司法腐败等。但也有不利的一面：一是这种集体决策机制责任不明，办了错案追究谁的责任？二是有的审判委员会委员根本不懂业务，如办公室主任等，还有的是民事庭长、经济庭长，也不懂刑事审判业务；三是他们关起门来审案，不符合诉讼规律，既不利于发现事实真相，也不利于兼听则明。就本案而言，作为辩护律师的我有一个切身体会，那就是我没有机会去当面说服他们，我相信如果有这样的机会的话，我还是有信心的。因为一审、重审的法官，我都能在没有采取任何不正当措施的情况下打动他们，为什么我就不能打动大家呢？可遗憾的是，我根本就没有这样的机会。大家知道，多一个人转述，即使他是客观的，也产生不了特定情境下的那种效果。接下来的二审我们也可以看到，通过这个关系，那个关系，究竟谁说了算，我的关键性意见被关键性的人听到了没有？由于没有面对面的交流机会，想来难免让人怀疑。

就这样，此案最后被告人被改判为死刑立即执行。虽然做出决定的是看不见的审委会，但判决书上却仍然写的是审判长某某某，人民陪审员某某某和某某某。这种局面今后必须要改变，我看到最高法院关于审委会改革的方向是要由会议制改为审理制，希望这一天早日到来。

重审法官打来电话，说对不起没有帮上忙，又告诉我判决书已经送到看守所了，被告人提出了口头上诉，并希望我能继续帮他担任二审的律师。我问他，此案到省高院后我找谁？他说稍后再告知（后来，他告知了我省高院承办法官的姓名和电话）。这个法官还说，我给你提供一个重要的线索，我们省高院主管刑事审判的副院长某某某，在某大学读某老师的在职博士，你和某老师联系一下，也许能救被告人一命。

二审程序从 2005 年 10 月底开始，到 2007 年 1 月 15 日止（判决书上写的是 2006 年 8 月 11 日），这期间所发生的事情还得一件件来说。我先是与被告人的嫂子联系，但联系不上，原有的手机号是空号。没办法，这边的工作还得开展。

第一次审判的法官来电话了，他也很着急，说让我无论如何想办法救被告人一命，否则他现在下不了台了。为什么呢？原来说了，如果救不了被告人的命，那两万块钱要退给他嫂子，写了收条的，现在这两万块钱，已经有一万块钱在被害人妻子那儿了，因为一审结束后为了安抚她，已经先期支付给她了。现在如果被告人被判死刑，这一万块钱难以拿回，人家来找他要怎么办？

按照重审法官给我提供的线索，我给某老师去了个电话，这位老师不愧是德高望重，他与我并无深交，但听完我对案情的扼要介绍后，说完全同意我的观点，这种情况判个死缓就够了。我说，某老师，您也不要听我一面之词，您告诉我个地址，我把有关材料都寄给您看一看。他说不用，我相信你。我说您就看看一审判决书，法院都承认了，因果关系，他不是唯一原因，也不是必然原因，只是主要原因。这位老师虽然是著名的刑法学教授，但好像家里还没有长途电话，他自己下楼去给他的学生打了个长途，回来电话里还能听到他喘气的声音，他说，仁文，太好了，他同意和你交换意见。你赶快给他回电话，他的手机是多少多少。我马上给该副院长打去电话，他还算客气，可我说了半天，他脑子里就没有这个案子的印象，说明在司法实践中，死刑案件太多了。你想过去封建社会杀一个人都要经皇帝朱批，现在我们一个省高院的主管副院长居然对他手下的死刑案件没有印象。如果死刑只是作为象征性的刑罚，只在极特殊的情况下才适用，那他不可能没有印象吧。从与他的交谈中得知，他非常在乎被害人家属的态度，说如果他们没有被安抚好，就会不断地上访，这是法院最头疼的事。后来我与承办法官联系（其实从后来的判决书看，他也只是个代理审判员，排在他前面的审判长和另一个审判员我根本就没有打过交道），问他是否愿意我过去一趟，和他当面交换一下意见，他却说你不用过来，你不是和某院长说了嘛，这个事要听他的，我也不起决定作用。最后这个法官说，刘律师，你也别过来了，我请示了我们主管副院长，这个案子是我们省高院发回重审的，现在人家改了我们又去推翻，人家中院会有意见，说我刚开始判死缓，你发回重审，现在我判了死刑立即执行，你又改死缓，这不是自己打自己的嘴巴吗？但是鉴于我们的主管副院长对此案很重视，这个案子也不一定就没有希望，你如果能让被害人的家属出一份书面的东西，判处死缓他们没意见，他们不会上访，那就好办一些。有这么个东西，我们就好向审委会交代。

我于是马上又打电话给重审法官，从他那里要到被害人妻子的联系电话。我壮着胆子，给她去了电话。本来之前我还犹豫，跟重审法官说能不能由他先给她打个电话以让她有个准备，看她愿不愿意接我的电话。这个法官说不用，人家很通情达理的，也很尊敬你，你直接打就行了。我电话一拨通，心扑扑直跳，没想到对方非常客气，还说很感谢我给她去电话。所以说，我事先的担心完全没有必要，是自己折磨自己。最近我在看哈贝马斯的书，对他的"社会交往理论"深有同感，感到人与人之间的沟通实在太重要了。

被害人的妻子对我说，她的一个叔叔在当地县法院工作，她听他的，让我和他联系。按照她给我的小灵通电话号码，我又壮着胆子拨通了她叔叔的电话。交谈得知，他姓李，在县法院一派出法庭从事民事审判工作。他同样很客气，说他也知道，当前我们国家判死刑太多，杀人太多，有损我们的国家形象（他能说出这样的话，让我有点惊讶）。再者，被告人他们家到现在为止也没有给我们来过一个电话，我们很生气，但是教授您作为对方的律师，能主动给我们打来电话，我们很感谢。第三呢，我也想借这个机会和您说一下，我们家属的本意也不是说非得判他死刑，只要执法机关迅速地侦破案件，抓捕犯罪人，哪怕判他个无期，赔我们几万块钱就行了。因为被害人有三个娃需要抚养。毕竟他们是合伙开矿的，曾经同甘共苦过，对方也有亲人，也有父母，何必要判他死刑呢？但是当时这个案子放了一年多，我们向公安机关报案，公安机关根本就不去破案，说由你们家属提供破案线索，结果我们家属花了很多的钱和时间，最后才在深圳找到这个人。如果他所说属实的话，我就觉得我们现在的执法机关，平时懈怠老百姓的报案，不及时去抚慰他们的悲痛，而一旦把人抓到以后，又以这种方式来实现所谓的正义。但正义何在？正义应当是双方当事人的心理感受。如果这边判处死刑，那边钱也没得到，而且判处死刑也不是受害人那方最准确的意思，那么就不能认为是很好地实现了正义。

电话里聊了一个多小时，双方都觉得很投机，但又潜在地在讨价还价，她叔叔希望我再动员被告人家属多赔点钱。但我知道被告人的家属，也就是他嫂子，再也拿不出来了，何况我现在也跟她联系不上。她叔叔最后就说，刘教授，咱们这样好不好，他不是已经给了两万块了吗？你再让他赔三万块，一共五万块钱，剩下的事情你就不用管了。我亲自带着她（被害人的妻子）坐车到法院去，当着法官的面写一个书面的东西，从我们被害人的角度请求法院不要判他死刑。由我来做这个事情。我当时看他很痛快，也觉得没有再谈判的余地了，就说，我先答应您，不管这钱最后他们出不出，哪怕我自己出，但剩下的事情就全部拜托您了。他说没问题。

接下来我赶紧想办法解决这三万块钱。当时被告人的嫂子联系不上。我想到我的一个私营企业家朋友，他是全国人大代表，过去多次对我说过，仁文你有什么困难，只管开口对我说。我想多年来也没求过他，现在为这个带有公益性质的事情找他，估计问题不大。给他打通电话，想就此事的来龙去脉做个说明，他好像听出了一点意思，打断我的话问我：你直说吧，要我办什么事。我说简单点说，现在三万块钱救一条命，你能不能出这三万块钱。他却说，如果是你自己的困难，好说，但花三万块钱去救一个犯罪分子的命，这样的钱我不能出。他认为被告人是犯罪分子，这种命不值得去救，也不知道他是真这样想呢，还是因为舍不得出三万块钱而故意找这么个理由，总之，此路不通。怎么办呢？恰好第二天，香港某大学的一个朋友来北京出差，我请他吃饭，想顺便还给他一万块钱，因为几年前他放了一万元的课题费在我这里，当时本来商量一起合写一篇文章的，但后来我忙，此事就一直未能完成，这次想将这一万元退还给他。他问我最近在忙什么，我无意中说到这个案子的烦心事。他听完即说，仁文，现在你那个案子不是需要三万块钱吗？我这一万块钱就算进去，我很高兴能有这么个机会做点好事，希望你在方便的时候给他写封信，告诉他香港有个朋友在关心他，希望他能好好改造，将来有一天能出来报答家庭和社会。他是基督徒，记得在国外时曾不止一个中国友人告诉我：至少在他们周围，没有见过基督徒干坏事的，他们都很善良。因为前述两人都是我的朋友，我不想在这里做什么对比，但我的内心还是颇有感慨的。值得一提的是，最后被告人的命没保住，我又给这个香港的朋友写了封电子邮件，说很遗憾，你那一万块钱还得退给你。你猜他怎么说？他说，仁文，你是一个热心人，我相信在中国这么宽广的土地上，你将来必定还有很多很多的机会去帮助人，这一万块钱就留在你那儿，什么时候用得着你就去用。这让我非常感动，虽然我知道香港的大学教师待遇不错，但从我跟他多年的交往来看，他还是很省吃俭用的，所以这一万元对他来说也不是个小数字。

就在这时，被告人的嫂子突然来了个电话，问我她弟弟的案子怎样了？我说你在哪儿，正要找你。她说她在东北打工，换了新的手机号。我就问她能不能再出点钱，把这个事情解决掉。她一听就认为对方是在得寸进尺，接受不了，说她那两万块钱都是借的，如果现在让步，到时是无底洞。还说这事没办好，她老公现在对她也很有意见。我最后没办法，就说，你们出一万块，好不好？我香港的朋友帮你们出一万块，我自己也帮你们出一万块。话说到这一步，她也无话可说了，让她旁边的丈夫跟我说。她丈夫说，他们现在在外打工，确实拿不出钱来，请我垫一下，到年底再还，而且现在也感觉到我为他们付出了不少，我那一万块也不要我出，他们只要挣了钱，都由他们来出。

当我回家告诉家里人要取出两万元现金来帮被告人家属垫付时，家里人也有点不高兴了，这是完全可以理解的。此案我耗费了多少时间、精力，打了多少长途电话，他们是清楚的，到头来还要做赔本生意。但我告诉他们：谁不爱财呢？我自己也舍不得出这两万块钱呀。但现在救命要紧，总不能眼巴巴看着就因为差这点钱一条人命就没了吧，如果你们不支持我的工作，若干年以后，当我们不缺一两万块钱时，想到过去就因为这点钱一个年轻的生命失去了，那时说不定我们都会后悔。再说，你们看看人家香港朋友。如此一说，家里人当然也就同意了。

三万块钱准备好，马上与被害人妻子的叔叔和省高院的承办法官联系。法官说，你们双方约个时间来一趟，一手交钱，一手交书面的东西。钱先存在法院的账户上，等案子一结就支付给对方。这时，被害人妻子的叔叔又提出来：刘老师，您能不能和法官说一下，我们过去不就是交个书面的东西吗？我让她写好，按上手印，我亲自到邮局去，用特快专递寄出行不行。因为她在山里，要坐长途车到县城来，我还要请假陪着她去。我们来回要花2000多块钱。有这 2000 多块钱给小孩读书，又一个学期的学费了。我想这有道理啊。于是又给法官打电话，说了对方的请求，并承诺我会百分之百地将钱汇到法院的账户里。法官说那也行。现在后悔就后悔在这里，当时要是按照法官的要求，当面把书面的东西写好就好了。我个人还顺路，因为正好要到当地的一个大学去参加研究生答辩（2006 年 5 月），完全是基于善意替对方考虑。

我相信被害人妻子的叔叔不会骗我，他告诉我这个特快专递由他本人亲自寄出，但事情就这么偶然，法院居然没有收到。我还在等候法院的通知，看让我什么时候寄钱过去呢。谁知大的变故又发生了。被害人妻子的叔叔把这件事办完后，参加了一个当地政法系统组织的代表团，到香港、澳门去考察半个月。就在此期间，那个和被害人妻子有不正当关系的合伙人陈某某来找她，告诉她千万不要听她叔叔的，她叔叔已被对方的律师买通，看人家是北京的教授，就出卖她的利益；又说，如果让被告人活下来，过不了几年他就能出来，到时他们俩就没命了。这些是后来她叔叔告诉我的，他也气得要命，认为被害人的妻子是被陈某某利用了，是脑子糊涂。他给省高院法官打电话，并说要拿着寄特快专递的存根去找邮局，看到底是怎么回事，怎么会没收到。省高院的法官却说，你毕竟只是她叔叔，她本人在陈某某的陪同下已经来过法院了，她说不要钱，只要求法院判处被告人死刑。你看，事情有多么偶然，如果她叔叔不出去考察，也许事情就不会有此变故。再有就是，我感觉像本案中的这种被害人，感情和态度容易出现反复，到底以哪个为准，有没有可能在关键时刻做些开导工作，免除其后顾之忧？

至此，事情已经不容乐观，几乎大势已去。就在此时，中级法院的那个重审法官被借调到省高院来了，因为为了配合2007年1月1日死刑核准权收归最高法院，各省高级法院都加紧了死刑积案的处理，于是从底下借调一批法官上来。这位法官告诉我，他将尽其所能，说服他的同事，不要以被害人家属的态度作为判案的唯一依据。我也只好"死马当作活马医"，将一篇二审辩护词邮寄给承办法官，并给主管副院长和该法官写了一封信，说明此案判处死刑立即执行的不妥。

时间一晃到了12月，不知怎的，我竟有了一丝莫名的乐观。因为大家知道，按照最高法院的要求，从2006年下半年开始，所有死刑二审案件都要开庭，而我到那时为止还没有接到任何开庭的通知。以我当时的书生气，无论如何也想不到省高院不遵守最高法院的规定。更重要的是，从2007年1月1日起，所有死刑复核权就收归最高法院了，而我在几次不同的场合，与最高法院负责死刑复核工作的领导、朋友交流时，他们都倾向于支持我的观点，说让我把材料寄给他们一份。我想只要案子到了最高法院，回旋的余地就大了。这样一天天掰着手指算，当时间已是二十几号时，我想此案必上最高法院了，因为二审开庭看来不可能在2006年完成了。

到了2007年1月1日，也没有通知开庭，我更放心了。那时想，此案虽然还要花去自己一些时间，但也可借此了解一下最高法院收回死刑核准权后的工作情况。大大出人意料的是，2007 年 1 月 15 日，我突然接到原一审法官的电话，他告诉我，省高院的死刑执行判决书已经下达了。我当时十分惊讶，省高院没有通知我开庭，也没给我寄判决书，怎么就通知你们执行死刑了呢？我赶紧给省高院的承办法官打电话，问他怎么到现在也没有通知我开庭？他却说，他们是 6 月 1 日之前收到中院移送过来的案卷的，他们认为这不属于下半年。这种解释纯属荒唐。要求的是做出判决、裁定的时间呀，再说你们当初发回重审的裁定书上就说"事实不清"，而最高法院的规定明确说，即使在 2006 年上半年，对案件重要事实和证据问题提出上诉的死刑二审案件，也要开庭审理；下半年则所有死刑二审案件一律开庭审理。第二，我说你们怎么判决书也没有寄给我，如果没有一审法官出于对我的尊重或者是私人关系，应我的请求给我发个传真，我至今也不知道啊。对方却说，因为前几年国内出了个枪下留人的案子，律师闹到最高法院，我们现在就吸取教训，一律等死刑执行完后再通知律师，因为要是早把判决书给了律师，只怕律师又到最高法院去喊冤。为了防止律师在死刑执行前添乱，所以一律这么处理。当时他曾说，等中院执行完死刑，把所有的案卷、照片入档以后，他会寄给我一份判决书，但直到现在（2007 年 4 月份），我也没有正式接到省高院的判决书。我又说你们这样，不是不利于保证死刑的质量吗。他说怎么不利呢，在这之前不是已经听取过你的意见了吗。那是什么听取！都是我断断续续地主动联系他们，不仅没有一个面对面交流的机会，就连我的辩护词也不知道他们收到没有、读过没有、认真考虑过没有。还有，更让人无可奈何的是，他明明是 1 月十几号的判决书，上面却倒签成 2006 年 8 月 11 日。你有什么办法？到哪里去告？告又有什么用？所以我在 2007 年 2 月 3 日的《新京报》上发表了一篇题为《确保死刑复核和二审开庭的落实》的文章，以此为例说出我的"忧心如焚"，担心其他地方也出现类似事件。凤凰卫视的曹景行先生看了这篇文章后，还邀请我就此话题去做了一期"景行长安街"的节目，节目中他提出了一个很尖锐的问题，说往年在春节前后是执行死刑的高峰期，现在根据你的了解，最高法院到底核准了几起死刑案件。我当时回答不上来，只是说这种倒签现象和中央收回死刑复核权的原意是相背离的，建议最高法院对此尽快引起重视，尽快采取纠偏措施。

最后我讲一下本案的执行。既然无可挽回，我就跟通知我的中院法官说，你能不能等一等，等我联系上他家属，让他们见一面再执行。他说那可不行，因为中院去县里执行，县里这次不只是执行他一个，而是一批，还包括公捕大会，由当地县政法委组织的。我又说，能不能请你们根据他案卷里的身份证，给当地公安局发个电报，通知他的家属。这个法官说，也要等执行完以后才能通知，我们的惯例都是执行完后再通知，以保证死刑执行的安全。昨天我看报纸，最高法院等几个部门联合颁布规定，指出死刑犯在执行之前如果提出会见近亲属的，法院应当准许，我想这是起码的人道主义。

得知这一消息后，我立即给他嫂子拨电话。但此时她的那个手机号又是空号，真的把我急坏了。想到重审开庭时被告人问他嫂子怎么没来，现在他在临刑前肯定是多么想见一见自己的亲人啊！

执行完后半个月左右，他嫂子又给我发了个短信，说这是她换的内蒙古某市的新号码，关于她弟弟的案子不知进展如何。真的感谢我，给我添太多麻烦了。她还不知道她弟弟已被执行死刑，我怎么来跟她说呢？我给她回短信，让她速给我家里来电话。考虑到她的心理承受能力，费了九牛二虎之力，我才告诉她她弟弟已经被执行死刑了，请他们和中级法院的某某法官联系，我已经跟当地法院说了，无论如何一定要把骨灰给他们留下来。她也知道为这个事情我已是身心疲惫，因此原则上我请他们不要再来打扰我了。

后来她又给我来了个电话，说他们领到骨灰了，中级法院的法官给他们一个布袋子，说是装着骨灰，连骨灰盒都没有。不到五分钟就把他们赶出来了。他们问弟弟在死前有没有什么遗言、嘱咐。回答说没有。这合人之常情吗？他肯定有话要留给他们。她说最大的遗憾是死前没有见弟弟一面。

在结束我的这个讲座的时候，我想再强调一下我的一个感慨，就是人的生命偶然性太大，被害人死得偶然，如那天他们没有相互遇见，如医院抢救得力……被告人也死得偶然，33岁的生命就这样消失了，假如被害人妻子的叔叔寄的特快专递没有丢失，假如我当初不是想为他们节省路费，双方直接去法院交了书面的东西，假如她叔叔没有出去半个月……总之，这样一个我接触了三次的被告人，一次在看守所，两次在法庭，我并没有感觉他是一个多么坏、多么危险的人物，他在法庭上会问他嫂子怎么没来，还掀起裤腿，露出伤疤；他道歉，他后悔……就是这样一个活生生的形象，至今仍不时地显现在我的眼前。

屈学武：非常感谢刘教授给我们大家带来一个这样意味深长的演讲，给我们提供了很精彩的案例事实，提出了自己的反思。

下面我先发表一下简单的评论。

我先从实体法方面谈一下我对这个案子的看法。我觉得，听了这个案件以后确实让人感觉非常悲伤。第一，还是我们上课经常给同学们说的话，在我们国家重刑主义的司法理念，在我们法官中根深蒂固，像这个案件中谈到的，法官庭还没开就说是"一号"，就是要判死刑的案件，说明在他们心目当中，重刑主义的思想是非常严重的。只要你杀了人，那我就要判你死刑。第二，省高院认为，只要你有前科，那我们就觉得死缓太轻，就发回重审，说明省高院的理念中也是重刑主义的司法倾向。就这个案件而言，退一万步说，被告人假释期间再犯罪不是一个法定从重情节，你说它是酌定从重情节，可是法官为什么没有看到这个案件中有那么多的酌定从轻情节呢？比如说这只是故意伤害致死而不是故意杀人，这只是激情犯罪而不是蓄意谋财害命的犯罪，并且，被害人也确实有过失，在这种情况下，如果说他有一个酌定从轻情节，那么完全可以抵消他的酌定从重情节。从轻和从重相抵消那就是一个中性的。你看我们《刑法典》第48条对死刑是怎么规定的，是说罪行极其严重的犯罪分子才能判处死刑，而且对死缓也是这么说的。我们在给同学们上课的时候已经讲到，死缓不是一种独立的刑种，而是死刑的一种执行方式。所以无论是死刑还是死缓，都适用于罪行极其严重的犯罪分子。就本案而言，有一个酌定从重情节，可是还有更多的酌定从轻情节，在这种情况下，绝不可能是罪行极其严重的犯罪分子，因此严格意义上讲，在我看来本案判处死缓也是判重了，在我看来判处无期徒刑就足够了，怎么会给他判个死刑立即执行呢？省高院的法官人文精神应更强一点，怎么连他们都判死刑立即执行呢？甚至发回重审让改判，可见重

38

死
刑
的
温
度

刑主义的司法理念在法官中有多么根深蒂固。我们现在上课的2005级法律硕士，有很多都是法官，上课你如果说他们重刑主义的司法理念根深蒂固，他下课就要和你说，老师，不是我们重刑主义观念重，而是我们那儿很多案件杀人都要偿命，如果不偿命就不平衡了。所以，我要谈到的第二个问题就是，我们刑罚个别化的司法理念在法官中也很不够，他们过于注重平衡，就是这一个地区杀了人的都要偿命，不讲究刑罚个别化，虽然本案是故意伤害致死，存在医院抢救不力等个别情节，你要考虑刑罚个别化。但现在我们的法官考虑更多的是我这一个地方这一类案件是怎么判的，所以就先入为主地认为是"一号案件"，可以想见，在他的心目当中没有刑罚个别化的理念。第三个问题让我感慨的是，我们整个司法界对被告人生命权利的轻忽。刚才已经谈到，律师多次提示，省高院的一个主管副院长对本案都没有印象，说明对被告人的生命权利确实是比较轻忽的。我们还听到一个细节，被告人的膝盖以下都烂了，是不是因为他是死刑犯了，就不考虑他的健康权利了呢？这是监狱或者说看守所的责任，只要他在你们那儿一天，他的健康权就受国家法律保障，你们怎么会让他变成这个样子呢？即使他最终有一天要受死刑，那他在被执行前人之为人的权利、其健康权都应该受到国家法律的保护。当然程序法上的问题就更多了，下面我们请刑诉法专家熊秋红教授来做一点评。

熊秋红：刘仁文教授常年游学海外，近几年来，死刑问题是他关注的一个焦点。他也曾在国外很多著名的大学和研究机构就死刑问题发表他的见解。那么，今天我们很高兴地看到，刘教授转回到了我们法学所这个大本营，来向大家贡献他的经验与智慧。

　　我觉得死刑在中国只要一天不废除，那么它永远都是国内外所关注的焦点，同时也是我们学术研究关注的焦点。刘教授今天的讲座主要是结合他自己所办的一起死刑案件，对案件采取了一种白描式的分析方法。那么，这种个案的分析，在我们刑事法律的研究中还是经常采用的。大家可能知道，前些年媒体也对很多死刑案件的个案，比如刘涌案、聂树斌案、佘祥林案等做了比较详尽的报道。当然每个案件背后都有很生动、曲折的故事，对死刑案件来讲尤其如此。大家通过刘教授这种描述可能会有扣人心弦的感觉。这种个案分析的优势是很明显的，给了我们活生生的、对死刑案件整个审判过程的感性的分析，涉及各个方面，比如被害人及其家属、被告人和不同级别的法官。当然这种个案分析的方法也要特别警惕以偏概全，因为通过一个个案，比如说在这个个案中，高级法院在进行死刑复核中发回重审，那么这种情况在司法实践中的比例有多高。从这个案件的类型来看，是个故意伤害的案件，这种故意伤害致人死亡的死刑案件占整个死刑案件的比例是多少。因为我们也对死刑案件做过实证研究，当然我们希望通过一种全景式的透视的方式，比如几百个死刑案件，更有说服力一点。这种个案分析和我们的全景式的分析有个相互补充的作用。再就是，从他对这个案件的分析里面，大家可能都听出来了，涉及方方面面的问题，比如律师获知案件信息的情况，从联合国的刑事司法准则来讲，律师应该有获知被告人被指控的罪名、原因的权利。但我们从刘老师的描述中，可以看到对逮捕的原因的描述过于简单了。还有，比如说管辖，也没有通知律师，还有，大家也听到了，关于法官对审判结果的预测的问题，但是这个问题也不能简单化地分析说这种预测就是先判后审，或者说先入为主。因为我们大家可能知道，我们的法律制度起到什么样的作用，刑法关于定罪量刑的规定本来就应当明确化，应该有可预测性。一个案件发生以后，根据这个案件的整个情节，它可能面临一个什么样的审判结果，法官应当有这样的预测能力，不能简单地等同于先入为主。另外关于陪审的作用，这是我国争论了很多年的一个问题，近些年来，全国人大常委会通过完善陪审制度的规定，是要加强这个制度，那么，经过完善的陪审制度，在司法实践中究竟是什么样的状况，也值得我们进一步去关注。还有一个问题，刘教授在他的讲座里反复强调了偶然性问题，比如犯罪发生的偶然性，一个犯罪的发生涉及被害人和被告人两方，是在什么样的关系的情况下发生的，这是应该作为量刑的一个情节加以考虑的。还有程序运行中的偶然性，可能我们要分析这是制度内的还是制度外的，有的时候是一种制度外的私下里的协商式的一种解决，而不是程序本身的。所以很多东西需要具体问题具体分析。此外，还有救济程序的功能问题，比如根据最高人民法院的司法解释，怎么看待死刑复核程序发回重审这个问题，实际上，我国关于救济程序的整体设计问题，不仅包括上诉程序、一审、二审、死刑复核，在整个的救济程序里面，有个追求实体真实的定位。所以我们看到，在救济程序里面有个国际标准，原则上要求救济程序中只能做有利于被告人的变更，例外情况下也可能做不利于被告人的变更。而我国的救济程序在总体上没有贯穿有利于被告人这样一个核心理念，而是追求实体真实。所以，如果一审判重了可以改轻，如果判轻了可以改重。所以对救济程序今后的改革应该以什么样的原则为出发点来设计，是我们应该关注的。另外，大家可能注意到了，在中国的制度设计里面有个突出的现象叫发回重审，在程序法中叫程序回流，尤其是在再审程序中，所有的程序都走完了又回到了一审，而且二审、死刑复核都可以发回重审。这样一种程序设计存在的原因实际上是比较复杂的。其中一个原因是不同程序间的功能问题。比如说，一般认为一审程序是用来解决事实问题的，救济程序是用来解决法律适用的问题，如果在二审的时候发现事实不清，或者再审程序里发现事实不清，经常就回流回去，产生发回重审的问题。发回重审有这样一个考虑，事实审的法院一般是犯罪地的法院，从便于审判的角度考虑，同时也有中国的司法人员的素质问题。发回重审的必要性，是需要进行实证研究的。比如说，比这个案件更极端的是河北的四个农民杀人案，一再地发回重审，五次判死刑。这就涉及要不要发回重审这个制度，如果有的话是不是要限定次数等等。这个案件涉及的还有很多问题，我就不展开说了。最后我要说的是，今天的这个讲座归结到一点的话，实际上要看一个制度之内和制度之外的关系问题。大家也看到，这个案子也涉及正常程序的运作，从这个案件立案，到最后执行死刑，也是按照刑事诉讼法的设定来运行的。同时大家也看到，涉及大量的私下交涉，包括刘教授通过私人关系向法官打听情况。因此在考虑制度之内和制度之外的时候，我们应该看到，有的时候通过个案的分析，这种非正式的解决实际上消解了正式的制度；还有另外一种，如果非正式的解决在司法实践中成为一种常态，比如在发回重审的时候，高院都附带着内部意见，在重审的时候需要着重解决的几点问题。现在发回重审的时候的确要有这样一个指导性的意见，那么如果在所有的案件里面都是这样做的，这种非正式的方式实际上在司法实践中已经成为一种常态的情况下，那就要考虑是不是有必要把它制度化的问题。今天的讲座涉及的问题方方面面，因为时间关系我不能再进一步展开评述，我提出的上面这些问题，供大家进一步讨论和思考。

屈学武： 谢谢熊教授的精彩点评。我们还有一点时间，请大家提问。

听众一： 我想请教刘老师一个问题，刚才您提到，无论是审委会还是法院讨论的时候，您一直想争取一个参与进去的机会，能给您一个说服他们的机会。我想问，您是说就个案而言应该给您这样一个机会，还是说应该把它转化成一种制度，一种法律的保障。也就是说，在死刑复核程序中，如果有辩方参与的话，是不是应该有控方参与其中，他们各方应该起什么样的作用？应如何在法律中进一步规范和完善呢？

刘仁文： 当然应是一种制度上的保障，我只是通过这个个案说明我们这方面的制度保障有问题。下面我想分两个方面来回答你的问题。第一方面，审委会不只针对死刑。关于审委会现在有三种说法：一种是废除，一种是保留，一种是完善。我的想法是至少要完善，在目前的情况下，完全废除它不合适，因为审委会对于防止法官的腐败还是有一定的作用的。但是现在你看最高法院关于司法改革的规划，前几天最高法院的负责人在"两会"期间答记者问时，已经明确指出一个审委会改革的方向，就是将来把审委会由现在的听汇报，改成亲自听案子，也就是说对一些重大复杂疑难的案子，要直接开庭听案子，这个思路是可以的。我参观过国际法院，它的法官就是十几个，并不是说非得三个。因此，审委会听案子，不是所有的审委会成员都参加，而是可以由部分审委会成员组成合议庭。审委会成员也不一定非得是行政上的官员，还应注意选择一些有丰富经验和较高声望的资深法官来进入审委会。你的问题的第二方面实际上涉及在死刑复核程序中，假如律师有机会参与的话，控方要不要参与进去。我一直的观点都主张把死刑复核程序改造成为一种类似第三审的程序，以示对死刑案件的重视，这样的程序也更符合发现真相、实现正义的诉讼规律。但我们现在看到，最高法院关于死刑复核的制度出台以后，没有采纳这一思路，这是很遗憾的。另外，如何保障辩护人的切实参与，这也需要引起重视。

听众二：我想问一下刘老师，您说到的双方当事人打算当面交换的书面协议，假如当时双方在法官面前签了字，钱也给了被害人家属，这份书面协议在刑事诉讼中是否有法律效力？它是否侵犯了国家的公诉权？

听众三：接着上面的问题，严格意义上的刑事诉讼不适用调解，现在正在探索的刑事和解制度，也是在双方当事人提出和解的共识下，移送审查起诉的轻伤害案件可以根据不同情况建议侦查机关撤回案件，或者做出相对不起诉决定。我想问一下这份协议是什么性质的？

刘仁文：你们的问题我试图分实然和应然两个角度来回答。从实然角度看，我们现在的刑诉法和刑法确实没有给刑事和解和这类被告方与被害方的协议提供太大的空间，但近年来实践中不仅在一些轻微刑事案件中刑事和解发展迅速，而且重罪案件中"赔钱减刑"的做法也在不少地方受到青睐，可以说现实走在了立法的前面。尽管司法能动主义者试图将此种刑事和解的合法性基础建立在对量刑情节的扩大解释上（即所谓的犯罪情节包括被告人的事后态度），而且我本人也不反对这种司法能动，但应当承认，这种解释还是比较牵强的。顺便说一句，我国刑法关于量刑的根据就一个第 61 条，笼统地说对于犯罪分子决定刑罚的时候应当根据犯罪的事实、犯罪的性质、情节和对于社会的危害程度来判处，太简单，应当把各种量刑情节尽可能详细地列举出来，包括我们这里所说的被告人真诚道歉、积极赔偿以及与被害方达成和解等。我想，只要是双方自愿的，不是变相强迫一方接受，则这种做法与我们建设和谐社会、和谐司法的理念相符，应当在制度上得到支持。因此，从应然的角度看，我觉得我们应该在法律上赋予这种制度以更大的空间，那样才能使其更加名正言顺，更加规范化。实际上，现在西方社会的"恢复性司法"，正是对国家公诉制度和"报应性司法"的一种反思，认为不能忘记犯罪的矛盾原本来自犯罪人与被害人，因而强调应加强对二者的调解。当然，正如我在前面介绍中所提到的，我们现在的法院和法官似乎特别在乎被害人的态度，特别怕被害人不服而去上访，但我觉得对被害人的态度也不能一味地迁就，必要时哪怕被害人一方的工作做不通也要在法律幅度内依法公正判处，如本案判处死缓即使被害人不同意，法官也完全有权这样做。

听众四：刘老师您提到在办案过程中自己采取了一些法律之外的公关措施，作为一个学者您怎么看待这类措施？

刘仁文：这里其实涉及学者与律师的角色定位。作为一个学者，我想他应当是比较中立、客观地看问题，但作为一个律师，他代表的就是当事人的利益，应当想方设法地为当事人争取最好的结局。比如，我曾经撰文提出要"警惕关系盛行对法治的消极解构"，这是从一个学者角度出发，也与我从事像本案这样的司法实务的切身体会有关。但具体到办案中，目标驱使着你运用一切能运用的手段，当然不能去违法，像给法官行贿之类的，那绝对干不得。

屈学武：我们的时间到了。感谢主讲人刘仁文教授，感谢评论人熊秋红教授，也感谢大家的参与。

当场击毙必须掂量五个问题 *

　　早想就"当场击毙"发点议论了，但直到今日在牛津才抽出空隙遂此心愿。

　　临行前匆匆扯下的几则剪报资料中，有下面这样一些消息：

　　2002 年 1 月 17 日，《报刊文摘》摘登《武汉晨报》的报道，标题为《湖北省力保春运，便衣可当场击毙车匪路霸》，其中说道："警方重申：春运期间刑警武警便衣跟车，车匪路霸可当场击毙。"

　　2002 年 2 月 28 日，《北京青年报》刊登标题为《飞贼再也飞不起来了》的报道：北京市东城区警方在发现一飞贼进入他们蹲守控制的视线后，喝令其接受检查，对方拔腿狂逃，刑警鸣枪示警无效后，"连开两枪，飞贼应声倒地。经检查他已被击毙身亡，民警在其腰间搜出一根 50 厘米长的铁制撬棍"。在这则剪报旁，笔者还曾写下如下文字："照片不忍看，被剪下。"

　　2003 年 1 月 9 日，《深圳商报》报道：《当场击毙飞车劫匪，群众拍手叫好》，说的是深圳某派出所民警在一个小巷发现两名青年男子将一名女青年的黑色手提包抢走，歹徒发现警察后企图逃跑，警察立即鸣枪警告，但劫匪置之不理继续逃窜，"就在劫匪就要逃脱的情况下，民警果断举枪射击，当场将一名劫匪击毙，另

* 原载《检察日报》2003 年 6 月 4 日，该文获《检察日报》2003 年优秀稿件一等奖。

一名劫匪被击伤束手就擒"。

2003 年 4 月 1 日，《检察日报》报道："今年年初，在沈阳发生特大爆炸抢劫运钞车案后，郑州警方决定：在全市各金融点布设便衣进行巡逻，一旦发现劫匪可当场击毙。"

上述报道引出一些令人忧虑和值得深思的问题：谁有权做出剥夺犯罪分子生命权的规定？在何种情况下可剥夺犯罪分子的生命权？在不同利益的权衡中，犯罪分子的生命权究竟应占何位置？是不是"群众拍手叫好"，其真理性就不证自明？这样的执法会带来什么样的消极后果？

第一个问题。按照我国的《立法法》，凡涉及犯罪和刑罚、对公民政治权利的剥夺和限制人身自由的措施或处罚，只能由全国人大及其常委会制定法律来规定。据此，像剥夺犯罪分子生命权这类事关重大的问题，当然只能由全国人大及其常委会来决定，即使中央政法部门和地方权力机关也无权擅自做出规定，更不用说地方政府或者某一部门了。

第二个问题。国务院在 1996 年曾颁布过《人民警察使用警械和武器条例》这样一个专门法规，虽然从《立法法》的要求来看，该法规还有待进一步提高级别和完善相关规定，但就目前而言，它已经规定的对人民警察使用警械和武器的一些限制条件应得到严格执行。根据该条例第九条等条款的规定，人民警察使用武器必须同时符合以下要求：1. 要有严重暴力犯罪行为发生。这里的"暴力犯罪"，是指行凶、杀人、实施恐怖活动等严重危及人身安全的犯罪。2. 要情况紧急。这里的"情况紧急"，并不是说犯罪分子逃跑也算情况紧急，而是指不使用武器将会导致更为严重的危害后果，如致他人死亡。3. 须经警告无效。4. 使用武器应当以制止犯罪行为为限度，尽量不造成对方的伤亡。由此观之，像上述飞贼案、抢夺手提包案等显然不能算是严重的暴力犯罪，使用便衣对车匪路霸进行突然袭击也不符合事先须经警告这一要求，而且很难说哪一种情况达到了真正意义上的"情况紧急"的程度。

第三个问题。犯罪分子也是人，是人就有逃生的欲望。我们不能因为他是坏人就一毙了之。即使犯了死罪，他还要经过公开、公正的审判，严格按照诉讼程序行事，更何况许多被当场击毙的犯罪分子并未犯下死罪呢？以前述的飞贼案为例，按照1997年修订的新刑法，普通盗窃罪已经没有了死刑，我们甚至还可设想，如果他入室没有盗窃到刑法规定的"数额较大"的程度，那么就连犯罪都不构成，而现在，仅因为他要逃跑，就"当场击毙"，这无论如何是说不过去的。生命是宝贵的，只有在犯罪分子威胁到其他人的生命权包括执法干警的生命权，而且这种威胁迫在眉睫，又没有其他办法制止的情况下，才可考虑万不得已的开枪下策。除此之外，任何理由都不能成为可以剥夺违法犯罪嫌疑人的生命权的理由。

第四个问题。要理性对待"群众拍手叫好"。长期以来，我们似乎已经习惯了"以人民的名义""群众拥护和支持"来证明任何一项政策的合法性，但英国学者阿克顿（John Acton）的一段话也许会给我们以启发："少数的压迫是邪恶的，但多数的压迫更邪恶。因为民众中蕴藏的力量若被唤醒，少数人将无法抵挡他们。面对全体人民的绝对意志，他们无可诉求，无可援助，无可躲避。"另一个有启发意义的观点来自笔者正在访学的牛津大学犯罪学研究中心主任罗吉尔·胡德（Roger Hood）院士。在我们讨论死刑问题的研讨会上，针对有人提出民众支持死刑所以不能废除死刑的观点，他反驳道："民众都希望减税甚至不交税，为什么政府还要求他们纳税呢？可见，政府不光是要听民众的，还负有引导民众朝着理性方向思考的职责。"

第五个问题。"当场击毙"的政策导向和执法模式可能导致一系列的消极后果。例如，当场击毙一旦出错，不但后果无法挽回，而且有关执法人员也会承担相应的法律责任；当场击毙由于对方人已被击毙，因此到底他是不是犯事者、犯了多大的事，有没有达到被击毙的紧急程度，难以澄清；更可怕的是会不会有素质低劣的干警借此公报私仇，或者在办案过程中图多快好省、一了百了？无论如何，"当场击毙"与文明执法不相协调，与"让警察背着一只手同犯罪做斗争"的法治理念相违背。

写到这里，我不禁想起两件国外的事情：一件是 2002 年 7 月 14 日法国国庆日，一名极右翼分子用枪射击正在检阅游行队伍的希拉克总统，按说这情况够紧急的了，影响也够恶劣的了，但警方却并没有一毙了之，而是用高超的技能将其制伏，随后警方做的第一件事是什么？国人也许会猜不到：将犯罪嫌疑人送往精神病医院接受心理医生检查。另一件是 2003 年 1 月 5 日，一名持枪男子在德国巴本豪森（Babenhausen）机场劫持了一架小型飞机，在法兰克福市区上空盘旋，并扬言要驾机撞向法兰克福的欧洲中央银行大厦。有点不太符合我们思维逻辑的是，德国警方并没有采取紧急措施将飞机击落，而是在疏散大厦人员后，用直升机将其迫降，并且也未动用直升机的火力将该男子"当场击毙"。

生命至上，生命无价。愿我们各级执法部门和每一位执法人员都能树立这样的观念，若此，则国家幸甚，社会幸甚，人民幸甚！

民意与死刑判决 [*]

 有关死刑的存废，这些年争议很多。近来社会上一系列案子（李昌奎案、梁勇案、赛锐案等）使公众再次聚焦这个问题。这些案子中的罪犯以自首、立功等原因由死刑改判为死缓，但是引起了公众的质疑和民愤的汹涌。而国际上的挪威枪击案也激起了一些废除死刑国家对死刑的反思。如何看待社会上这些有争议的案子？如何看待民意对刑事案件判决的影响？死刑判决如何在程序正义和结果正义中取舍？《环球时报》记者于金翠特别采访了中国社会科学院刑法研究室主任刘仁文教授。

 记者：您如何看待最近李昌奎案由死缓改为死刑立即执行？有人认为这可能引发一股"死缓翻案风"，您是否赞同？

 刘仁文：这些当前有争议的案子有的还没有真正定案，所以我们不就个案来讨论。但这种担心有一定的道理。我想说的是当前废除死刑是国际趋势，国内也正朝这个方向努力，尽管离废除死刑还有很远的距离。现在严格限制死刑、慎用死刑立即执行是没有疑问的。两个最突出的表现是：第一，2007 年 1 月 1 日，最高法院把死刑的核准权从各个省的高级法院收回，表明中央严格

---

* 原载《环球时报》英文版 2011 年 8 月 14 日，此为采访稿译文。

控制死刑的态度，导致死刑（立即执行）的判决大幅度减少。2008年3月，当时的最高人民法院院长肖扬在全国人民代表大会上披露，我国历史上第一次死缓判决超过了死刑立即执行，说明死缓不再是例外，判处死缓的越来越多，判死刑立即执行的越来越少。需要说明的是，按照我国刑法规定，我国的死刑包括死刑立即执行和死刑缓期两年执行，后者如果在两年内没有再故意犯罪，就可以改为无期徒刑。由于法律把死缓也规定在死刑内，作为死刑的一种执行方式，所以法官就有比较大的自由裁量权，因为判处死刑立即执行和判处死缓都叫判处死刑。对此，有人觉得应当明确二者的界限，限制法官的自由裁量权；也有人觉得，不能限定死，这样法官可以逐渐多判一些死缓，用中国这一有特色的死缓制度来实现死刑立即执行越来越少的目标。因为联合国早几年通过的一个决议已经要求，对于那些尚没有废除死刑的国家，要暂停死刑的执行。可以说，我国的死缓制度与这个决议的精神是一致的。

再就是今年年初刑法修正案又减少了 13 个非暴力犯罪的死刑，这是中国历史上第一次对死刑不再做加法而是做减法，从立法上将这 13 个死刑罪名拿掉，符号意义很大。进一步表明了中国减少死刑、严格限制死刑的适用的决心。

记者：有人认为这些有争议的案子背后汹涌的民愤可能导致公众狂欢式杀人，有人认为法院判决引起民愤说明判决结果严重违背民众感情，有违法律精神，您如何看待公众的舆论或者汹涌的民意在重大刑事案件判决，特别是死刑问题上的影响？

刘仁文：只要死刑在法律上还存在，即使是国家严格控制，也是不安全的，现在我们还有 55 个死刑罪名，在我国司法机关有时还不是很理性、有的领导特别在乎民意的情况下，很可能在民意的压力下会反复，在不该判死刑的情况下判了死刑。

民意对判处死刑的影响是实际存在的，比如 2003 年的刘涌案，一审判处死刑，二审改判死缓，后来在汹涌的民意的推动下再审又改判死刑。刑法一点都不考虑民意是几乎不可能的，哪一个国家的法官和刑事司法都不可能活在真空中。但与司法理性、成熟的法治国家相比，现在我国民意对司法的干预太大了。这有好的一方面，民意可以监督司法，防止司法腐败，但另一方面，民意有它不理性的一面，是把双刃剑，所以司法还是要保持应有的理性，正确对待民意。现在党政领导特别重视社会稳定，有时司法问题会涉及社会稳定，给法院带来很大压力，但是现在我们提倡依法治国，应该最大限度地把民意在法律范围内化解，特别是针对死刑案件。如果没有民意的压力，药家鑫会不会被判处死刑很难说，一旦把人杀了，就不可能再挽回了，不可逆转，这种情况下一定要慎重。

民意一旦被炒作起来，每个个体都迷失了自我，很难保持理性。民意有时会疯狂是因为对司法不相信，司法腐败现象多，民众有仇富仇官的心理。如果司法公正，公信力强，也许民意对司法的质疑就不会像现在这样严重。当然，我们的媒体也要注意发挥好的引导作用，要发掘事实真相，把事情客观全面地报道出来，而不能做不理性的民意的助推器。

记者：既然中国现在还存在死刑，在做出死刑判决时，应如何在程序正义和民意所要求的结果正义中权衡？

刘仁文：以实现正义为借口而判处死刑，在民意的压力下来实现民意所希望的正义的结果而牺牲程序的正义，如李昌奎案在民意的压力下再审，并不是真正的正义。中国的法院由于承担了很多诸如维护社会稳定等政治职能，因此注定会很在乎民意，有时不得不牺牲程序，委曲求全，换来一个所谓的正义的结果。最理想的是把程序正义和实质正义结合起来。没有新发现的事实和证据，而是基于民意的压力而改变判决结果，以后程序就没有了法律的尊严和严肃性，要把程序的正义作为法治社会的一个标准。

记者：中国长期以来存在"杀人偿命"的朴素正义观，是否还适用于现代社会？死刑和犯罪率高低有必然联系吗？

刘仁文：用杀人偿命来为中国的死刑制度辩护不是很严谨。不能说中国有杀人偿命这种传统文化就说中国过去保留 68 个、现在还保留 55 个死刑是对的，死刑是对最严厉犯罪的一种惩罚，也是极端的、最残酷的手段，因为它牵扯到对一个人生命的剥夺。但如果不用或者废除掉死刑，仍能较好地甚至更好地治理社会，或者说维护好共同体的秩序，那死刑的存在就没有必要了。原来死刑的存在源自朴素的"以牙还牙、以眼还眼"的观念，现在人类对这种观念正在质疑，是否非要如此，才能实现正义？在已经没有死刑的欧洲以及世界上其他废除死刑的国家和地区，实践已经表明，废除死刑后，社会的秩序并没有受到影响，人们对法律的信仰和公正的认知也没有受到影响。世界上很多国家在废除死刑之后，社会治安没有变坏，甚至还变好，说明人类可以不用死刑这种野蛮的武器来治理社会；文化是可以改良的，人类是可以战胜自我，激发宽容的，杀人偿命、以牙还牙的报应观念是可以改变的。

记者：挪威枪击案引起废除死刑国家的反思，而许多挪威人愿意继续坚持其无死刑的制度也给死刑国家带来反思。中国的死刑制度一直受到废除死刑国家的苛责，中国废除死刑是不是一个必然趋势？

刘仁文：首先，如果挪威枪击案出现在中国，是毫无疑问要判死刑的。虽然枪击案引起废除死刑国家的反思，但是这些国家现在恢复死刑的可能性很小，在刚刚废除死刑的那几年，如果社会上出现恶性案件，会考虑要不要恢复死刑，但现在没有了。社会在刚刚脱离死刑的短期内，对死刑还有依赖，等国家长期废除死刑以后，并建立起配套制度后，久而久之，人们就不再依赖它。比如有些废除死刑的国家，对于犯罪行为特别严重的罪犯可以判处终身监禁，这种终身监禁不是服刑到一定时间就可以减刑、假释的，而是要经过专家小组鉴定该人确实对社会没有人身危险性了才可以放出来。在这种情况下，这个国家法律体系内对最恶劣的犯罪的最严厉的惩罚，就是终身监禁，没有人会抱怨不判死刑就是判罚不公，反而会反思为什么会出现这种恶性案件以及如何防范，这不是很好吗？可以更有助于社会去实现善治。

中国现在还处在逐步减少和控制死刑的阶段，由于中国国情复杂，要一下废除死刑还不现实，需要一个过程，这个过程需要文化的引导、观念的改变、相关制度的建设，例如针对贪污贿赂，首先要强化预防贪污贿赂犯罪的制度建设，如建立公职人员的财产申报制度等，让贪污贿赂犯罪的规模降下来，才能为废除这类犯罪的死刑创造条件。

人权：判处死刑的死刑 *

首先，对人权保障的不断强调，使联合国及其有关机构在废除死刑问题上的态度日益鲜明。1966年，联合国通过的《公民权利和政治权利国际公约》，明确表明了反对死刑和限制死刑的态度，《公约》第六条规定："一、人人有固有的生命权，这个权利应受法律保护。不得任意剥夺任何人的生命。二、在未废除死刑的国家，判处死刑只能是作为对最严重的罪行的惩罚。……四、任何被判处死刑的人均应有权要求赦免或减刑。对一切判处死刑的案件，均得给予大赦、特赦或减刑的机会。……六、本公约的任何缔约国不得援引本条的任何部分来推迟或阻止死刑的废除。"1971年、1977年，联合国又先后两次通过决议，要求"从废除死刑的精神出发，不断减少可以判处死刑的罪名"。1989年，联合国又通过了《旨在废除死刑的公民权利和政治权利国际公约第二项任择议定书》，进一步提出了废除死刑的主张："废除死刑有助于提高人的尊严和促进人权的持续发展，……深信废除死刑的所有措施应被视为在享受生命权方面的进步（序言）。在本议定书缔约国管辖范围内，任何人不得被处死刑。每一缔约国应采取一切必要措施在其管辖范围内废除死刑（第1条）。"根据该议定书，除了允

---

* 原载《检察日报》2003年9月3日。

许当事国就战时的严重军事犯罪保留死刑外，其他一切条款均不得提出保留。

此外，联合国经济与社会理事会于 1984 年通过的《关于保证面对死刑的人的权利保障措施》、1989 年通过的《对〈保障措施〉的补充规定》、1996 年通过的《进一步加强〈保障措施〉的决议》等文件，均在鼓励废除死刑的同时，对如何具体限制死刑做出了详细规定，如：死刑只能适用于最严重的罪行，这里的"最严重的罪行"之范围"不能超过具有致命的或者其他极其严重的后果的故意犯罪"；死刑不能适用于犯罪时未满 18 周岁的人；不能对孕妇和新生儿的母亲执行死刑；不能对有精神病和有智力障碍者判处或执行死刑；应确立一个最大年龄限度，超过这一限度，任何人不得被判处或执行死刑；等等。

其次，对人权的看重使一些区域性组织在推动废除死刑方面扮演着十分活跃的角色。以欧洲为例，早在 1982 年，欧洲理事会就通过了《欧洲人权公约第六议定书》，要求当事国废除和平时期的死刑。1994 年、1996 年、1999 年，欧洲理事会又通过和重申"没有死刑的欧洲"的决议，并号召"世界上其他还没有废除死刑的国家，像大多数欧洲理事会成员国一样，迅速废除死刑"。在 1994 年，欧洲理事会还宣称："死刑在现代文明社会的刑罚体系中不能拥有合法的位置，死刑的适用应被视为欧洲人权公约第 3 条所指的酷刑和不人道、不体面的刑罚"，因此，"今后任何一个想加入欧洲理事会的国家，其前提必须同意立即停止死刑的执行，并在一定的年限之内签署和批准《欧洲人权公约第六议定书》"。2002 年，欧洲理事会又通过了《欧洲人权公约第十三议定书》，将废除死刑的范围由原来的和平时期推广到包括战争时期，"这是为表明死刑在任何场合都是不能接受的一个坚强的政治信号"。

与欧洲理事会一样，欧盟也将废除死刑作为其成员资格的先决条件。在 1998 年通过的一项决议中，欧盟宣称：废除死刑有助于人的尊严与人权的进步发展，因此，作为所有成员国所同意的一种强有力的政策观，必须努力废除死刑。2001 年，欧洲议会还通过了一个针对世界的死刑决议，要求欧盟各国把废除死刑至少是停止执行死刑作为其与第三国打交道的外交政策的一部分。作为这一政策的体现，它甚至在 2001 年的另一项决议中专门针对美国和日本这两个重要盟友指出：除非他们在废除死刑的执行方面取得"重要的进展"，否则将取消他们在欧洲议会中的观察员资格。在 2000 年欧盟通过的《欧洲基本权利宪章》中，它还明确规定了禁止将任何人引渡给一个有死刑危险的国家，除非对方保证将其引渡回去后不判死刑。

最后，许多废除死刑的国家，都以人权作为其政策根据和合法性依据。例如，鉴于"二战"期间意大利和德国法西斯滥用死刑、严重侵犯人权的教训，这两个国家战后很快就废除了死刑。又如，葡萄牙在 1976 年通过的新宪法中明确宣布："1. 人的生命不可侵犯；2. 死刑没有存在的余地。"尼加拉瓜在 1979 年颁布废除死刑的《公民权利及保证法令》时，声称："生命权是天赋人权，不可侵犯。尼加拉瓜没有死刑。"其后，它又承诺遵守《美洲人权公约》要求的"已经废除死刑的国家不得重新规定死刑"，并通知联合国秘书长，尼加拉瓜废除死刑的决定是建立在拥护国际人权文件的基础之上的。南非在结束种族隔离制度后，先是暂停所有死刑的执行，后又通过宪法法院裁决死刑违宪，最后终于在 1997 年修改刑法时废除所有犯罪的死刑。由于在废除死刑时南非的社会治安形势不好，尤其是暴力犯罪严重，因此社会上反对废除死刑的呼声很高，但南非国会还是顶住压力，同意了宪法法院院长的意见，即"减少暴力犯罪应通过创造一种尊重人的生命的'人权文化'来实现"。1981年，当法国废除所有犯罪的死刑时，国内要求保留死刑的民意还很强烈，但当时的总统密特朗和司法部部长巴丹戴尔（Robert Badinter）等人认为，法国作为在世界人权历史上起过伟大作用的国家，现在却成为西欧唯一一个适用死刑的国家，这是一种很不光彩的纪录，不符合他们的政治信仰，因此，死刑应当立即地、无条件地、一步到位地废除。过去，包括西欧一些国家在内的废除死刑国还保留战时犯罪的死刑，但现在，"绝大多数西欧国家都已经认识到，即使在战时也不能适用死刑，因为这与他们对人权保障的承诺相违背"。基于此种观点，瑞士在1995年回答联合国第五次关于死刑问题的调查问卷时就申明："瑞士已经废除了军事犯罪的死刑，因为它构成对人的生命权和尊严的公然侵犯……反对和平时期适用死刑的理由应同样适用于战时，因为保障人权没有两条路可走，只有一条路可走。"与此类似，西班牙在其回答时也声称："死刑在一个先进、文明的社会中应无生存的空间……很难想象哪一种刑罚会像死刑一样使人痛苦、不体面，既然按照我国宪法的精神，刑罚的目的在于矫正犯罪人而不是将其一杀了之，那么我们就不能赋予任何死刑以合法性。"

生活在一个没有死刑的社会，我们准备好了吗*

虽然世界性的废除死刑运动正在国际公约的支持下以迅猛速度发展，但在中国要立即废除死刑，显然还是一种奢望。当前，我们在死刑问题上亟须做好以下几件事情：

一是要充分认识到死刑的副作用。副作用之一是容易使我国与国际社会产生隔阂，影响我国的社会主义形象。社会主义本来应当是最讲人权的，但如果世界上相当一部分死刑发生在我国，就很难使人信服。也许我们会按照我们一贯的思维反驳说，我们判处犯罪分子的死刑，是为了保护更多人的人权。但这种说法在当今世界已经缺乏说服力，因为越来越多的国家在废除死刑或者不执行死刑的情况下同样能维护社会的稳定和公众的安全，相反，却没有任何证据表明，执行死刑多的国家，其社会的稳定和公众的安全要好于那些不执行或者少执行死刑的国家。副作用之二是不利于国际和区际刑事司法合作。现在欧盟等废除死刑的国家和地区已经禁止将有判处死刑危险的犯罪分子引渡给管辖国，如大走私分子赖昌星逃到加拿大后，加拿大即以其有死刑危险为由拒绝引渡给我国。此外，我国实行"一国两制"，香港、澳门已经废除死刑，在一些涉港、涉澳的案件中，同一种犯罪在内地受审

* 原载《检察日报》2003 年 9 月 24 日。

和在港澳受审，结果悬殊，容易造成认识上的混乱和其他一些不好的影响。副作用之三是过多依赖死刑，会在不知不觉中滋长有关决策者对死刑作用的迷信，忽略社会治安和社会管理的许多基础性工作，而且，也不利于在全社会形成一种健康、人道的文化，不利于树立尊重人的生命的观念。副作用之四是死刑适用过多，会导致罪刑关系的比例失衡，导致轻重不分，其结果不仅对犯较轻罪行的犯罪分子不公平，而且还会产生其他一些消极后果，如杀人得死，伤害也得死，还不如将被伤害的人杀死，那样或许还可杀人灭口。另外，杀人过多，会使死刑逐渐变得见多不怪，人们对其强烈印象减弱，自然其威慑作用也就慢慢减退。副作用之五是由于死刑误判不可避免，因此，判处死刑越多，其中风险就越大，而死刑一旦误判，后果将无法挽回。又由于死刑适用在地理、族群等方面可能存在的歧视，以及死刑犯在聘请辩护律师的经济实力方面存在的差距，因而很难保证被杀的人就一定是该杀的人。此外，古今治国者莫不明白：杀人太多，不利于国家的长治久安。

二是要破除对死刑的认识误区。误区之一是迷信死刑的威慑力。联合国在1988年和1996年组织的两次关于死刑与杀人罪的关系的调查中，都得出结论说：没有证据支持死刑比终身监禁具有更大的威慑力。另外，一些废除死刑国家的经验表明，废除死刑并不会导致犯罪率的上升。如加拿大，在1975年，也就是废除死刑的头一年，谋杀罪的比率为每100 000人中3.09人，但到1980年即下降到2.41人，1999年，也就是废除死刑后的第23年，下降到1.76人，比1975年降低了43%。相反，我国的情况表明，增加死刑的适用也并不能导致犯罪率的下降，例如：我国

的伤害罪 1982 年全国发生 20 298 件，1983 年增设死刑后，1993
年伤害案件增加到 64 595 件，增长 3.18 倍；重大盗窃案 1982 年
发生 14 404 件，1983 年对盗窃罪增设死刑后，1993 年增加到
301 848 件，增长 20.66 倍。误区之二是群众拥护死刑。对此，一
个基本的观点是：国家不光是要听群众的，还负有引导群众朝着
理性方向思考的职责。有研究表明，民意受到多种因素的影响。
如果我们不只是简单而笼统地宣传死刑的正面作用，而能公开死
刑数字，让人们了解到中国在死刑问题上与世界上其他国家存在
的巨大差距，以及死刑错判所带来的危险，还有专家学者依据公
开的死刑资料所作出的严肃认真的实证分析，相信群众对死刑的态
度是会发生某种变化的。需要指出的是，即使那些已经废除死刑的
国家，也并不是都建立在民意的基础之上的。法国 1981 年在参议院
辩论废除死刑的法案时，社会上反对废除死刑的人还高达 62%，当
有的议员要求就此举行全民公决时，那些赞成废除死刑的议员却反
驳说，根据宪法规定，由选民选出来的议员有权决定死刑的存废，
而无须通过公决的形式。就这样，最后通过了废除死刑的法案。

　　三是要严格落实"严格限制死刑"政策，尽快将死刑数量降
下来，为最终彻底废除死刑创造条件。"严格限制死刑"的第一层
含义是：从人的生命至高无上出发，取消一切非致命性犯罪的死
刑，尤其是那些非暴力性的经济犯罪的死刑（这里的经济犯罪是
广义的，不单指破坏社会主义市场经济秩序罪，还包括盗窃罪等
侵财犯罪和贪污、受贿等渎职犯罪）。这也是联合国对那些还没有
废除死刑的国家的最低要求。废除经济犯罪和其他非暴力犯罪的
死刑，甚至只将死刑限制在严重谋杀罪，这并不是一个多么艰巨
的任务，关键是看我们领导层的"政治意志"。从民间看，废除死

刑的主要障碍来自"杀人偿命"这种带有强烈报应色彩的传统文化，而对非暴力的经济犯罪不会有多么强烈的抵制，只要国家有关部门做好宣传解释工作，我们的人民是会理解的。从国家看，此类非暴力犯罪再怎么猖獗，也动摇不了我们的政权，我们完全可以通过适用自由刑、财产刑和资格刑来达到惩罚他们的目的。

"严格限制死刑"的第二层含义是要从程序上对死刑案件给予特别关注。当前我国的死刑案件在程序上存在的问题或者说需要改进的地方主要有：1. 根据联合国《公民权利和政治权利国际公约》第六条第四项规定："任何被判处死刑的人应有权要求赦免或减刑。对一切判处死刑的案件，均得给予大赦、特赦或减刑的机会。"这一最低人权标准在我国没有兑现。我们应当完善相关法律，给予被判处死刑的人请求赦免或减刑的权利，包括在宪法上增加大赦制度。2. 死刑复核权的下放严重影响对死刑案件质量的把关。死刑复核权的下放，使高级人民法院既是死刑案件的二审法院，又是复核法院，二审和复核合一，实际上等于取消了死刑复核程序。它不仅造成适用死刑的案件大量增加，更令人忧虑的是，一些错误的死刑判决很可能失去得到纠正的机会。3. 按照联合国经济与社会理事会《关于保证面对死刑的人的权利保障措施》等文件的要求，死刑不能适用于有智力障碍者，以及应对死刑犯确立一个最大年龄限度，超过这一年龄限度的，不能对其适用死刑，这两点我们的法律都是空白，应予补充。4. 鉴于死刑案件的极大风险性，根据国外经验，我们应确立合议庭和审判委员会一致通过的制度，而不是一般刑事案件的简单多数通过。另外，我国现在的死刑立即执行制度太显仓促，必须在死刑判决后规定适当的期间，以便被判处死刑的人能在这一期间继续寻求救济手段，同时，也便于发现错误和来得及纠正错误。还有，在证明程度上，必须确立起对死刑案件要达到百分之百的无可置疑的程度这样的要求。至于落实二审开庭审理、排除非法证据的使用、保证证人的出庭作证和被判处死刑的人的刑事辩护权等，更应作为重中之重来加以优先强调。

人道主义背景下的死刑改革[*]

一、废除死刑是世界大势

在人类漫长的历史中，死刑一直被作为一种常规刑罚武器来使用，人类刑罚史的演进基本遵循从以生命刑与身体刑为主到以自由刑为主再到以财产刑和社区矫正刑为主的路线。在古代，无论中外，死刑都用得极为广泛。1764 年，贝卡里亚（Cesare Beccaria）在其著名的《论犯罪与刑罚》（*Dei delitti e delle pene*）中，对死刑的滥用提出了强烈批评。虽然他还不是一个彻底的死刑废除论者，但相比于当时的死刑泛滥，他的主张仍然是富有冲击性的，因此历史把贝卡里亚作为呼吁废除死刑的第一人记载了下来。

从那以后，死刑的存废之争持续了一百多年，这期间，虽然真正废除死刑的国家很少，但越来越多的国家开始减少死刑，逐渐把死刑限定在最严重的犯罪上。特别是第二次世界大战后，随着人道主义及其所蕴含的人权的发展，死刑不仅迅速减少，而且朝着废除的道路大步迈进。据联合国人权事务办公室公布的最新报告《远离死刑——国家实践中的教训》，截止到 2012 年，在联

---

* 原载《新京报》2013 年 7 月 20 日，发表时有删节。

合国的 193 个会员国中,已经有 150 个国家在法律上或事实上废除了死刑或者暂停执行死刑。也就是说,近 80% 的国家现在已经停止了适用死刑。

在仍然适用死刑的不到 20% 的国家中,绝大部分国家对死刑适用采取了极其严格的要求和标准,把死刑作为一种有别于常规刑罚的极其例外的措施来加以适用。例如,据《参考消息》2012年 12 月 22 日报道,2011 年世界上真正执行死刑的国家只有 21 个。另外,我刚收到北京大学出版社寄来的一本美国纽约大学编辑的关于死刑的书——柯恩(Jerome A. Cohen,又译孔杰荣)等著:《当代美国死刑法律之困境与探索》(*The Contemporary American Struggle with Death Penalty Law*),其中讲到,2011 年,美国执行死刑的人数为 43 人。这本书中还讲到,日本自 2010 年以来,总共执行死刑的人数为 9 人。即便如此,在没有死刑的欧盟看来,美国和日本这两个盟友保留死刑仍然是他们所不能接受的。欧盟曾专门通过决议,谴责美国和日本执行死刑。

在全球板块中,亚洲曾被视为死刑的顽固地带。但近年来,这一板块也得到长足进步,如韩国,已连续 15 年没有执行过一例死刑,按照国际上"连续 10 年没有执行过死刑就归入事实上废除死刑的国家"的标准,它已成为事实上废除死刑的国家;印度作为世界上第二人口大国,从 2004 年执行最后一例死刑以来,迄今没有再执行过死刑,也将很快成为事实上废除死刑的国家。

死刑废除之所以能成为国际态势,我想最主要的原因归于两点:一是人类通过制度创新、强化善治,可以不再依赖死刑来有效地维护社会治安。没有任何证据证明,那些废除死刑的国家和地区社会治安要比那些保留死刑的国家和地区更差，也没有任何证据证明，在同一个国家和地区，废除死刑后的社会治安要比废除死刑之前更差。二是人类通过文化引导、观念塑造、公正司法和对被害人的安抚等，可以超越冤冤相报的恶性循环。在许多废除死刑的国家里，即便对罪大恶极的犯罪分子，只要在该国的法律范围内判处了最严厉的刑罚（如终身监禁），社会和被害人就都认为实现了正义，当然，从保卫社会的角度来看，国家在废除死刑之后，对那些有严重社会危险性的犯罪人，往往要设计一个类似保安处分的制度，如挪威枪击案凶手布雷维克（Anders Behring Breivik）被法院判处21年监禁，但法院又同时决定，罪犯在刑满后，如果依然被认定对社会构成威胁的话，可被继续收押。这前面的21年可以说是对他罪行的定期刑罚，后面可以说是一种不定期的保安处分，如果对社会没有威胁，则21年刑期服满就可出狱；如果对社会有威胁，则要继续收押，直到这种威胁消除才可以被放出来。

二、中国减少死刑的进步和压力

中国继2007年最高人民法院收回死刑核准权，使死刑在司法实践中大幅减少之后，2011年，《刑法修正案（八）》又首次从立法上取消了13个非暴力犯罪的死刑。这些改革措施在国内外产生了很好的反响，但与此同时，我们也应当看到，中国死刑改革还任重道远。

目前中国立法上还有55个可能判处死刑的罪名。尽管中国的死刑数字还处于保密状态，但国际上普遍相信，中国至少占全球每年执行死刑人数的 80%[1]。

关于死刑数据的公开，这个问题越来越不容回避了。常常在一些国际会议或国际人权对话中遇到外国同行问我们，你们不是说中国 2007 年收回死刑核准权后，死刑数量下降了一半以上吗？那为什么不公布呢？

联合国经社理事会在 1989 年第 64 号决议中促请成员国每年公布许可处以死刑的罪行种类及采用死刑的情况，包括"判处死刑的人数、实际处决人数、被判处死刑但尚未执行人数、经上诉后被撤销死刑或减刑的人数以及给予宽大处理的人数"，之所以这样倡导，是因为死刑人数的保密与其他关系国家安全的"国家秘密"有本质的区别，换言之，死刑人数的公开非但不会对社会造成损害，反而还是民众知情权和监督权的应有之意。国家每年杀多少人，人们都不知道，怎么能证明国家杀每一个人都是正当、都是公平的呢？怎么能证明死刑有没有威慑力呢？在现代社会，国家合法地杀一个人，是一个天大的事，即使在那些还保留死刑的国家和地区，执行一个人的死刑也是引起全社会广泛关注的事情。所以无论是国际还是国内的形势发展都要求我们做好在未来的 3 至 5 年内公布我国死刑数字的准备。

既然在公布死刑数字方面没有退路，必须公开，那就只有好好研究如何继续减少死刑，争取早日达到可以公开的程度。这需要顶层设计，看看哪些罪名不能再用死刑，从而将死刑规模控制住。类似吴英案这种非暴力犯罪，恐怕就不能再适用死刑了，否则整体数字降不下来。如果拿掉非暴力犯罪，暴力犯罪的死刑也

---

1 参见前引柯恩等著：《当代美国死刑法律之困境与探索》，前言。

还太多的话，再研究暴力犯罪里面如何进一步控制死刑，看看哪些虽然是暴力犯罪，但不一定要判死刑。比如一个人破门而入，杀了被害人全家男女老少；另一个人就杀了男主人，对求情的小孩和老人尚有怜悯、恻隐之心，没有继续杀戮。可不可以这样考虑，如果当时的情境允许罪犯继续杀人，但他没有继续杀，我们能否细化量刑情节，此时就不一定判他死刑立即执行了？实践中有的亡命之徒因已有命案在身，心想反正是死，于是见人就杀，因为已经没有退路，肯定是死刑。有的为什么老人、小孩也都杀，他说你不死我就得死，还不如全部杀掉，不留活口，这样还可能不被发现。

三、逐步废除非暴力犯罪的死刑

虽然对于暴力犯罪，也要区分情节，尽量减少死刑的适用，但要从立法上彻底取消死刑，目前看来还不现实。比较现实的是，从非暴力犯罪入手，有计划、有步骤地削减死刑罪名。

我国已经签署了联合国的《公民权利和政治权利国际公约》，该公约第六条在提倡废除死刑的同时，要求在那些还未废除死刑的国家，"判处死刑只能是作为对最严重的罪行的惩罚"。对于这里的"最严重的罪行"，联合国人权事务委员会认为要严格限制其范围，即死刑只能作为"一种相当例外的措施"来使用。根据1984年联合国经社理事会通过、后被联合国大会认可的《关于保护面临死刑的人的权利的保障措施》，"最严重的罪行"范围"不应当超过致命的或导致其他极度严重后果的故意犯罪"，联合国秘书长认为，这意味着"该犯罪应当是威胁生命的并导致非常类似后果的行为"。在审议缔约国的定期报告过程中，人权事务委员会除了关注死刑执行是否只是作为一种象征性的刑罚来使用，还会关注可判处死刑的犯罪清单的长短，例如，在评议约旦的一份报告时，认为它有 11 种死刑犯罪，这是一个"很大的数额"。可以想见，如果 11 种死刑犯罪都太多的话，那么我们保留 55 个死刑罪名，显然就更不行。

对非暴力犯罪适用死刑提出质疑的最根本理由在于：生命无价。刑罚的本质特征之一是报应，而报应应建立在某一种犯罪所侵害的法益大小的基础上。当代人权的发展，使生命权成为一项至高无上的权利，也就是说，即使从等价报应的角度来看，也只有一种犯罪剥夺了他人的生命，才可以对实施这种犯罪的人适用死刑，否则，就是过度报应。人们常常批评"以牙还牙、以眼还眼"是落后的刑罚观，但可曾想到，这种刑罚观至少是限制了过度报应。

在过去几起贪腐犯罪的中美刑事司法合作中，美方均要求我们不能判处其移交回来的贪腐犯罪分子的死刑。美国本来自己也还是一个死刑保留国，但为什么却反对我们判处贪腐犯罪者死刑呢？因为它就是从等价报应的观念出发，认为一切非暴力的犯罪均不得判处死刑。

当然，在我国，非暴力犯罪取消死刑也应当有一个轻重缓急的清单。在这个清单上，可以对贪腐犯罪给予格外的慎重，这不仅因为目前贪腐犯罪还比较严重，群众意见很大，而且执政党把它看成事关政权稳定的大事。所以，相比贪腐犯罪，经济犯罪取消死刑应当先行。事实上，《刑法修正案（八）》取消的 13 个死刑罪名全部是非暴力犯罪，除传授犯罪方法罪，盗掘古文化遗址、古墓葬罪和盗掘古人类化石、古脊椎动物化石罪外，其余 10 个罪名都是经济犯罪，如走私犯罪、盗窃罪、虚开增值税发票罪、票据诈骗罪、金融凭证诈骗罪、信用卡诈骗罪等。当时，全国人大常委会法制工作委员会还提出"要继续研究取消运输毒品罪、集资诈骗罪、组织卖淫罪、走私假币罪死刑问题"，说明立法机关正朝着继续研究取消非暴力犯罪死刑罪名的方向努力。为了早日实现该目的，首先要从司法上逐步使这些死刑的条款成为"死亡条款"，因为只有司法上对这些罪名不再用或很少用死刑，立法者才有信心取消这些死刑条款，否则不敢贸然行事。

我认为，前述全国人大常委会法制工作委员会关于继续研究取消运输毒品罪、集资诈骗罪、组织卖淫罪和走私假币罪死刑问题的思路是妥当的，应当尽快启动立法上第二次削减死刑的工作。像走私类犯罪和诈骗型犯罪，其他走私犯罪和诈骗犯罪都取消了死刑，仍然保留走私假币罪和集资诈骗罪的死刑，就显得法律体系内罪名与罪名之间很不协调。而对单纯的运输毒品罪配置死刑也经不起推敲，实践中为赚取一定运费而受雇从事运输毒品活动的人，多为贫困边民、在劳务市场急于寻找工作的农民工、下岗工人和无业人员等，他们与躲在其后操控的毒枭相比，所获利益和主观恶性都无法相提并论。同样，组织卖淫罪与强迫卖淫罪相比，其主观恶性和社会危害性也不可同日而语。像这些明显不符合比例性原则的死刑条款，应当尽早取消。当然，绝不是说对这些犯罪就不予打击，难道判处无期徒刑就不够严厉吗？

四、推进死刑执行的人道化

死刑执行的人道化，不仅有关死刑犯的人权保障，而且也与减少和废除死刑的目标相一致。

社会确实在进步，曾几何时，死刑执行游街示众，看热闹的人前呼后拥，全然不顾及死刑犯的尊严和内心感受，现在，绝大多数死刑执行逐渐退出了公众视野，改在封闭的刑场执行。过去，判处死刑后还要向家属索要子弹费，如今听起来都觉得残忍。死刑犯临刑前不安排见家属，过去这似乎不成为一个问题，但现在却引发社会的广泛讨论。这是人性的复苏和觉醒。从此出发，下面这些结论应是自然而然就可以得出的：

（一）尽快废止枪决，将死刑的执行方法统一到注射上来。从死刑执行手段的多样化、对不同的死刑犯要采取痛苦和羞辱程度不同的方法到死刑执行手段的单一化、对所有的死刑犯都采取痛苦程度最低的方法，是人类刑罚不断走向文明的象征之一。我国现在同时规定了枪决和注射两种死刑执行方式，加上注射在各地的适用面宽窄不一，使人们产生了一种死刑执行方式的不平等印象，社会上发出"为什么贪官多用注射"的质疑。我认为，无论是从"法律面前，人人平等"的原则出发，还是从死刑执行的人道性出发，都应该统一使用注射这样一种大家公认能使死刑犯更少痛苦的执行方式。当然，在实现这一步后，还要对注射执行死刑的方式进行跟踪和改进，事实上，在美国就不断有"拙劣"的注射执行被报道出来。

（二）彻底终结死刑执行的公审大会、公判大会等"戏剧化"表演。将死刑执行"戏剧化"，而公众却不会被"残忍化"，这几乎不可能。联合国人权事务委员会对公开执行死刑持批评态度，认为它"与人类的尊严格格不入"。过去，中国有不少死刑执行是以公审大会、公判大会的形式来进行的，即使在去刑场的途中乃至到了刑场，也有不少人追逐着看热闹。现在虽有好转，但仍未根除，今后要彻底取消那种将死刑犯五花大绑的公审大会、公判大会及随后的游行，因为此种方式受到国际社会的批评，也确实对死刑犯的人格构成了一定程度的侮辱。2013年上半年，糯康案执行死刑时，我们的中央电视台公开报道将糯康等人五花大绑开赴刑场的画面，并配以央视女记者义愤填膺的现场解说，这个场面引起了一些国内外人士的异议。

（三）死刑犯刑前应有权会见亲属。过去，中国不允许死刑犯刑前会见亲属，但近年来随着"执法人性化"理念的铺开，越来越多的地方允许死刑犯在会见亲属后"带着感激上路"，我认为这是完全应该的，因为它既是人性使然，又不会带来什么消极后果。有人担心，会见会不会带来安全问题，我认为我们的执法机关完全能保证安全，而且允许死刑犯会见家属时并不会告诉他具体行刑的时间，因而也不会出现干扰行刑的现象。现在的问题是，我们的刑事诉讼法对此没有明确规定，最高人民法院虽对此有原则规定，但一是法律位阶不够，二是可操作性不强，如死刑犯行刑后，法院要是说他没有要求会见亲属，谁能证明？

（四）死刑犯器官利用需进一步规范。最高人民法院等部门曾于1984年颁布过《关于利用死刑罪犯尸体或尸体器官的暂行规定》，但该《暂行规定》已远不能适应形势发展的需要。如实践中接受器官的一方往往会支付一定的经济补偿，有时补偿费还比较高，《暂行规定》只笼统地规定了在一定条件下死刑犯家属有获得经济补偿的权利。我认为，应当严格规定有关司法机关和医疗机构及相关人员不得在死刑犯器官利用中有任何牟利行为，所有的经济补偿费都必须归死刑犯家属所有。现实中许多死刑犯家庭极度贫困、上有老下有小，"死不瞑目"，如果他的家属能获得这笔经济补偿费，对他也算是个安慰。

（五）应赋予死刑犯申请赦免的权利。死刑犯申请特赦已经成为一项国际公认的权利，前述联合国《公民权利和政治权利国际公约》也规定："任何被判处死刑的人应有权要求赦免或减刑。对一切判处死刑的案件，均得给予大赦、特赦或减刑的机会。"虽然我国的死刑案件已经有了一套普通刑事案件所没有的复核程序，但死刑复核并不能代行赦免的功能，如对于独生子女犯死罪的，在死刑复核环节必须坚持法律面前，人人平等，但从国家施行仁政的角度来看，也许在赦免死刑上就可以找到理由。又如，对被判死刑后患精神病或绝症的罪犯，可以赦免，但复核就不一定能从法律上找到免死的依据（除非在立法上明确规定此种情形下可以不核准死刑）。从国外的经验看，对死刑案件在一审、二审和复核之外再加一套赦免程序，一点都不多。许多教训表明，经过三级司法审查后仍然不能发现死刑案件的全部错误，即便像美国这样死刑案件诉讼程序近乎漫长的国家，近年来仍不断曝出死刑案件中有冤假错案的消息。

刑法大修：逐步减少死刑罪名仍是趋势 *

2014 年 10 月 27 日，备受关注的《刑法修正案（九）（草案）》提交全国人大常委会初次审议，并向社会公开征求意见，正式拉开此次刑法大修的帷幕。

自 1997 年全面修订《刑法》以来，18 年间，全国人大常委会一共通过了 8 个刑法修正案。此次修法，距离 2011 年 5 月实施的《刑法修正案（八）》已逾 3 年。

本次修法拟取消 9 个死刑罪名，并取消贪污罪、受贿罪的数额限定。《凤凰周刊》就此采访了中国社会科学院法学研究所刑法研究室主任刘仁文研究员。

拟取消死刑罪名首次出现军职罪

《凤凰周刊》： 近期，中国刑法启动第九次大规模修订，修正案草案中拟取消集资诈骗罪等 9 项死刑罪名，您对此有何评价？

刘仁文： 减少死刑罪名一直是近年来的趋势。从 1979 年颁布刑法，到后来 80 年代初"严打"，当时的趋势是增加死刑，增加刑法的惩罚力度。1997 年刑法之后，原则上既不增加也不减少

---

* 原载《凤凰周刊》2015 年第 2 期，采访记者：吴如加。

死刑。到了 2007 年，也就是 2008 年奥运会前一年，最高法院收回了被下放到各个省的死刑核准权，这是限制死刑的一个明显标志。收回死刑核准权给全国的检察院、法院传递了一个强烈的信号——现在死刑要严格控制了。当时有人预测，2007 年比 2006 年的死刑数量至少下降了一半。收回死刑核准权之后，死刑的判决和执行在实践中大幅下降，但社会治安并没有发生恶化，相反重大恶性案件还呈现稳中有降的趋势。综合上述各方面的因素，伴随着国际上废除死刑的趋势，以及我们对有关国际公约的考虑，2011 年通过的《刑法修正案（八）》，适用死刑的罪名首次减少了13 个，从 68 个减少至 55 个，这次又准备减少 9 个。以后的趋势仍将是有计划、有步骤地逐步削减适用死刑罪名，这个趋势不会更改。

《凤凰周刊》：下一步如果继续减少死刑罪名，将会考虑从哪些罪名着手呢？

刘仁文：第一，还是从非暴力犯罪着手。举个例子，这一次我们取消了走私核材料罪的死刑，但刑法中仍保留了非法运输危险物质罪的死刑。从逻辑上看，核材料应该算是危险物质里非常危险的一种，走私说白了也是运输，只是从国外运输到国内。从国外运到国内，而且核材料比一般危险物质的危险性更大，这都取消死刑了，而在国内运输危险物质罪反而可以判死刑，作为一个刑法体系，这样是不对称的。经过如此对比，我们不难发现，如果走私核材料罪都被取消了死刑，那么非法运输危险物质罪是否还有必要保留死刑呢？

再举个例子，譬如非法制造、买卖、运输枪支、弹药罪，这个罪名是可以判死刑的，且具备其中任何一项就可以。可是，犯这个罪的人，毕竟没有拿枪去杀人，只是非法制造枪支或买卖运输枪支。从国际上看，在美国等国家制造、买卖枪支是合法的。为什么在一个国家是合法的，在另一个国家就要被判处死刑？当然国情存在不同，我们出于维护社会治安的需要，不允许制造、买卖枪支，但为何处罚会如此悬殊呢？难道判无期徒刑还不够重吗？为什么非得判死刑？

第二，至于暴力犯罪领域的死刑，也应该区分情况，重新审视。比如这一次拟取消武装走私罪以及强迫卖淫罪的死刑，这两个罪名都带有暴力色彩，与2011年时只取消纯粹的非暴力犯罪有所不同。这传递出一个信号——未来减少死刑罪名的趋势，虽然仍以非暴力犯罪为主，但是对暴力犯罪也会区分情况，并不是暴力犯罪就一概不予考虑。这方面可以反思的空间是很大的。如，故意伤害罪设立死刑，实践中就出现有的犯罪人干脆一不做二不休，与其留下活口，还不如杀人灭口，那样可能案子破不了，少了证人。

第三，过去考虑减少死刑罪名时，主要是从经济类犯罪着手，但这次刑法修改有一个新的方向，那就是对阻碍执行军事职务罪、战时造谣惑众罪这两个军职罪拟取消死刑。过去学者关注的重点是经济类犯罪，对这类敏感的罪名缺乏足够的研究与关注。但是我们的死刑罪名有很多涉及军职罪、危害国防利益罪和危害国家安全罪。在这些领域探讨废除死刑，空间也是很大的。譬如像战时造谣惑众罪，常识都能告诉我们这个判死刑太重了，毕竟只是造谣，能否惑众还取决于大众信不信，难道判个无期不行吗？因此，恐怕这些罪名都要好好梳理，同时也要动员军事法院等相关部门主动研究如何落实中央"逐步减少死刑适用罪名"的精神，发动他们在这方面的积极性。

　　未来减少死刑的改革会是这样一个趋势——非暴力犯罪，包括贪污罪、受贿罪，将越来越少适用死刑。至于暴力犯罪也应该进行具体的区分，总的方向是，暴力犯罪的死刑需要跟剥夺受害人的生命相关联起来。例如，强迫卖淫罪和武装走私罪，如果在强迫他人卖淫或在武装走私过程中杀了人，那就转化成刑法中的故意杀人罪，仍然可以判处死刑。如此，刑法中很多暴力犯罪都可以按照这样的思路来进行改革，即凡涉及剥夺受害人生命的犯罪行为，都慢慢集中到故意杀人罪中。凡是剥夺他人生命的暴力犯罪就按故意杀人罪来处理；其他的暴力犯罪，凡是没有涉及他人生命的，则要逐步地取消死刑。

集资诈骗罪 2011 年差点取消死刑

　　《凤凰周刊》：这次取消的 9 项死刑罪名中，集资诈骗罪一直备受舆论关注，从吴英案到曾成杰案，为什么这个罪名会一再触动公众的神经？

　　刘仁文：因为其他的罪名可能不像非法集资罪这样跟老百姓关系密切。譬如，军职罪是指军人违反职责，跟老百姓关系不大。非法集资现在仍然是一个比较严重的社会问题。最近一个中级法院院长告诉我，他们那里民间集资出了大问题，明年法院这方面的审理工作会大增，因为光这一个非法集资案就牵扯了几百人。这个问题还是很纠结的。在吴英案以后，大家都以为最高人民法院确立了一个标杆——集资诈骗罪以后不判死刑了，结果曾成杰案时最高人民法院还是核准了死刑。这说明只要立法上还保留有死刑，司法中就仍然可能适用。

集资诈骗罪本来在 2011 年就差点要取消死刑了，当时如果要再取消一个死刑罪名就是它了，所以这次取消死刑的罪名清单上它肯定靠前。既然集资诈骗罪仍是一个严重的社会问题，且与百姓利益关系密切，为何此次修法仍要取消该罪名的死刑呢？首先，刑法上的诈骗罪并没有死刑，立法理由在于此类罪中被害人存在一定的过错，毕竟他是骗你，而不是抢你，信不信还得由你，你要是自己警觉一些，而不是有占便宜的心理，对方就不一定得逞。集资诈骗属于诈骗的一种，道理相通。其次，2011 年已经取消了票据诈骗罪、金融凭证诈骗罪和信用证诈骗罪的死刑，现在再保留集资诈骗罪，逻辑上显得更不合理。再次，非法集资往往最初是非法吸收公众存款，这个罪没有死刑，但实践中往往以后果倒推回来，被告人还不起款了，就说他当初是诈骗，这样判处死刑不公平。最后，取消死刑之后，还可判处无期徒刑，而且通过严格执法，加强金融领域的管理，对潜在被害人群体进行预防，不会带来太大的负面效应。

《凤凰周刊》：舆论经常关注的运输毒品罪，在这次修改中并没有取消死刑，其中立法机关有什么顾虑？

刘仁文：我曾经在一个看守所里，跟一个运输毒品被判处死刑的人交流。"人之将死，其言也善。"我相信他说的是真话。我问他："你知不知道这个罪是要判死刑的？"他说："我那时候没想那么多，只是觉得诱惑太大了，从这一站把它（毒品）运到下一站，就相当于我几年打工的钱。我觉得这个事情没什么大不了的，我又没有杀人放火，就只是帮你把这东西从这个地方运到下一个地方。"我问他："假如你当时知道这个罪可以判无期徒刑，你还会不会去做?"他回答:"绝不会。""要是20年或15年有期徒刑呢?""也不会,因为那么长时间在监狱里,得不偿失。"我继续问:"假如3年到5年,你会不会去做?"他说:"那我有可能会去冒险,毕竟有可能不被发现,万一被发现了也只是几年。"

我曾经在立法机关内部讨论时提出过这个问题。非法制造、买卖毒品的社会危害性可能更大一些,但光是一个运输者,一个小马仔运输一下毒品,做的是最下层的事,大毒枭都躲在幕后,这种情况有无必要判死刑?

有关领导同志的顾虑是,第一,虽说犯运输毒品罪的都是小马仔,不是贩毒集团的上层,但许多大毒枭都在境外,抓捕难度很大;第二,现在的毒品形势,在判处运输毒品罪死刑的情况下还这么严峻,一旦松口,可能导致毒品形势更加严重。

因此,我的观点是,假如立法机关针对运输毒品罪的罪犯做一个详细的调研,或者委托学者去做,会是有价值的。目前立法者的主要担心是毒品形势很严峻,可见在这个问题上他们过于相信死刑。但是,判了这么多年死刑,毒品形势依然严峻。换个思路思考会发现,这反倒说明死刑对犯罪并没有特殊的威慑作用。犯罪的原因非常复杂,不是简单地与死刑威慑成一一对应的关系。刑法学界还有一句名言,刑罚的有效性不在于其严厉性,而在于其不可避免性。实际上大多数人在犯罪时,并没有去考虑该罪是否有死刑,而是觉得不会被发现。

过去一谈减少死刑罪名,就觉得离开死刑天下会大乱,老百姓会怒气冲天。但这些年有计划地削减死刑,社会治安不但没有更乱,重大恶性案件还呈下降的趋势,这恰恰说明犯罪原因非常复杂,跟死刑没有必然的关系。而且国内外的反应也相当正面和积极，觉得我们的刑法在不断地变得人道，我们的社会在不断地变得文明。

这也提醒我们，一个国家完全可以通过改良公共政策和相关的法律制度，而不依赖死刑来治理社会。这个道理同样适用于毒品犯罪领域。我们长期以来谈毒色变，主要是因为 1840 年鸦片战争的历史，让我们觉得毒品危害无穷，涉及民族的生死存亡问题。实际上现在西方很多国家也在反思，毒品尤其是软性毒品到底有多大的危害，甚至有些国家部分地将此类行为非罪化。在这种情况下我们还对运输毒品罪判处死刑，是不合适的。

数额是贪污受贿案中一个重要因素，但不是唯一因素

《凤凰周刊》：本次刑法修改，拟取消贪污、受贿犯罪的具体金额，你对此有何评价？

刘仁文：过去贪污、受贿 10 万元以上，就判处 10 年以上有期徒刑、无期徒刑直至死刑。由于经济的发展，加之通货膨胀，贪污、受贿的数额越来越大，使得现在如果还保留这个数额，在司法实践中会出现明显的不公平。譬如贪污、受贿几百万甚至几千万的可能也就判个十几年，而贪污、受贿 10 万的最低也要判 10 年。我曾经接触过这样一个贪污案，作为主犯的犯罪人要对全部数额负责，总共十几万，他分给手下几万，剩下五六万自己装兜里，但一判也是 10 年，法官没有任何选择的余地。数额比他高好多倍的，也就判十一二年。

1997 年刑法确立罪刑法定原则，废除类推制度，强调刑法要尽量明确化，但由于没有预料到社会经济的发展，对有些罪状的

具体描述反而把法律的明确性等同于庸俗化了，如具体规定贪污受贿的量刑数额。

有时人们还会有一些疑问，譬如某人犯罪数额更大为什么没有判处死刑，数额小的反而判死刑了？其实，数额不是社会危害性和主观恶性的唯一表征，法院会在量刑幅度内结合其他情节来考虑的，所以出现上述情况不足为奇。但数字化的立法容易让人产生误会，以为数额就是社会危害性和主观恶性的唯一表征。

因此这次刑法修改，取消了对具体金额的规定，只强调数额较大或者情节较重、数额巨大或者情节严重、数额特别巨大或者情节特别严重，这也是提醒我们关注贪污受贿案件的情节，不能光凭数额判刑。当然，数额仍将是一个重要的参考。

如果简单地把立法和司法数字化，确实容易导致机械化地执法。其实，即使同样数额的犯罪中，人与人的主观恶性和危害后果可能也是不一样的。把数额去掉更有利于我们司法机关在审理过程中，兼顾具体的犯罪情节，包括犯罪者的主观恶性、危害后果等，这样综合考虑会更好。

将来司法机关会根据实际情况，对数额较大、数额巨大、数额特别巨大做出明确的司法解释。虽然仍会确定一个数额，但是司法解释毕竟不需要全国人大常委会审议，可以根据社会形势随时进行适当的调整，而保持法律的相对稳定。

强调数额只是贪污受贿案件中一个重要因素的同时，还要对其他因素进行综合考虑。一方面，根据经济发展形势，总体来说提高了定罪量刑数额的门槛；另一方面，数额只是其中的一个重要因素而不是唯一因素，还要结合犯罪者的主观恶性和造成的损害进行综合考虑，也就是说有可能出现即使数额较小，也会被定罪或判处较高的刑罚。这样可以给民众一个交代，并不是简单地把数额提高或是纵容贪官，还会结合别的情节，并且不再唯数额论。

而另外一个更灵活的地方，就是司法解释可以做到对数额的弹性处理。因为立法是全国性的法律，不宜轻易调整，而司法解释则相对灵活，有可能会借鉴过去对盗窃罪的一些处理方法。

盗窃罪在经济发达地区与不发达地区的量刑标准和数额是不同的。这是通过司法解释做到的。一个官员在东部地区和西部地区的收入肯定是有差异的。因此将来最高人民法院在制定司法解释时，可以结合各个地方的经济发展水平，设定一个有弹性和幅度的数额，让法官选择。

《凤凰周刊》：修改之后，法官在审理贪污受贿案件中的自由裁量权比过去更大了，是否容易引发司法腐败？

刘仁文：最高法院正在建立两个制度，第一个叫量刑指导意见，第二个就是案例指导制度。我认为将来最高法院会通过发布量刑指导意见和一些案例，来逐步规范这方面的司法。

此外，法官的自由裁量权不意味着不受约束。将来针对贪污受贿罪的数额和情节，最高法院应该会联合最高检察院尽快出台这方面的司法解释，甚至是量刑指导意见，譬如提醒法官需要考虑哪些情节，这些情节分别占多少权重。通过量刑指导意见，使得法官不得无原则地进行裁量。

《凤凰周刊》：目前对贪污、受贿罪出现了少杀慎杀的趋势，将来是否可能取消这两个罪名的死刑？

刘仁文：贪污罪和受贿罪，上一次（2011年）刑法修正的时候没敢碰。因为腐败很严重，群众非常敏感，执政党不会简单地把这两个罪名看作学者眼中的非暴力犯罪，而是认为其涉及执政的根基。如果处理不好，会被老百姓认为是纵容贪官。

过去我们对限制死刑的研究主要集中在非暴力犯罪领域，暴力犯罪和腐败犯罪较少涉及。非暴力犯罪又主要集中在经济领域，现在经济犯罪领域的死刑慢慢减少了，所以同为非暴力犯罪的腐败犯罪也会提上日程。一个罪名如要取消死刑，有一个前提条件，就是在实践中这个罪名对死刑的适用越来越少。因为无论是第八修正案取消的 13 个死刑罪名，还是这次拟取消的 9 个死刑罪名，都已经是在实践中很少适用死刑判决的。

贪污罪、受贿罪在实践中判处死刑的越来越少了，可见社会慢慢地接受了这个现实。所以，再过四五年，等到下一次修改刑法的时候，由于判处贪污罪、受贿罪死刑的越来越少，甚至贪污、受贿的犯罪也不如现在这样严重了，民意就会慢慢接受不再判处贪官死刑。因此，我认为下一步贪污罪、受贿罪取消死刑，也应当在情理之中。

2016 年：平反冤案值得肯定，死刑控制任重道远 [*]

对于 2016 年内地刑事司法动态，中国社科院法学所刑法室主任刘仁文认为最需要关注的有两点：一是冤假错案的平反，如近期最高法院直接平反的河北聂树斌案、吉林孙氏兄弟涉黑案等；二是对死刑的控制，从贾敬龙案中的舆论可以看出，这些年来社会观念已经发生了一些变化，杀人不一定都要偿命。

考虑到中国政府正在研究批准联合国《公民权利和政治权利国际公约》的有关问题，以及近年来司法公开领域的进展，刘仁文预测，内地死刑数字公开的压力增大，这将进一步推动死刑的减少。

错案追责不能只看办案人员

《凤凰周刊》：对于聂树斌案这样一个旷日持久的案件最终得以平反，您怎么看？

刘仁文：首先说一个观点。聂树斌案结果出来以后，有一种声音，认为不值得庆贺。因为经过了这么多年，正义都疲惫了。现在大家不去追责，不去批判，反而庆祝法治的胜利，有些本末

---

[*] 原载《凤凰周刊》2016 年 12 月 25 日，采访记者：任重远。

倒置了，有人甚至认为很多媒体和专家学者是在消费聂树斌。

我觉得要辩证地看这个问题。追责当然很重要，但是聂树斌案得以平反这么重大的事件，理应引起各方的高度关注和重视，否则就失去了它本应带来的积极意义。

我较早就有机会接触到聂树斌案，但是一开始并没有投入足够的重视，也没有参与很多，主要是基于对河北省公检法机关提供材料的信任，甚至还对个别"死磕派"律师怀有偏见。后来山东高院复查聂树斌案，听证的时候一些内幕披露出来，让我触动很大，怎么会有这么多的问题！所以我在有机会跟最高检、最高法有关领导汇报我的意见时，就希望能推动此案成为无罪推定的一个标杆。我还跟山东方面有过接触，也是反复强调这个观点。

现在想来，这里面确实有一个信息不对称的问题。媒体报道的时候，许多律师和同道一直说这是个冤案，但是体制内的人看这个案子的时候，可能还是会倾向于相信有关部门所做出的回应。

所以最后的平反，应该会触动很多人。我自己忍不住回想起接待过的一些上访户或者给他们的答复，当时就说我帮你联系过有关办案部门了，人家给的答复是你这个案子没问题。现在我担心这种答复是否能让人踏实？

《凤凰周刊》：关于追责，也有人担心，现在平反冤假错案特别困难，有很多阻力。强调追责会不会让一些还没翻过来的案子阻力更大？

刘仁文：这要看是怎么追责。我认为对于这种历史案件，必须考虑当时的具体背景，区别对待。比如一线的办案人员，如果没有刑讯逼供，伪造、隐匿证据等行为，只是按部就班地正常工作，即使最后案子错了，也不应该追责。

但是在此案的申诉和平反过程中，如果有人故意阻挠，特别是某些领导，明知是错案还压着不翻的，那么就一定要追究他们的党纪责任、行政责任甚至刑事责任。这样就不用担心追责会让平反变得更难。

我再强调一下，不能把追责集中在办案人员身上，特别是在当时那样的历史时期，司法行政化的问题还很严重，很多时候像这种案件都是领导拍板的，如果只追责具体办案人员，而不去追责实际拍板者，这样的追责既不公平，也缺乏深度。

防范错案任务艰巨

《凤凰周刊》：这次聂案平反中有个很有意思的程序，就是在最高法院重审之前，先经过了山东高院的复查，这个过程你怎么看？

刘仁文：聂树斌案经过这么多年，最后需要最高法院出面，特别是中间还经过了山东高院这样一个环节，我觉得可以凸显这个案件平反的难度之大和问题的复杂性。

在河北和最高法之间，经过一个山东的听证，这种模式并不多见，也可以说是一个创新。一个案件过去这么多年了，重新启动并不容易。启动这样的程序，一来比较慎重，二来也可以给方方面面充分的时间，把各自的工作做到家，最后也可以给整个社会一个充分的心理准备。

我认为平反冤假错案不一定要有固定的模式，只要有利于查明真相、有利于平反冤错案件，就可以在法治精神和法律原则的指引下，大胆探索，积极尝试。甚至如果发现有的法律规定不利于防止和平反冤假错案，也要修改法律。

《凤凰周刊》：最近两年来，得以平反的错案似乎有所增加，特别是一些有社会影响力的冤假错案得以平反。您怎么看这几年错案平反工作的总体趋势？

刘仁文：我认为在冤假错案的平反方面，还是要给近年来的最高法院、最高检察院点赞。即使有的是通过各地司法机关平反，但这里面的很多案件，最高法和最高检也起了相当大的推动作用。当然，律师、媒体等方方面面都起了作用。

12月4日国家宪法日那天，中央电视台《今日说法》放了一期节目叫《我不是黑社会》，播的是第二巡回法庭胡云腾庭长亲自担任审判长平反的东北孙氏兄弟涉黑案。在这个案件中，我们发现最高检派出的检察官也是支持平反的，说明在一些重大的冤错案件中，"两高"的意见相当一致。

但是我们可以设想，全国那么大，一个案件要引起最高法、最高检的关注，何其难也！比如聂树斌案，这么多人一直在推动，律师、媒体、学者，还有那个公安局的副局长，中间又经过了山东高院。这种博弈过程非常复杂，甚至可以说最后的平反有一定的偶然性。可能一个环节出了问题，最后就翻不过来了。从目前的情况来看，几乎所有的冤错案件都涉及刑讯逼供。现在也采取了一些措施，比如讯问时全程录音录像，但我认为更重要的，还是保障律师在场权。因为录音录像经常会出一些问题，比如机器坏了、没电了，恰好那一段丢了。律师在场的话，就可以在很大程度上预防和解决这些问题。

但是除了刑讯逼供，也会有其他问题导致错案。比如美国很常见的就是被害人、证人的错误指认。当时受到了惊吓或者没看清，也会导致错案。所以说防范冤假错案，依然任务艰巨。

另外，对于一些历史案件的平反，通过正常的司法程序太难。因为当时的法制不如现在健全，有的案件材料也找不到了，或者当时就没有材料，甚至根本就不是法院判的。比如1949年后的历次运动，还有"严打"等。当事人可能受到了很大的影响，甚至家破人亡，现在他已经申诉到老了，但法官说这个我可管不了，我们都是后来新来的法官，法院大楼都搬了，你这个案件我们没人知道。

对于这一类的案件，我觉得可以考虑成立一些专门的委员会，吸收有关专家参加，进行统一的审查、平反和补偿，来赢取更多的民心。这类案件的审查标准不一定像司法审查这么严。现在国家经济发展了，也有条件这么做。这类案件毕竟是我们的政府在不同历史时期遗留下来的，给他们一个抚慰是我们应该做的。

死刑控制任重道远

《凤凰周刊》：一个因为农村土地纠纷积怨而杀人的农民，最后被判处死刑立即执行。您如何看待贾敬龙的判决？很多人认为被害人存在过错，强拆的主体和程序都不合法，所以贾敬龙杀人罪不至死。

刘仁文：首先我想说的是，死刑立即执行这个制度已经到了需要修改的时候了，杀人不急吧。我曾在《法学研究》上发表过一篇文章，叫《从革命刑法到建设刑法》。在新中国刚成立的时候，基于巩固新生政权的需要，死刑立即执行、没收全部财产这些制度也许有它存在的历史必要性。但现在我们的共和国已经成立60多年了，更重要的是国家建设和人权保障。

回过头来看贾敬龙案，也跟这个制度有关。最高法院核准死刑之后，舆论反弹很大，都认为不该杀。但是根据现行法律的规定，核准之后7天就要执行死刑。很难指望最高法院在这7天之内可以收回成命，这样最高法院就没有权威了。如果判处死刑和执行之间的时间能够更长一些，就会留有一定的缓冲空间，就不致这么被动。

从这个案件我们也可以看到，随着社会的发展，关于死刑的社会观念也已经发生了变化。人们不再认为"杀人一定要偿命"，而是多了一些对某些特殊的被告人包括杀人犯的同情和怜悯。

世界上80%以上的国家已经在法律上或事实上废除了死刑，党的十八届三中全会也明确提出要逐步减少我国的死刑适用罪名，在这种大背景下，如果我们司法机关的理念还原地踏步，就有可能跟不上社会观念的变化。当然，我并不是说死刑的判决要搞民意审判，必须警惕司法的民粹化。像药家鑫案，当时判死刑很大程度上就是因为民意，都说要杀，但后来发现，其实因为信息不对称，老百姓搞错了，他不是富二代，所以有的网民又开始后悔了。

如果我们能改革死刑立即执行制度，像很多国家一样，死刑判决之后要过几年、十几年甚至几十年才执行，那么这段时间内，可能一些特别强烈的情绪就会平息，或者信息不对称的问题就能够解决，那么一些人的命就能保下来。

可以借鉴国外的做法，把死刑的执行从法院系统分离出来，比如交给司法部，这样法院判完以后就不用再管。然后完善死刑救济程序，让当事人有机会申诉甚至向国家主席等申请特赦，这样就比较主动，也比较慎重，符合当前保障人权、防止冤案的需要。

对死刑的控制必须从一审阶段就重视起来。现在有些地方的法院和法官因为被害人方面的压力，一审可判可不判的都判了死刑，然后寄希望于上级法院来把关，认为二审改判或者最高法院不核准的话，被害人这边更容易接受。

实际上这样问题很大，因为从司法亲历性的角度出发，一审法院对案件事实、对被告人是最了解的，如果一审判了死刑，后面就更不容易改过来。就算改过来，被害人也会产生疑问，上级法院是不是有问题？一审明明判了死刑，这样也不利于息讼止争。

《凤凰周刊》：死刑核准权上收最高法院以后，这些年的死刑数字是不是呈一个下降的趋势？

刘仁文：2007 年死刑核准权收回最高法院以后，当时确实有一个很大的下降，学界公认减少了一半以上。但后来李昌奎等案件又掀起了一股"死缓翻案风"，导致死刑立即执行与死缓之间有反复，下降中又有上升，现在总的来说应当是比较平稳。

死刑数字现在仍然属于国家秘密，这说明尽管纵向比，这些年我们在减少死刑方面功不可没，但横向比，我们的死刑数字可能还是比较多的，公开死刑数字在国际舆论上就非常被动。比如说我们出去参加国际会议，或进行人权对话，其他国家的学者问你们死刑减少了一半以上，这是很大的一个成绩，有多少呢，你不说也没法帮你们宣传啊。我们说确实不知道，因为是国家秘密，他们就接着说，这不符合国家秘密的标准啊，公开死刑数字不会危害到你们的国家安全。

更重要的还是联合国《公民权利和政治权利国际公约》，中国政府 1998 年就签署了，但全国人大一直没有批准。其中一个重要原因就是批准以后，死刑数字每年要向联合国人权理事会报告，那就必须公开了。另一方面，这些年最高法院一直强调司法公开、裁判文书上网，这对死刑数字的保密也带来很大压力。现在公开为原则，不公开是例外，总不能大部分的死刑判决都不公开吧？司法公开的目的就是让老百姓来监督法院，大家关心的，通常还是有影响力的大案，比如死刑案件。这些都不公开的话，一般的判决书上网再多，也会大打折扣。

考虑到国内外这两个方面的影响，我认为接下来我们在死刑控制方面可能还会有更大的步伐，会取得更大的进展。因为必须尽快使死刑数字达到一个可以公开的程度，这就要求我们做好顶层设计工作，从立法和司法两个层面研究进一步减少死刑。

复旦"求情信"呼吁"超越悲剧"[*]

日前，复旦大学 177 名学生给上海高院写"求情信"，为"复旦投毒案"犯罪嫌疑人林森浩求情"免死"一事，引发热议。"求情信"是否发挥作用，该如何看待"求情信"，以及围观者的心态为何？

"求情信"更像"法庭之友"

《新京报》：目前的舆论两极分化比较明显。支持者认为，复旦学子有权表达对"死立决"的态度。质疑者认为，复旦学子的同情心用错了地方。您怎么看？

刘仁文：从言论自由的角度看，对同一个公共事件持不同观点，是完全正常的。

即便在美国，尽管死刑只是作为一种极其例外的象征性刑罚而存在，但如果要判处或执行一个人的死刑，"反对死刑"和"支持死刑"的声音都会通过各种渠道发出来。

但是，在"复旦投毒案"判决时，社会上似乎只有支持死刑的声音，而没有反对死刑的声音。所以，从这个角度看，能出现

---

* 原载《新京报》2014 年 5 月 15 日，采访记者：高明勇。

这样"救人一命"的声音，总的来说还是件好事。

值得深思的是，我国的"死刑"有很强的文化基因。比如，尽管"求情信"出来之后引发了不同的争议，但对复旦师生进行指责的声音还是占很大比例的。同时需要反思的是，为什么仅仅把"求情信"寄给法院这样一种正常的民意表达，就会受到如此大的反对？

《新京报》：签署"求情信"的师生，是否如某些人所指责的是"法盲"？

刘仁文：首先，不管是谁，都有表达诉求的权利，这和自身是否具备法律素养没有太大关系。其次，即便是"法盲"，也不宜指责。法院应当利用一切可能的渠道听取民意，只要不是被民意裹挟。

《新京报》：国外法院如何去倾听民意呢？

刘仁文：国外有一个"法庭之友"（或译作"法院之友"）制度。简单说，"法庭之友"不是诉讼当事人的任何一方，可以是任何一个组织或个人，回应诉讼双方的当事人请求，或是出于自愿，提出相关资讯与法律解释的法律文书给法庭，以协助诉讼进行，或让法官更了解争议的所在。提出这种法律文书的人，被称为"法庭之友"。而复旦师生的"求情信"，有点像是国外的"法庭之友"。

《新京报》：有人认为，"署名者不及师生1%"，民意诉求和联名人数有关系吗？

刘仁文：社会关注的重点，还是应该放在"求情信"本身是不是在摆事实、讲道理上，有没有证据支持，而不是关注求情的人数占多大的比例。

人数多少可以反映出部分问题，但不能作为主要指标来衡量问题。

"量刑判断"需要回归法律

《新京报》：我们注意到一个细节，"求情信"是在上海第二中级人民法院一审判决之后发起的。发起人之一复旦大学教授谢百三也表示："对嫌疑人林森浩判处死刑立即执行的话，觉得有些不妥"，你对"当庭宣判"的问题怎么看？

刘仁文：我国目前强调当庭宣判，目的是防止事后暗箱操作，出现司法腐败等现象，但我觉得对这个问题应当辩证地看。我曾写过一篇文章，叫作《美国司法细节观察——与一位美国法官的通信》，里面专门提到这个问题。在美国有一个缓刑部门，相当于量刑建议部门，是法院的得力助手，从他们那里，可以了解到被告人的罪行及其生活状况，如他的家庭、教育、工作，以及医学或精神上的问题，还包括他的犯罪史。

按照我国法律，如果二审宣判死刑，最高院核准死刑后，7天就要执行死刑。我觉得这种制度设计不恰当，杀人还是不急为好。像这样的案子，在开完庭后，确实要了解当事人的人格、背景如何，这样才比较科学，防止简单的"杀人偿命"。

《新京报》：学生们提出这个诉求是否合理合法？如果有诉求，该如何表达？

刘仁文：我认为这个诉求合理合法。因为他们没有去干预司法，只是把信寄给了二审法院，请他们考虑，便于法庭进一步了解情况，了解当事人的背景。

法官该不该收这些信、该不该将这些信所表达的诉求纳入量刑考虑的范畴，目前没有明确规定。为了更好地吸纳民意，我们应该有类似"法庭之友"的制度。例如像这样的请求信应该有一个什么样的门槛，由法院内部什么机构进行接收和转发，承办法官应否入卷，等等，都应当规范化。

《新京报》：他们的诉求是否会有效？

刘仁文：我觉得"求情信"只能供法官参考。实际上法官应该不受舆论干扰，但是在中国这种情况下，很多人会求助媒体，法官会有一定的压力，我非常担心一些领导看了以后给法院一些批示。

法官如果在没有外界压力的情况下，平心静气地看看这些求情信，我觉得没有什么不妥，反而有利于他全面思考问题。就怕在中国目前的司法体制下，法官的地位不是很高，如果受到外界的压力，不管最后的结果正义不正义，都不是法治健康运作的结果。

《新京报》：根据报道来看，是律师建议复旦学生写求情信，让林的家人、同学和被害人黄洋的父亲沟通，尽最大努力求得他的谅解。律师此举是否涉嫌干预司法？

刘仁文：如果律师只是给出建议，没有问题，因为写求情信的同学和老师还是出于自己的意愿写信的，没有被谁要挟、诱惑或欺骗。当然，如果律师直接或间接采取了要挟、诱惑或欺骗的手段，那肯定是违背职业道德的。

死刑之争必须"超越悲剧"

《新京报》：这个事件的本质，其实是该如何处理民意与死刑之间的关系，您怎么看？

刘仁文：这个问题特别复杂，民意是一把双刃剑。有时民意在死刑上是推波助澜的。从刘涌案到药家鑫案，再到李昌奎案，当事人都是因为民意而死。还有郑州张金柱案也是这方面的典型，他说自己是被媒体判了死刑。

但应看到，民意也救了一些人。例如吴英集资诈骗案，本来二审被判处了死刑，后来民意反应强烈，最高法院最终没有核准死刑。去年的曾成杰也是集资诈骗，却因为没有受到民意的关注，被悄悄执行了死刑。

在任何一个国家，民意对司法判决都不可能没有一点影响，但是其中确实有一个度的问题。在我国，相关规范不够成熟，民意对死刑的影响更大。

最理想的方式是什么呢？就是民意通过一些正常渠道表达出来，法官给予考虑，至于判不判死刑，法官独立思考。但现在我们达不到这些条件，像吴英这样因为民意活下来的毕竟是少数。

《新京报》：问题是法官很难对舆论中的民意视而不见。

刘仁文：过度责备法官不合适。现在最关键的问题是，媒体在报道案件时要更科学，媒体报道对死刑判决影响还是很大的。当然，随着法治越来越成熟，法官素质越来越高，现在法官最怕的可能不是民意本身，而是民意通过舆论、内参等被上级领导关注了以后，领导采取批示的方式，批给有关领导或上级，给承办案件的法院和法官造成很大的压力。为了仕途或前途，法官不可能不听上级或领导的意见。

要想解决这个问题，最根本的就是上级领导和部门绝不要批示案件。

《新京报》：如果说从法律上平衡民意与死刑的关系稍微容易一

点的话，那么从根本上清除"死刑"的文化基因，可能就没那么简单了，而这一文化基因却是民意的一个重要基础。该怎么办？

刘仁文：所以我一直呼吁要"超越悲剧"。举一个我印象很深的案子，2000 年的时候，南京市发生一起凶杀案，4 个苏北的无业青年杀了德国人普方一家四口。听说根据中国法律这 4 个孩子将很可能被判处死刑，普方的母亲在跟亲友商量之后，写信给中国法官，说不希望判处这 4 个青年死刑，"德国没有死刑，我们觉得，他们的死不能改变现实"。

当年 11 月，由普方夫妇的同乡和朋友发起，在南京居住的一些德国人设立了以普方的名字命名的基金，用于改变苏北贫困地区儿童上不起学的情况。之所以如此，是因为庭审中的一个细节让他们触动很深：那 4 个来自苏北农村的被告人都没有受过良好的教育，也没有正式的工作，"如果他们有比较好的教育背景，就会有自己的未来和机会"。

目前世界上废除死刑的现实和趋势，我们的媒体是不是可以作一些适当的介绍和引导？绝大多数人生活在习惯中，我们的思维会受到周围人的影响，如果周围很多人都还简单地认为"杀人偿命"，那大幅度减少死刑直至最后废除死刑的目标就永远无法实现。

当然，我们也不是倡导无原则的宽容，罪行必须得到严惩。在西方很多国家无期徒刑就被认为很重了，但在我国认为死缓还便宜他了。

就像纪念普方那样，复旦有同学说，他们想捐款成立一个以受害人的名字命名的基金会。我认为这样的方式将可以慢慢改变"杀人偿命"的文化基因。

第二编

他山之石

荷兰的三个命案判决 *

　　最近，国内有媒体发来电子邮件约稿，想让我谈谈农民工王斌余讨薪未成愤而杀死数人一审被判死刑的看法。我上网浏览之后，觉得太多的话无法在一篇千字小文中表达，于是干脆换一角度，介绍三个最近荷兰法院的人命案判决结果，或许能给国人以某些思考。

　　第一个案件是 2005 年 7 月 26 日阿姆斯特丹法院判处去年谋杀拍摄伊斯兰批判影片的著名导演特奥·凡·高（Theo van Gogh）的凶手布耶里（Mohammed Bouyeri）终身监禁。凶手是一名穆斯林移民，他作案手段残忍，不仅向受害者连射数枪，之后还割断其喉管，并射伤赶到现场的警官，他称这是对特奥·凡·高亵渎伊斯兰教的正义复仇。最可恨的是，这家伙在法庭上还公然对死者的母亲说："我一点都感受不到你的痛苦。"还表示，他要是被警官射死，要比现在活着更有意义，因为那样他就成了一名光荣的殉道者了。可以设想，这样的犯罪分子理所当然地应当受到最严厉的惩罚。不过，在荷兰，就像在所有的西欧国家一样，早就废除了死刑，因此刑法上最严厉的惩罚也就是终身监禁了。由于人们已习惯于接受终身监禁乃这个国家对最恶劣的犯罪分子的惩罚，

* 原载《新京报》2005 年 10 月 29 日"具体权利"专栏。

因此法官给出的这一判决并没有引起死者家属和社会的异议。尤其值得注意的是，案件发生后，凶手的恶行确实激起了民愤，许多群众走向街头，表达对死者的哀悼，抗议对言论自由的破坏，却并没有要求严惩凶手的口号。激愤过后，许多荷兰人开始反思，为什么会出现布耶里这样的极端分子？在法院判处凶手终身监禁后，有人还发表文章指出：法庭的判决无法解决文化冲突等社会缺陷，它需要全社会的努力。

第二个案件是这样的：2000 年 6 月，一个 10 岁的小孩被人残忍杀害，当时震惊全荷兰。很快，一个叫希兹的嫌疑犯被抓获，随后他被定罪，被判处 18 年监禁和一个不确定的改造期（18 年监禁是指对他过去所犯罪行的惩罚，而不确定的改造期是指直到有一天，有关的专家小组认为他已被改造好，回归社会不再对周围构成威胁）。但 4 年之后，真正的凶手维克被抓获，他在谋杀了那个小孩之后，又犯下别的两桩罪，因此被判处 20 年监禁和一个不确定的改造期。希兹随后被立即释放并得到了国家赔偿。此案直到最近才披露，它正在引发一系列的严厉批评和热烈讨论。令我深思的是，希兹如果在中国被定此罪，很可能已命归黄泉，果真那样，则即便发现错案，也无法挽回。

第三个案件是有关我们中国人的：一对东北夫妇下岗后以商务考察的名义先后到荷兰，此后非法滞留在那里打黑工。妻子先过去，并在那边与另一男子发展成不正当的关系，丈夫过去后，听到风言风语，又几经打听，确信无疑，于是约两人来家商谈，但那男子刚好有事，没有来，于是在激烈争吵中将妻子杀掉。此案最后法官判处被告人 6 年监禁，轻判的理由包括被害人存在过错、被告人属激情犯罪等。有意思的是，听他老乡说，此君在服刑期间，每个周末还可以请假回去与他们搓麻将呢，谈及里边的服刑生活，一点都不苦，不仅伙食不错，还每月发点零花钱供他们打电话用，至于劳动，也就是扎花之类，活儿不多，看守有时还有意识地让他们干慢点，因为担心他们很快将活儿干完又多事。

世界死刑存废趋势 *

　　牛津大学的罗吉尔·胡德院士是联合国秘书长死刑问题报告的起草人，在我访学牛津期间，有幸多次与其交谈，并承蒙他赠我有关世界各国死刑存废的最新资料。我觉得有责任将其介绍给中国读者，并愿意与大家一起思考这个问题。

　　截至 2003 年 1 月 1 日，世界上已有 76 个国家（包括地区，下同）在法律上明确废除了所有罪行的死刑，15 个国家废除了普通犯罪的死刑（军事犯罪或战时犯罪除外），还有 21 个国家在实践中事实上废除了死刑（过去 10 年内没有执行过死刑，并且确信其不执行死刑的政策将继续下去或者已向国际社会做出承诺不再使用死刑），三者加在一起是 112 个国家，这其中包括英国、法国、德国、加拿大、澳大利亚、意大利和俄罗斯等。相应地，保留死刑的国家只剩下 83 个。废除死刑的国家已经超过了保留死刑的国家！

　　在保留死刑的国家里，情况也不可同日而语。越来越多的国家倾向于对死刑持严格限制的态度，表现之一是在立法上大幅度减少适用死刑的条款，将其限制在谋杀、叛逆和战时犯罪等少数几种性质极其严重的犯罪上，而不对经济犯罪和财产犯罪等一般

---

* 原载《检察日报》2003 年 8 月 11 日。

的普通犯罪适用死刑；表现之二是在司法上对死刑进行严格控制，有的国家一年仅判决或执行几件或一件死刑，有的国家甚至数年才执行一件死刑。如日本，从1979年到1984年，平均每年仅执行1件死刑；从1985年到1988年仅执行9件死刑；2002年，执行的死刑也只有2件。又如韩国，继1990年修订特别刑法取消15个条款的死刑、1995年修订刑法又取消5个条款的死刑之后，1998年，当时的金大中总统公开告诉大赦国际他本人反对死刑，因此韩国近几年一例死刑也没有执行。2002年，在83个保留死刑的国家中，只有67个国家宣判了死刑，这就是说，有16个保留死刑的国家在该年度连一例死刑都没有宣判（但因其还没有达到10年期限的标准，所以没有将其纳入废除死刑的名单）。死刑执行已经越来越多地集中到了少数一些国家身上。以2002年为例，虽然有67个国家判处了至少3 248名罪犯的死刑，但只有31个国家执行了至少1 526名罪犯的死刑。现在，在世界级的大国中，除中国外，只有美国、日本和印度还保留有死刑。如前所述，日本每年最多也就执行一至两件死刑，且都限于严重谋杀罪。印度的死刑适用也受到严格限制，并呈下降趋势，例如，从1982年到1985年，4年间总共只执行了35人的死刑，平均每年不到12件；而从1996年到2000年，5年间适用死刑总共才49件，平均每年不到10件。考虑到印度作为世界上第二人口大国，这个数字应当是比较低的。美国的情形稍微复杂一些，现在有12个州完全废除死刑，38个州保留死刑。在保留死刑的州中，有的州一直将死刑备而不用，长期没有执行死刑，而且绝大多数州都规定只有严重谋杀罪（通常是一级谋杀罪）才可以判处死刑。在美国，要判处一个罪犯的死刑，其司法程序极其烦琐，为了减少冤假错案和确保死囚的各项权利，国家不惜投入巨额的司法成本，据悉，一个检察官要最终胜诉一件死刑案，其花费将高达 50 万至 180 万美元。鉴于联合国人权委员会、欧盟、大赦国际等对美国这个"人权帝国"保留死刑这一重大污点持续而激烈的批评，美国近年进一步加强了对死刑适用的限制。例如，2002 年，美国最高法院做出裁决，禁止对弱智犯适用死刑；同一年，伊利诺伊州州长鉴于有证据表明死刑存在错判，下令暂停所有该州的死刑执行；马里兰州州长也在该年宣布，由于死刑判决中可能存在的种族和地域歧视，因此在此问题没有得到很好的解决之前，暂停该州所有死刑的执行。

由上可见，世界性的废除和限制死刑运动正以从未有过的速度发展。正如罗吉尔·胡德院士在他最新修订的《死刑的全球考察》（*The Death Penalty: A Worldwide Perspective*）中所指出的："从 1965 年到 1988 年，大约平均每年有 1 个国家走上废除死刑的道路，但从 1989 年到 2001 年，却有平均每年 3 个国家走上废除死刑的道路。而且，越来越多的国家在废除死刑时一步到位，而不像过去那样先废除普通犯罪的死刑，最后再废除所有犯罪的死刑。另外，废除死刑的运动也正得到跨区域的发展：在 1965 年废除死刑的 25 个国家中，只有两个是西欧和中南美洲之外的国家，但到 2001 年，废除死刑的国家却不仅扩大到了东欧，还扩大到了非洲和太平洋岛。例如，已有 11 个非洲国家彻底废除了死刑，另外 11 个非洲国家事实上废除了死刑；有 11 个太平洋岛的国家彻底废除了死刑，4 个国家事实上废除了死刑。虽然在亚洲废除死刑的运动进展相对缓慢，但也有两个国家彻底废除了死刑，另外 6 个国家事实上废除了死刑（以 10 年内没有执行死刑为标准）。最重要的是，这种全球性的废除死刑运动在新千年里看不到减缓的迹象。"

为什么废除死刑的运动会在过去短短的几十年里取得如此迅速的进展？是什么影响了这些国家对死刑政策的选择？对此，当然可以做多角度的分析，但笔者认为，最根本的一点在于世界人权运动的蓬勃发展，是人权将死刑推向了被审判的命运，是人权判处了死刑的死刑。[1]

1　可参阅本书第 56 页《人权：判处死刑的死刑》一文。

与巴丹戴尔先生谈死刑 *

　　2004 年 4 月 7 日晚，应法国驻华大使蓝峰（Jean-Pierre Lafon）先生的邀请，前往大使馆参加大使先生为法国前司法部长、前宪法委员会主席巴丹戴尔参议员访华举行的招待晚宴。巴丹戴尔先生是法国著名的律师和政治家，他在担任密特朗总统的司法部长期间，曾成功地于 1981 年使国民议会和参议院通过了废除死刑的法案。我是通过阅读去年法律出版社翻译、出版的他的《为废除死刑而战》（*L'abolition*）一书知道他的。记得当时正值 SARS 肆虐，我在前往牛津大学访学的途中，竟是凭着阅读这本小册子而不知不觉地忘却紧张和恐惧的。作者抛开大部头学术著作的写作套路，以一个个活生生的案例来追忆自己为死刑犯辩护的律师生涯，述说了自己走向为废除死刑而战的心路，并以当事人的身份介绍了法国废除死刑的曲折历程，令人难忘。

　　这次应邀赴宴，能有机会面见巴丹戴尔先生本人，并向他请教有关问题，自然是一件令人感到十分亲切和幸运的事情。

　　巴丹戴尔先生在他的书中讲过，法国作为一个在世界人权历史上有过辉煌表现的国家，后来却成为西欧最后一个保留死刑的国家，这实在是不应该。我的第一个问题便是：法国为什么会成

---

* 原载《检察日报》2004 年 4 月 28 日。

为西欧最后一个废除死刑的国家？巴丹戴尔先生对此是这样回答的：法国其实早在大革命时期就曾经作出决议，一旦有一天社会归于太平，就要废除死刑，但后来由于社会并不太平，因此影响了废除死刑的步伐。再后来，第一次世界大战、第二次世界大战的爆发，又影响了死刑的废除。第二次世界大战后，又因为阿尔及利亚战争和其他殖民地的非殖民化运动，法国废除死刑的运动不断受到干扰。巴丹戴尔先生还指出，由于戴高乐总统是军人出身，他经历了许多血腥场面，因此相对来说对人的生命的尊重不如和平年代成长起来的政治家，这也是法国死刑废除推迟的一个原因。后来的德斯坦总统（Valery Giscard d'Estaing）个人已经不认可死刑，他在私下里也认为死刑应当废除，但由于当时法国整个社会支持死刑的民意占绝对优势，因此他不敢公开表示要废除死刑。到后来密特朗当选总统时，虽然法国民意支持死刑的还是占多数，但已经下降了，更重要的是，密特朗总统本人在竞选时已经声明，基于自己的政治信念，如果他当选总统，他就要废除死刑。因此，密特朗总统当选后就任命巴丹戴尔这位以反对死刑著称的律师为司法部部长，后来的逻辑当然是死刑在法国得到废除。时至今日，法国年青一代对生命价值比起上一代来又更为看重，因此，现在支持废除死刑的比率已经占多数而且还在上升。回顾这一历史，巴丹戴尔先生不胜感慨：一个国家拥有一个稳定、和平的局面对其废除死刑是有好处的，如果内外不太平，则难以实现死刑废除。另外，民意虽然不是废除死刑的决定因素，但当一个国家支持死刑的民意处于绝对优势时，即使当政者有废除死刑的意愿，也难以付诸实施，因此设法将支持死刑的民意降到一个相对较低的幅度，应是最终废除死刑的步骤之一。此外，和平年代的政治家和战争年代的政治家在对待人的生命价值方面也会有所差异，这也会影响废除死刑的进程。

巴丹戴尔先生在他的书中还讲到，当国会辩论是否要废除死刑时，反对派提出要搞全民公决，但他知道，当时法国支持死刑的还占多数，因此只要付诸公决，肯定就无法废除死刑，所以他反驳要求全民公决是违宪。这一点，我在阅读时有些费解：要求听取广大人民群众的意见，这难道还违宪吗？针对我的这个问题，巴丹戴尔先生解释道：按照法国宪法，只有涉及国家体制变更等重大事项才需采取全民公决，而废除死刑只是涉及修改刑法，这完全是议会权限范围之内的事情，正是从这个意义上讲，拿民意来阻止废除死刑是违宪的。正如巴丹戴尔先生当初反驳那些要求举行全民公决的议员所指出的，作为选民选出来的议员，他固然应当倾听选民的呼声，但更应当在宪法授权范围内以理性来引导自己的选民。

法国废除死刑至今已有二十余年，我最想知道的是，如今的犯罪率与废除死刑前相比，有无变化。巴丹戴尔先生告诉我，他一直认为，死刑与犯罪率没有必然的联系，因为犯罪的原因多种多样，死刑的威慑力也并不像人们想象中的那么大。法国二十多年来的经验再次证明了这一点。从总体上看，法国废除死刑后的犯罪率与废除死刑前没有多少差别，具体到各类犯罪，有的犯罪下降了，如针对军警人员的暴力犯罪、劫持人质的犯罪，有的犯罪上升了，如外来移民的犯罪，但这都不是死刑在其中所起的作用，而是有着更为深刻的社会和政治背景。

作为法国废除死刑的象征，巴丹戴尔先生对如何推进废除死刑有许多令人深受启发的建议，例如，他认为，不光是要重视写学术著作和论文，更要注重运用文学作品和影视作品，因为后者的受众面更广，影响更大。在法国，就曾有这样的经验，一个作家通过描写一个冤屈的死刑犯的故事，后又被改编为电影，唤起全社会对死刑问题的反思。又如，他认为，光是法学家呼吁废除死刑还不够，还要发动社会上那些有广泛影响的人物来反对死刑，比如，著名运动员、影星等。谈到这里，巴丹戴尔先生以一个朋友的身份告诉我，2008 年的奥运会将在北京举办，据他所知，未来几年可能会有一些国际著名的运动员对中国的死刑适用状况提出批评甚至抗议。他还说，中华民族和法兰西民族被认为在很多地方有相似之处，法国是西欧最后一个废除死刑的国家，中国该不会也成为亚洲最后一个废除死刑的国家吧。

生命无价 [*]
——《死刑的全球考察》译后记

一

2003 年 5 月至 8 月，我有幸赴英国牛津大学犯罪学研究中心做 3 个月的访问学者，其间承蒙该中心主任罗吉尔·胡德教授赠我他新近再版的《死刑的全球考察》一书，我翻阅后当即觉得该书丰富的资料对开阔我国学者的视野、了解世界死刑废除运动的进展很有帮助，于是萌生将其译成中文的意愿。回国后一个偶然的机会，我接触到中国人民公安大学出版社的副总编杨玉生先生，他与我一拍即合，决定将此书纳入该社的品牌出版物之一——"刑事法学译丛"。随后，我又邀周振杰先生与我合作，二人分工苦干数月，终于使此书能够以现在的面貌呈现在中国读者面前。

本书的作者罗吉尔·胡德，是国际犯罪学界的知名学者，世界死刑问题研究的领军人物之一。他先后在英国伦敦经济学院（LSE）、剑桥大学和牛津大学从事教学和研究工作。从 1973 年至 2003 年，他一直担任牛津大学的犯罪学研究中心主任和众灵学院的研究员（Fellow）。现任牛津大学犯罪学荣誉教授和众灵学院的荣誉研究员。2003 年退休后，他先是被香港大学社会学系

---

[*] 罗吉尔·胡德（Roger Hood）著，刘仁文、周振杰译：《死刑的全球考察》，中国人民公安大学出版社 2005 年版，译后记，标题为另加。

聘为 2003—2004 学年的杰出访问教授，现在又被美国弗吉尼亚大学法学院聘为 2004—2005 年杰出访问教授。他曾于 1986 年因"对犯罪学做出杰出的国际贡献"而被美国犯罪学会授予 Sellin-Glueck 奖，1992 年被选为英国学术院院士（Fellow of the British Academy），1995 年"因长期致力于犯罪学的研究"而被授予"大英帝国司令勋章"（Commander of the Order of the British Empire，一种爵士勋章之外的最高勋章），1999 年被牛津大学授予民法博士学位（DCL，Doctor of Civil Law，一种博士学位之上的荣誉学位），2000 年被授予"荣誉皇家大律师"称号（英国每年从法学界遴选出几位贡献突出的学者授予其荣誉皇家大律师称号）。1987 年、1996 年、2000—2001 年直到最近（2004 年），他先后四次担任联合国死刑问题的顾问，并负责准备联合国秘书长 5 年一度的对世界死刑状况的分析报告。他现在还是英国外交部死刑顾问小组的成员，并多次参加中英人权对话和欧盟与中国关于死刑问题的学术研讨会。记得 2004 年上半年在北京的一次死刑会议上，他曾私下向我感慨道："短短几年，在你的伟大祖国，对死刑问题的公开讨论已经发生了巨大的变化。"言谈中能感受到他对中国的友好。

胡德教授的主要学术著作有：《犯罪学基本问题》（*Key Issues in Criminology*，与 R. F. Sparks 合著，1970 年），《量刑研究——以机动车犯罪为视角》（*Sentencing the Motoring Offender*，1972 年），《英国刑事法的历史：刑事政策的出现》（*A History of English Criminal Law and Its Administration from 1750*，与 Leon Radzinowicz 爵士合著，1986 年），《死刑的全球考察》（1989 年第 1 版），《种族与判刑》（*Race and Sentencing*，1992 年），《假释制度在实践中

的运作》（*The Parole System at Work*，与 Stephen Shute 合著，2001年），等等。2003 年，为纪念他退休，牛津大学众灵学院为他举行了专门晚宴，法学院[1]为他举行了简朴的招待会，犯罪学研究中心则举办了学术研讨会，会上由 Andrew Ashworth 教授和 Lucia Zedner 博士共同编辑的祝贺文集《刑事政策的犯罪学基础》也正式面世。来自西方多个国家的犯罪学界同人对罗吉尔的学术成就与贡献作了多方面的介绍，给予了很高评价（笔者作为唯一一位来自东方的学者，也被邀发言，发言除对胡德教授表示祝贺外，还谈了自己的一点体会，那就是在全体与会者的比较视野中，似乎中国被遗忘，但中国无论从哪方面来讲都不能被遗忘，因此除了中国学者要努力学习英语外，西方学者也应该学习汉语）。

《死刑的全球考察》是作者的一部重要著作，它于 1989 年由牛津大学出版社出版第一版，2002 年出版第三版。作者结合自己担任联合国秘书长死刑问题报告起草人的有利条件，为读者提供了大量的数据。虽然作者对各国死刑存废的介绍秉持客观的立场，但在相关理论阐述中可以明显地看出，作者是坚决反对死刑的，是一个彻底的死刑废除论者。

二

在翻译接近尾声时，胡德教授发来电子邮件，高兴地告诉我：废除死刑的国家在 2002 年版的基础上又增加了，截至 2004年 10 月，共有 81 个国家废除了所有犯罪的死刑，12 个国家废除

---

1 牛津大学法学院由来自各个学院的法学师资组成。

了普通犯罪的死刑，35个国家事实上废除了死刑（至少10年内没有执行过死刑），三者加在一起是128个国家。可见，当今世界，绝大多数国家已经废除死刑。

而根据大赦国际的一项统计，在保留死刑的国家里，中国目前执行死刑的数量超过总数的70%。[1] 尽管这一数字不一定准确，同时也应看到，有些国家虽然司法上的杀人被废止，但事实上因军事政变、社会动荡、种族和宗教冲突、饥饿、疾病乃至恐怖活动所造成的死亡人数仍然不少，而中国在维护社会稳定、促进国泰民安方面应当说比起某些死刑废除国来说还要做得好。不过，一个难以否认的事实是：中国目前司法上的合法杀人现象确实比较多，不但与国内其他各项事业欣欣向荣的局面不协调，更与世界趋势相左。

当然，世界趋势并不意味我们就一定要人云亦云，我们需要在立足国情、把握自己的基础上做出"有思考的决定"。但现在的问题是，是否真的如某些人所言，中国绝不能减少死刑，更不能废除死刑。

从我们国家的对外宣传口径来看，是主张将来条件成熟时要废除死刑的，只不过目前条件还不成熟。但究竟条件成熟不成熟，何以判断？目前，我们在这方面存在的一个突出问题是，死刑信息不公开，对死刑无法进行实证研究。与此相联系，学术界对死刑问题的研究尚处于起步阶段，各种分类的、深入的、有说服力的研究成果还很难见到，而具有更大受众面和震撼力的反死刑的文学作品和影视作品也很少出现，至于公众人物和非政府组织出

1　参见刘仁文著：《刑事政策初步》，中国人民公安大学出版社2004年版，第305页。

来呼吁废除死刑，则更未提上日程（这些恰恰对促进死刑的废除有不可忽视的作用[1]）。我同意在我们这样一个大国，不采取某些小国在废除死刑问题上的"短平快路径"，而是要慎重（顺便说一句，我近年来对"小的是好的"颇有好感，死刑废除往往在一个小国相对容易，而大国却要难得多，原因之一在于大国社会治安比小国要复杂。就连大学也是，牛津、耶鲁都只有一万多名学生，比起我们动辄几万名学生的大学，可谓"小"。耶鲁大学法学院可能是全美最小的法学院之一，却是全美最好的法学院）。但慎重不等于拖沓，慎重要贯彻在具体的行动中，如可否实行经济特区之类的思维，先在某些地区进行废除死刑的试验（这一思维来自美国联邦制的启发，在美国，虽然联邦政府还保留死刑，但已有十几个州彻底废除了死刑）。

也许，时下更有现实意义的是如何减少死刑，至少将中国死刑占世界死刑的比例减至中国人口所占世界人口的比例，即20%左右。这虽然是一个最低的要求，甚至是一个令很多人不满意的要求（包括笔者在内），但要从目前的70%减至20%，却又谈何容易？要尽快实现这一目标，当务之急是要克服"唯结果论"的思维，不能什么案子一看死了人，一看数额巨大，就判死刑，而要深入到案件背景里去，考察犯罪人走向犯罪道路的来龙去脉以及作案时的具体情景，对那些民愤不大或者缺乏一般预防效用的被告人，就不要去适用死刑。例如，我曾接触到这样一个案件：某甲系外地人，在假释期间出外打工，因其女朋友在工地被当地的一个人殴打，他数次走二十多里路到当地派出所请求处理，还给

116
死刑的温度

警长送了两条烟，但警方迟迟不来处理，最后经老乡调解，让对方赔偿 1 000 元医药费，但对方事后又拒不赔偿。一日，他从工地下山，正遇到对方，又问起这笔钱，对方转身就跑，他拉住，对方动手打甲，还叫旁边的一个朋友上来帮他一起打。因甲个子不如对方高大，又害怕对方的朋友上来，于是抽出随身携带的一把水果刀朝对方捅去。在极其激愤的状态中，他"脑子一片空白"，只是觉得自己窝囊，女朋友被打，连 1 000 元医药费都要不到……事后证明甲捅了对方 6 刀，在甲逃跑后对方被送医院，经抢救无效死亡。当笔者以此案被告人辩护律师的身份前往法院阅卷时，该案的承办法官出于对专家的尊重，私下告诉笔者："像这样的案子（假释期间又杀人），您可随便打听，在我们这里就是'一号'（即死刑）。"

虽然本案表面看，被告假释期间又杀人，且连捅 6 刀，可谓情节恶劣，但实际上，被告第一次犯的盗窃罪是其年轻时出外打工被别人带坏所致，而在本案中不但民愤不大，反而让许多人同情，至于威慑力（即所谓的一般预防），要么一般人不会遇到他这种情况，要么遇到这种情况一时冲动也克制不住，总之，没有用。

据该法官介绍，他经手的其他一些比这个案子轻得多的被告人都被判处了死刑，有些连他自己也觉得不忍。无奈领导决定，他左右不了。记得该案在当地开庭时，两名人民陪审员出出进进，心不在焉，也难怪，他们知道是在走过场。而当笔者知道此事主审法官决定不了时，连辩护的兴趣都大减。本案提醒我们的是，要对一个被告人的作案经过及其心理有切身体会，开庭就必须不走过场，这包括：将审判委员会定案的权力下放到合议庭（当然可以采取加强对合议庭的监督措施），合议庭应认真听取开庭各方意见，证人应直接出庭作证，有关案件的具体情形及其对被告人心理的影响应允许详细展开（而不是被认为与定案无关）。

当前，在立法短期内不可能大幅度削减死刑条款的情况下，要有效限制和减少死刑，司法机关承担着格外重要的角色，如最高人民法院曾通过司法解释，对农村纠纷中被害人有过错的杀人案件，规定可不予判处死刑，这就对限制死刑滥用起到了很好的作用。这方面还有一项迫切的工作，就是要尽快收回并改进最高人民法院的死刑复核权。与此同时，高素质的法官和高质量的死刑辩护对减少死刑也有不可低估的作用。对此有兴趣的读者（尤其是法官和律师），建议阅读一下法国死刑废除运动的直接推动者巴丹戴尔先生的著作《为废除死刑而战》[1]。当我阅读该书时，一方面为巴丹戴尔先生精湛的辩护技巧叫绝，但另一方面却也佩服那些采纳他的辩护意见的法官，要是在中国的某些地方，只怕他的辩护发言早就被法官以"与案件无关"为由打断了，即使勉强听完，也不会认真理会的；进一步，即使想理会，也可能畏惧于被害人家属的上告、怕染上一个不公正的坏名声而作罢。

谈到被告人家属的上告，这里就还牵涉到一个国家相关制度的建设问题。在另一个案件中，我曾听说法官答应设法救被告人一命，但前提是被告人家属筹集至少两万元来安抚死者家属，无奈被告人家里一贫如洗，拿不出一分钱，最后只好判处死刑了事。其实，许多国家都有被害人精神补偿和经济援助制度，其理论基础在于纳税人被害、国家要承担相应的责任，以免当犯罪人在逃或犯罪人虽落网却无赔偿能力时被害人及其家属陷入极度困难和痛苦之中。

---

1 罗贝尔·巴丹戴尔著，罗结珍、赵海峰译：《为废除死刑而战》，法律出版社 2003 年版。

三

　　虽然不少废除死刑的国家并不是建立在民意支持的基础上（而是有更重要的政治意志，即死刑是残忍的、不人道的和不体面的，死刑是侵犯人权的），但民意却无论如何是废除死刑所不能绕过的一道坎。显然，在一个 60% 的民意支持死刑的国家废除死刑，要比在一个 90% 的民意支持死刑的国家废除死刑更容易些。不幸的是，我国现在的民意恰恰属于后者。

　　2004 年上半年，新华社《环球》杂志的记者看到我的一篇介绍全球死刑存废的文章，即打电话征得我同意，以对话形式将该文整理发表。时隔不久，友人告知，网上正在热炒我的死刑观点，于是自己也上网看个究竟，不看还好，这一看吓了一跳。有人说，据确切消息，刘仁文是某个大贪官或黑社会的亲戚或哥们儿；有人说，谁能告诉我刘仁文的家在哪里或者他长得啥样，我先去把他杀了，反正不会判我死刑；还有人说，要将刘仁文的老母和妻子全部奸杀……种种侮辱谩骂不堪入耳。

　　在这一无意中形成的民意测验中，与几百人的怒吼形成鲜明对照的是，只有少数几个人对我采取了宽容和赞赏的态度，记得其中一个说，你们这样侮辱人家，不允许人家说话，我替我们这个民族感到悲哀；另一个更说，这个刘仁文，是湖南人，魏源老乡，我看过他的一些文章，大有魏源的开风气之先的气象，是国之大幸也。（感谢这一网友，当时这给了我最大的安慰。）

　　面对如此强大的支持死刑的民意，要大幅度地减少死刑乃至最后废除死刑，其难度之大，可想而知。不过，这次挨骂的经历也给了我启发，那就是冷静分析那些怒气冲天的网友的意见，发现其中有不少是基于对目前司法腐败的不信任，认为如果不对某些腐败分子和刑事犯罪分子判处死刑，一了百了，他们随后就会被假释、减刑或保外就医出来。因此，公正司法，也是限制和废除死刑的前提条件之一。当然，如何正确对待民意、引导民意和改变民意，这里面又有许多的工作需要做。举个例子，几年前，笔者曾接待一老家来的上访者，此人是一个文学爱好者，他让我送他一些自己写的作品，我当时正好在《检察日报》上连续发表了三篇关于死刑的小文章，就送给他，他一看到其中有一篇的标题含有"废除死刑"的字样，就马上说："死刑可废除不得。"但第二天，当他再来我家时，就主动谈起我的文章中提到的死刑错判一事，说几年前他们那里有一个女的，被以投毒罪判处死刑，临刑前那一天，他们都骑着摩托车去追着看热闹，只见那女的抓着囚车栏杆，大喊："老天爷，你长没长眼睛？！"时隔几年，该案在家属的不断上诉后，被平反。谈到这里，他就说："像这种人被杀，确实冤枉。"我们知道，在有的国家，废除死刑正是基于错杀的惨痛教训。那么，如果我们能很好地将司法实践中的死刑错案加以总结并宣传，恐怕给人的印象就不会那么简单了。[1]

生命无价，即使犯罪分子的生命也当加以深切关注。愿本书的出版能给我们带来这种理念，或者加强这种理念。

2004 年 11 月 2 日于耶鲁

---

1 参见刘仁文著：《刑事政策初步》，中国人民公安大学出版社 2004 年版，第 335 页以下。

死刑的威慑力问题 [*]

  废除死刑的阻力主要来自三方面：一是担心失去死刑的特殊威慑力；二是担心死刑犯放出来后对自己的安全构成威胁，或者担心司法腐败使死刑犯大事化小、小事化了；三是人类天然的报应心理。第二者可以通过设置不得假释的长期监禁刑甚至是终身监禁来解决前半部分，通过改良司法来防止司法腐败；第三者可以从"以牙还牙、以眼还眼"的刑罚不符合现代文明刑罚的要求入手，来阐释报应不应成为保留死刑的理由。那么，如何看待第一者呢？毋庸讳言，目前我国从官方到民间，不少人都是以相信死刑具有特殊的威慑力为前提来反对废除死刑的。

  死刑是否具有特殊的威慑力？《死刑的全球考察》一书告诉我们："针对过去70年左右时间的任一阶段，都已进行过研究，但是尚未发现令人信服的证据可证明死刑与长期监禁相比，是绝对更有效的威慑谋杀的手段。"作者还用下面"具有说服力的证据"来证明"如果降低对死刑的依赖，也无须害怕在犯罪曲线上会有突然、严重的变化"：澳大利亚最后一次执行死刑是在20世纪60年代中期，但报告的以每10万人为单位的凶杀率已经下降了，谋杀率（被定为谋杀罪的凶杀率）变化并不大。尽管在南澳

---

* 节选自刘仁文：《死刑研究方法论——兼评两本新近出版的死刑译著》，载《中外法学》2005年第5期。

大利亚州，废除死刑后的 5 年与之前的 5 年相比在谋杀罪与非蓄谋故意杀人罪方面有所上升（如果这一结论具有普遍意义，即废除死刑前后的犯罪率会有所变化，但更长期则无变化，能否以短期的这种"有所变化"为由来保留死刑呢？不能！为了实现没有死刑的刑罚人道化，也许这是一种必要的代价）。但更长期的研究显示："死刑的废除对该州的凶杀趋势没有任何影响。"加拿大在废除死刑 23 年后的 1999 年，谋杀率是 1.76/10 万，比废除死刑之前的 1975 年（3.02/10 万）降低了 43%。实际上，谋杀率在废除死刑前是在持续上升（从 1961 年的 1.25/10 万到 1975 年的 3.02/10 万，上升了 142 个百分点）。因此，谋杀率的大幅下降成为加拿大总理在 1987 年反对恢复死刑的有力论据。即使谋杀率上升，也要具体分析，例如：牙买加近年来的谋杀犯罪大幅增加，但这主要是因为该国"法律、秩序的全面崩溃"，而在此之前，从 1976 年至 1982 年，虽然停止适用死刑，谋杀率却几乎没有变化。其他一些经历了犯罪上升的废除死刑的国家如英国，也显示犯罪上升有其他更重要的社会原因，而与死刑废除没有关系，因为那些原本就是非死罪的犯罪上升幅度更高。在美国，有人对 1980—1995 年的谋杀罪进行了研究，指出："与威慑假设相反，在这 16 年间的每一年，为谋杀罪配置了死刑的州的谋杀率更高。实际上，在该时期保留死刑的州的谋杀率要高 1.39（1989 年）—1.83（1995 年）倍。"另外一项类似的研究也表明，美国废除死刑的 12 个州中，有 10 个州的谋杀率低于全国平均水平，而在保留死刑的州中，有一半的谋杀率高于全国平均水平。[1]

---

1 参见罗吉尔·胡德：《死刑的全球考察》，第 435—442 页。

当然，作者也承认，由于影响犯罪的变量和执法的变量十分复杂，使得对死刑的调查无法成为真正的实验，因而上述结论尚不足以说服那些坚定的死刑保留者彻底改变其想法，更何况有的研究还得出过一些互相冲突的结果，而后者恰恰被那些坚持死刑具有独特的威慑效应的政客所利用，"将死刑作为表明其对犯罪持强硬态度的象征而给予支持"。为此，作者进一步做了如下努力：

首先，反驳了"死刑具有特殊威慑力"的观点：第一，理性选择理论对于研究谋杀行为与死刑威慑的关系并不是一种恰当的模型。（在西方学者的视野中，死刑存废之争主要限于谋杀罪，故作者重点讨论死刑对谋杀的威慑力。）大多数的谋杀并非由职业或精于计算的罪犯为了获得更大的利益而实施，而是无数的悲痛的结果：谋杀犯们都是"具有教育程度低、一贫如洗的特征的不能适应社会的人，他们的犯罪看上去就是愤怒或恐惧的、愚蠢的、无意识的表现"。由此推论，对死刑的恐惧不会抑制那些有谋杀倾向的人，因为谋杀通常是源于情绪的迸发、失控，源于精神疾病、有缺陷的人格或突然失去控制的惊慌。对这些无可否认的事实的另一种解释是，在所知的谋杀犯中自我调节良好的人很少。第二，死刑"超过了一个刑罚系统所具有的任何合法目标所必须达到的东西"——即不求助于死刑，也可以获得同样多的威慑效应。那些废除死刑的司法区对刑事凶杀的控制、对刑事司法系统（包括囚禁被判处终身监禁的暴力罪犯的最高安全级别的监狱）的驾驭与那些保留死刑的司法区同样有效。公众并没有以暴乱或私刑来回应废除死刑；警察并没有养成过度使用致命力量的习惯；监狱的警卫、工作人员及探视人员并没有面临更大的危险；被谋杀的被害人的亲人和朋友并没有发现调整自己以面对他们的巨大损失变得更困难。第三，那些得出死刑具有特殊威慑力的研究在方法上是有缺陷的、在态度上是欠严谨的，如有的研究只限于短期，而没有较长时期的跟踪；有的研究有意无意地遗漏了一些重要变量对犯罪的影响，如枪支管理（加强强制管理导致谋杀率降低，但他们却将此归功于死刑的判决和执行），等等。并且，由于存在其他一些衡量更为困难的社会环境因素，如移民、非正式社会控制的有效性、毒品滥用的程度、社区统一的程度及暴力亚文化、暴力之外的其他压力释放模式的存在程度，因此，迄今为止还没有方法能够解决它们在谋杀与死刑之间的联系中（假如有的话）所起的作用（美国的一项研究曾指出：一场暴风雪的恶劣天气使局部地区处于停顿状态，导致这些地区的谋杀率在此期间下降，但有人却错误地声称这是前不久一次死刑执行的结果。它告诉我们通常不被考虑的变量是多么会使研究结果具有偏向性[1]）。而死刑废除论者要求证明死刑具有实质性的、绝对的威慑效应，这"几乎是确定地无法满足"。[2]

其次，指出死刑的适用会带来一系列的消极后果：一是"残酷化"效应，即死刑执行在某些时候不但不是在控制犯罪，反而是在制造犯罪。因为死刑所传递的信息是在刺激而不是抑制暴力。正如贝卡利亚所言："因其向人们展示的残暴的事例，死刑不可能是有益的……作为公共意志的表述的法律，憎恨并惩罚谋杀的法律，自身却在实施谋杀，于我而言，这是何等荒谬。"二是对死刑的依赖使人们容易将注意力集中到对死囚犯的报应上，忽视犯罪的复杂原因，忽视采取更为有效的犯罪对策。三是受到死亡威胁

---

1 参见罗吉尔·胡德：《死刑的全球考察》，第 450 页。

2 同上书，第 464 页以下。

的犯罪人会产生额外的杀死目击其犯罪的证人的动机。不止于此，如果死刑适用的面及于谋杀以外的犯罪，如故意伤害，犯罪人还会产生与其将其打伤不如将其打死的想法，因为打死后还可能死无对证。同理，如果只要是谋杀就一律判处死刑，那么，在诸如入室盗窃的案件中，面对毫无反抗能力的老人、小孩，犯罪分子也会出于"我不杀你，我就得死"的恐惧而将其斩尽杀绝。[1] 关于死亡威胁特别是不公正的死亡威胁的副作用，手上还有这样一个例子：《新京报》2005 年 6 月 11 日报道一死刑犯逃脱后又因贩毒被抓重新被判处死刑，问及他当初为什么要逃跑时，他说主要是因为法庭判处他死刑不公。（当年贩毒存在警方特勤人员的引诱。他的律师也说："如果法院不判处他死刑，他是不会跑的。"）四是死刑执行的戏剧化效果还刺激了某些人借此来扬其恶名，或将此视为自杀的替代方式。五是死刑成本高昂。对死刑犯审判程序的高程度保障、将漫长的时间花费在羁押过程、最后只将被定罪的极少一部分执行死刑，决定了该项制度的成本必然是高昂的。据估计，在美国，每执行一次死刑要支出的成本在 200 万—320 万美元，这种庞大的支出"与犯罪预防预算的紧缩正好抵触"。[2]

在法国通往废除死刑的征途中，死刑废除论者的一个重要武器也是运用大量国际性调查作为依据，证明凡是废除死刑的地方，血腥的犯罪率并没有增加，"这种犯罪有它自身的道路，与刑事立法中是否有死刑规定毫无关系"[3]。如今，法国废除死刑已有二十余

---

1 参见刘仁文：《死刑政策：全球视野及中国视角》，载《刑事法前沿》（第一卷），中国人民公安大学出版社 2004 年版。

2 参见罗吉尔·胡德：《死刑的全球考察》，第 341 页，以及第 426 页以下。

3 参见罗贝尔·巴丹戴尔：《为废除死刑而战》，法律出版社 2003 年版，第 9 页。

年，犯罪形势有没有变化呢？在 2004 年笔者与巴丹戴尔先生的一次会谈中，我迫不及待地提出该问题，他的回答让我放下心来：法国废除死刑二十余年来，从总体上看，犯罪率与废除死刑前没多少差别，具体到各类犯罪，有的下降了，有的上升了，前者如针对军警人员的暴力犯罪、劫持人质的犯罪，后者如外来移民的犯罪，但这都不是死刑在起作用，而是有深刻的社会背景和政治背景。

"终身监禁"并不等于在监狱中度余生 [*]

克拉尔（Christian Klar）是德国左翼极端组织"红色旅"的领导人，在 20 世纪 70 到 80 年代，该组织发动过多起引人注目的谋杀行动，克拉尔于 1992 年被判处终身监禁。我们知道，德国早就废除了死刑。所以有人误以为这里的"终身监禁"就是我国有的刑法学者所指的死刑替代刑——不得假释的终身监禁。但事实并非如此，最近，德国斯图加特法院做出裁决，认为从是否会在获释后再犯下严重的罪行的角度来考虑，已经没有理由再把他关在狱中，因此决定释放他，但在未来 5 年内克拉尔将处于假释状态。[1]

确实，在德国历史上，废除死刑后曾经对谋杀罪保留一段时间的不得假释的终身监禁，但在 1981 年德国废除了这一制度。根据现行立法，被判处终身监禁的犯人，在服刑 15 年后，如果经过人身危险性的评估，满足相关条件的，可以假释。

如同许多死刑保留国把保留严重的有预谋杀人罪的死刑，作为最后废除死刑的一块跳板一样，不少死刑废除国也曾在废除死刑之初考虑过甚至采纳过将不得假释的终身监禁作为死刑的替代措施。但时代的发展已经表明，废除死刑并不必然要建立一种不得假释的终身监禁制度。前述德国是一个例子。意大利最初在废

* 原载《法制日报》2008 年 12 月 2 日。

1 《新京报》2008 年 11 月 26 日报道。

除死刑的同时，也规定了一种可谓终身刑的徒役，但后来废除了这种制度，其现行刑法规定的无期徒刑，"实际上经过若干年后，这种最严厉刑罚的服刑人也可以得到假释或半自由的处理"。英国的情形也相似，据牛津大学的胡德教授告诉我，近年来法院越来越倾向于认为使人看不到释放希望的终身监禁是残忍的、不人道的，当然，在释放之前必须进行认真的人身危险性评估。

作为西欧最后一个废除死刑的国家，法国在 1981 年就废止死刑的法律草案进行表决时，有人提出了一项修正案，旨在废除死刑的同时设置一种终身监禁，但这一修正案最后被驳回。根据法国现行法律，无期徒刑经过 15 年的执行后可以假释。

2007 年，国内媒体广泛报道了西班牙马德里爆炸案的审理结果，许多报纸的标题用"主犯被判入狱 40 000 年"这类字眼来吸引读者，以致许多人以为在西班牙包含了比终身监禁还要重的刑罚。其实这是一种误解，在西班牙，不但废止了死刑，连无期徒刑都是没有的，法院判是一回事，但实际执行时，任何囚犯服刑的最长时间都不得超过 40 年，当然在此之前还可以依法假释。

倒是在还没有完全废除死刑的美国，却存在不得假释的终身监禁。据介绍，美国现在有 33 个州和哥伦比亚特区以及联邦采用不得假释的终身监禁，另有 14 个州采取至少服刑 25 年才能假释的终身监禁。美国有的学者认为用不得假释的终身监禁来取代死刑，相比而言总是要人道些。但我的一位美国朋友、华盛顿大学的唐纳德·克拉克（Donald Clarke）教授在最近与我讨论问题的一封邮件中颇有道理地指出：美国确实在某些方面做得不错，如言论自由，但如果事事都把美国作为榜样，那就不幸了，因为在另一些方面，也许欧洲做得更好些。

从废除死刑和不把终身监禁作为废除死刑的替代刑来看，欧洲确实走在了美国的前面。我 2007 年在德国了解到，德国的终身监禁犯人实践中一般平均执行刑期 18 年。这使我想起我们国家的一种批评声音，即认为在我国司法实践中，被判处死缓的，一般服刑 18 年左右，被判处无期徒刑的，一般服刑 15 年左右，这导致"生刑太轻"，与死刑立即执行落差太大。从此出发，持这种观点的学者认为，我国要废除死刑，就要大幅度地提高有期徒刑的上限，将现有的大部分死缓和相当一部分无期徒刑改造成不得假释的终身监禁。

这一建议虽然用心良苦，但具有误导性。首先，总体上看，我国刑法在当今世界是比较重的，这不仅表现在立法上，也体现在司法上。据张明楷教授考证，在德、日等国，法官一般都倾向于在法定刑范围内较低的那部分量刑，而我国的法官却习惯于在法定刑内选择较重刑种与较长刑期来量刑。在这种情况下，如果笼统地"加重生刑"，将使我国的重刑雪上加霜。如果废除死刑的目标没有实现，生刑反倒加重，那就出现"酒没戒掉、烟反而抽上"的局面。因此，我国目前的刑罚就整体而言，绝不能再加重了，如果围绕废除某个罪或某类罪的死刑这一目标，非得要采取"加重生刑"的措施，那也只能专门针对该种（类）罪名，而不能扩及其他。

其次，针对我国目前司法实践中被判处无期徒刑和死缓的分别服刑 15 至 18 年的情况，结合欧洲等国的经验，这并不能算太轻。德国学者利普曼（Moritz Liepmann）的实证研究表明，经过 20 年的关押后，犯人的人格通常遭到破坏，既无气力，也无感情，成为机器和废人。另一德国学者阿尔布莱希特（Hans-

Jörg Albrecht）的实证研究也表明，持续关押 15 年以上，在任何方面对服刑人在释放后的人格展开都具有损伤作用；长期关押没有意义，只会毁坏服刑人的社会生活能力。也就是说，这个时间是使犯人返回社会的最后机会，再关下去，犯人回归社会的能力就丧失了。正因如此，考夫曼才指出："任何被拘禁者，都不可能在其人格不遭受重大障碍的情况下忍耐 15 年以上的拘禁，这在今天已是不争的事实。其后他所剩下的并不是真正的生存，只不过是苟延残喘的人的空壳。因此，可以说，正确的结论只有一个，在废止死刑的同时，也必须废止终身监禁……将终身监禁作为死刑的替代物，是想通过第二个错误来修正第一个错误，这违反了所有的逻辑。"

再次，有人担心不设立不得假释的终身监禁，无法安抚被害人，无法让公众放心。我要说的是，被害人的报复感情也是随着时间的流逝而逐步减弱的，很难想象一个经过了 15 年牢狱之灾的囚犯，在已经通过自己的实际表现证明有悔改和赎罪时，被害人一方仍然对其保持一种无法浇灭的仇恨和愤怒。这里最关键的是，不是说一到 15 年或者 18 年就必须释放，而是要经过定期的、严格的人身危险性评估，只有在满足不对社会构成威胁的前提下才可以考虑释放。无论如何，用一种使人看不到任何希望的终身监禁来取代死刑，不是良策。

联合国通过全球暂停执行死刑议案意味着什么 *

高票通过暂停执行死刑决议

2007 年 12 月 18 日晚，联合国大会在纽约总部通过了一项关于死刑暂停执行的决议。关于决议内容，刘仁文介绍说，它首先表达了"对死刑继续在一些地方适用的深切关注"，呼吁那些还保留死刑的国家：1. 尊重面对死刑的犯人的权利保护国际标准，尤其是联合国经社理事会 1984 年确立的死刑犯权利保护的最低标准；2. 向联合国秘书长报告其国内死刑适用的信息以及保障死刑犯权利的情况；3. 在严格限制死刑的适用和减少可能判处死刑的罪名方面取得显著进展；4. 从最终废除死刑出发，确立一种暂停执行死刑的机制。此外，决议还号召那些已经废除死刑的国家不要再恢复死刑，并要求联合国秘书长在下一届联合国大会上报告该决议的执行情况，继续就该议题展开讨论。

联合国大会的这个议案获得了"高票通过"：104 国赞同，54 国反对，29 国弃权。

联大将"全球暂停执行死刑"作为一项议案的背景是，此前的 11 月 15 日，联合国负责社会和人道主义事务的第三委员会先

---

* 原载《方圆法治》2008 年 1 月号，采访记者：韦洪乾。

行对"全球暂停执行死刑"进行了表决，也是"高票通过"：99 票赞成、52 票反对、33 票弃权。

由于该决议只是一种"呼吁和号召"型的国际法律文件，它既没有超国家的强制执行机构，也没有对不遵守的国家的强制法律后果，因而其本身更多的带有一种价值观和舆论上的符号意义。

先后三次讨论暂停执行死刑

"这是联合国第三次讨论暂停执行死刑的问题了。"刘仁文告诉记者，1994、1999 年，联合国大会曾两次讨论在全球范围内暂停执行死刑，但由于两派意见对立，最后以失败而告终。

其实，联合国早在 1989 年就通过了《旨在废除死刑的〈公民权利和政治权利国际公约〉第二项任择议定书》，但由于该《议定书》采取谁加入对谁生效的方式，因此对于那些不批准《议定书》的死刑保留国，该《议定书》对其没有约束力。欧盟等一些废除死刑的国家对此不满意，想将其废除死刑的理念进一步推广，至少促使那些还保留死刑的国家暂停执行死刑，这也是他们的一种妥协。

此次讨论死刑暂停执行问题，是欧盟 27 个国家，再加上部分拉美和非洲国家，一共有 87 个国家向联大第三委员会提出"暂停执行死刑"的议案。虽然在长达两天的激烈辩论中，各国就死刑问题到底是人权问题还是一国的国内司法问题争论不休，但保留死刑、同时暂缓执行死刑的策略与目前一些死刑保留国的死刑政策是一致的，所以获得了这些国家的支持。

"当然，除了欧盟这些国家的策略外，也与联合国秘书长潘基文的态度有很大关系。"刘仁文说，2006 年年底，萨达姆被绞死，再度引发了联合国对死刑问题的关注。新任秘书长潘基文上台伊始就表示，联合国基于对生命权的尊重，反对执行死刑。而一些欧盟国家对推动废除死刑问题亦非常积极，所以早在 2007年 1 月，欧盟就酝酿发起一项行动，期望能在联合国框架下，推动普遍暂停执行死刑及最终能完全废除死刑的诉求，并得到潘基文的支持。

决议意义重大

刘仁文认为，"全球暂停执行死刑"议案的通过意义重大，正如联合国秘书长潘基文在当天所说："今天的投票代表了国际社会向前迈出了勇敢的一步，这更进一步显示了最终完全废除死刑是一种不可阻挡的趋势。"

"全球暂停执行死刑"议案获通过后，对欧盟一些国家来说是一件大喜事，许多人到曾经的刑场集会、游行，庆祝联大通过这一议案，整个国家都处在兴奋中。而与此形成鲜明对比的是，反对这一议案的一些国家则质疑欧盟有借死刑问题干涉别国内政的企图。新加坡投了反对票，新加坡常驻联合国副代表石明光在联大上辩论说，联合国《人权宣言》并没有禁止死刑，《公民权利和政治权利国际公约》也规定，在还没有废除死刑的国家，可以对最严重的罪行适用死刑。对许多国家而言，死刑意味着刑事司法公正，而不是一个人权问题。我们认为每一个新加坡公民都有权生活在一个安全、没有犯罪威胁的环境中。

在联大辩论时，美国在联大第三委员会的代表罗伯特·海根表示："美国已经认识到，支持这一决议的国家对死刑有着明显的立场，但是，必须要明确，国际法并不禁止死刑。"

中国代表张丹则指出，此次表决中有 52 个国家反对，说明国际社会对死刑问题并没有共识。死刑问题是一个复杂的刑事司法问题，《公民权利和政治权利国际公约》规定，各国有权根据其司法公正的需要、经济发展水平、历史文化背景等决定适用何种刑罚，何时暂停或废除某种刑罚。

而作为主要提案方的欧盟轮值主席国、葡萄牙常驻联合国代表萨尔盖罗对表决结果感到满意。他说："我想决议的通过是一种趋势，这是一个朝着促进人权方向发展的复杂趋势，这里的人权指的是不将死亡作为一种惩罚。"

虽然争议很大，但"支持废除死刑的国家，在不断扩大他们的影响，他们的目的就是一定要通过"。刘仁文认为，"不能因为中国投了反对票，我们就对此缺乏应有的估计，甚至在报道这一问题时，不能全面客观，出现一些不应有的误导。毕竟是压倒性的多数票通过了决议。"

废除死刑是发展趋势

刘仁文对联大通过的"暂停执行死刑"决议给予积极评价："对未来全球废除死刑，是一个可喜的信号。"

减少和逐步废除死刑是"大势所趋"，"虽然中国对联合国的'暂停执行死刑'议案投了反对票，但国内慎用死刑、减少适用死刑的趋势还是非常明显的，特别是最高法院收回死刑核准权后，死刑判决明显减少了，此举得到了国际社会的普遍赞赏"。

刘仁文介绍，截止到 2008 年 1 月 4 日，世界上有 91 个国家在立法上废除了所有犯罪的死刑，11 个国家废除了普通犯罪的死刑（军事犯罪除外），33 个国家事实上废除了死刑（立法上虽然还有死刑但已经连续 10 年没有执行过一例死刑而且确信该国将来也不会执行死刑），三者加在一起是 135 个国家，而保留死刑的国家只剩下 62 个。就在 2008 年到来之际，乌兹别克斯坦刚刚于 1 月 1 日废除了死刑，而韩国也因连续 10 年没有执行过一例死刑而成为事实上废除死刑的国家。

在保留死刑的国家，有不少国家是将死刑作为一种象征性的刑罚来对待的（而非常规性刑罚），如日本，过去 30 年中没有哪一年执行死刑的人数超出过 10 个。美国已有十几个州废除了死刑，在还保留死刑的三十几个州中，绝大多数州都规定只有严重谋杀罪（通常是一级谋杀罪）才可以判处死刑。2007 年 12 月 17 日，美国新泽西州又废除了死刑。印度每年执行死刑的人数也徘徊在 10 个左右。总的来看，即使在同属死刑保留国的阵营里，绝大多数国家也不对非暴力犯罪适用死刑。

刘仁文还提醒，在许多死刑保留国，判处死刑和执行死刑的人数有较大的差距，原因就在于这些国家的死刑在宣判后，死刑犯还有申请赦免等救济措施，政府也有这个权力，如美国的伊利诺伊州和马里兰州在 2002 年均由州长宣布暂停执行死刑，理由是发现死刑存在错判或种族与地理上的歧视。同时，这些国家的死刑执行主体与死刑宣判主体是分开的，如日本，法院宣判死刑后，要由法务部来执行，法务部长不签署死刑执行命令，就不得执行死刑。所以，尽管日本现在有一百来个已被法院判处死刑的犯人，但每年也就执行几个。在 1989 年 11 月至 1993 年 3 月，连续几位法务部长没有签署一例死刑执行令。在中国，我们的有期徒刑和无期徒刑都是在经法院宣判后，交由司法行政部门去执行（监狱），但对死刑，长期以来已经习惯由法院自己判决自己执行，这种体制导致死刑一经最高法院确定后就很快被执行，从"杀人不急"出发，刘仁文认为我国可考虑将死刑执行权从法院系统剥离出来，这样也不至于将减少死刑的所有压力都集中到法院。

"另外，死刑的执行方式也应当人道化。联合国在《保障将被处死刑者人权的保护措施》中也要求：对于那些尚未废除死刑的国家，执行死刑应尽量降低死刑犯遭受痛苦的程度。我国刑事诉讼法规定的执行方式有两种：死刑采用枪决或者注射等方法执行。我认为，目前全面废止枪决推行注射死刑的时机已经成熟。"刘仁文最后指出。

从日本恢复执行死刑看废除死刑的复杂性[*]

据报道，日本于 2008 年 6 月 17 日执行了三名被判处死刑的杀人犯的死刑。该消息之所以引人注目，是因为现任法务部长鸠山邦夫（Hatoyama Kunio）在 2007 年 9 月上任之前，其前任由于宗教原因拒绝签发死刑令。在日本，如同其他一些保留死刑的国家一样，法院只管判决死刑，执行死刑的事是由法务部长来负责的，由于法务部长不轻易签发死刑令，致使日本现在的死囚牢里大约还关有 100 个已经被判处死刑但没有被执行的人。本来根据日本刑事诉讼法第 475 条的规定，法务部长应当在法院做出生效的死刑判决后 6 个月内签发死刑执行令，但随着对死刑犯人权保障的日益重视，如今该条款已经名存实亡，实践中几乎不存在在如此短的时间内完成签发死刑执行令的有关审查工作。因此，在 1998 年的一个著名判决中，当一个死囚犯状告政府不在 6 个月内执行他的死刑时，法院能动地将刑诉法第 475 条解释为"在可能的情况下应在 6 个月内签发死刑执行令"，但现在证明 6 个月属"不可能"，据此驳回了原告的主张。

虽然日本的死刑在很大程度上带有"象征性刑罚"的性质，而不是像有的死刑保留国将死刑作为一种常规性的刑罚在实践中

* 原载《法制日报》2008 年 7 月 20 日"法律行者"专栏，发表时标题为《死刑的悖论》。

比较频繁地使用，但不管怎么说，它还属于死刑保留国的阵营。与日本类似的还有美国，它们虽然在政治制度、价值观上与"没有死刑的欧洲"更加接近，但在死刑存废这个问题上，却迄今没有走到一起。实际上，尽管现在废除死刑的国家越来越多，已经超过了保留死刑的国家，而且从联合国的有关文件来看也是支持废除死刑的，晚近成立的一些国际刑事司法机构如前南斯拉夫国际法庭、卢旺达国际法庭、国际刑事法院都没有将死刑作为一种刑罚制度规定下来，但也必须看到，废除死刑是一个非常复杂的问题，它甚至没有一个统一的模式。现在，国内外有学者将废除死刑的路径单一化，这有时会造成似是而非的印象，或者过于简单的后果。让我们来看几组悖论：

一、死刑与经济发展。有人认为，我国还属于发展中国家，所以不能废除死刑，循此思路，将经济发展的若干阶段与死刑的减少和废除联系起来。这不是一点道理都没有，举个例子，废除死刑后要增设一些监狱，以关押那些原则上不得假释的终身监禁犯，这就要求经济上要有投入。但问题是，并不是一个国家经济发展了，其死刑就必然废除，日本和美国是这方面的典型，它们的经济高度发展，却仍然保留死刑，尽管其国内废除死刑的运动声势也很大，它们实际执行死刑的人数也很少，但从目前情况看，短时间内要废除死刑还几乎不可能。相反，另一些拉丁美洲、非洲国家，虽然它们的经济并不太发达甚至是很不发达，却已经废除了死刑。

二、死刑与民主。许多中外学者持这样一个观点：死刑的废除是与民主制度在这个国家的建立紧密相连的。这种观点也有一定道理，特别是那些曾经遭受过独裁政权迫害的国家，如"二战"

后西德和意大利在结束了法西斯统治后迅速废除了死刑，柬埔寨在结束波尔布特政权后也成为亚洲为数不多的彻底废除死刑的国家，南非也是在结束种族隔离政策、实现民族和解后废除死刑的。但我们同样不能把这一观点绝对化，美国、日本仍然是这方面的反例。事实上，在废除死刑这个问题上，有的人所谓的听从民意是国际通例的说法是有问题的，世界上没有哪个国家在废除死刑时支持的民意是占多数的，当然，废除死刑后，经过若干年，民意开始转向，此时大多数民意应该是支持废除死刑的。法国在废除死刑时，持反对意见的议员就声称要搞全民公决，因为他们知道虽然支持死刑的民意已经有所下降，但仍然占多数，只要搞公决，废除死刑就肯定通不过。而主张废除死刑者当然不会上这个当，他们以代议制为理由，认为这完全是宪法赋予议会的权力，搞公决是"违宪"。

三、死刑与人权。许多国际组织和学者都相信："废除死刑的运动与人权运动密不可分。"1989年联合国通过的《旨在废除死刑的〈公民权利和政治权利国际公约〉第二项任择议定书》也指出："废除死刑有助于提高人的尊严和促进人权的持续发展。"1994年，欧洲理事会宣称："死刑在现代文明社会的刑罚体系中不能拥有合法的位置，死刑的适用应被视为《欧洲人权公约》第3条所指的酷刑和不人道、不体面的刑罚。"但具有讽刺意味的是，号称"世界人权帝国"的美国却认为死刑与人权无关，而新加坡也在一次联合国大会上宣称："死刑不是一个人权问题。用何种法律措施和刑罚来有效地与严重犯罪做斗争完全是一个国家主权的事情。"显然，要使侵犯人权成为废除死刑的理论基础，还有待进一步论证，以增强说服力。

四、死刑与冤假错案。反对死刑的人还有一个理由，那就是死刑的误判无法挽回，有期徒刑乃至无期徒刑一旦发现错误，总还可以把命保住。但是有人会问，一个人被错误关押几十年，从当初的青春年少，到放出来时已是白发苍苍，他的家庭、事业都毁了，难道这些就能挽回吗？不错，正因为刑事司法中冤假错案不可避免，西方有的激进学者曾主张废除所有的刑罚，但显然这在目前仍属"乌托邦"，理由很简单：人类还不能彻底离开刑法这一武器去有效地治理社会、保卫社会，但欧洲等国家的经验表明，现代社会可以离开死刑这一武器达到同样甚至更好的治理效果。

亚洲死刑观察 *

我在2004年翻译牛津大学罗吉尔·胡德教授的《死刑的全球考察》一书时，记得他在书中有点悲观地提到："亚洲在整体上拒绝废除死刑。"

但前不久，当我在香港城市大学举办的"亚洲死刑改革的进展与展望"国际研讨会上与胡德教授再次相逢时，我发现他的悲观态度已经有了很大转变，例如，他对中国的死刑限制和削减给出了较高评价，认为在过去的几年中，中国取得了很大进步，不仅消除了原先对废除死刑问题所持的压倒性的完全否定态度，而且在司法上和立法上切实减少了死刑。

在这次会议上，我也了解到一些亚洲国家和地区在限制和废除死刑问题上的最新信息，总的来看，是朝着国际上废除死刑、暂停执行死刑和严格限制死刑的趋势发展的。

例如，韩国至今已连续14年没有执行过死刑，按照大赦国际"连续10年没有执行过死刑就归入事实上废除死刑的国家"的标准，韩国现在已经被公认为事实上废除死刑的国家。

印度作为世界上第二人口大国，它在死刑适用上一直保持着比较低的比率，据我原先掌握的资料，它在20世纪80年代，大

* 此为2011年12月作者在杭州举办的中国—联合国司法研讨会上的发言稿，原载《法制日报》2011年12月7日。

概平均每年执行死刑十几例，到 90 年代降到平均每年不到 10 例。但这次会议上，印度的学者告诉我们，从 2004 年印度执行最后一例死刑以来，至今没有再执行过死刑。闻听这一消息，我和一起与会的大陆刑法学者赵秉志教授都略感惊讶。

日本虽然还是一个死刑保留国，但它早已将死刑作为一种例外的刑罚措施来使用。根据日本学者此次提供的会议材料，从 1993 年至 2010 年的 18 年间，只有一年的死刑执行数在 10 个以上（15 个），其余 17 年都在 10 个以下，其中有两年均只有 1 个，有五年只有 2 个。

新加坡曾在 2004 年被大赦国际列为"可能是世界上人均执行死刑比率最高的司法区之一"。据统计，1999 年至 2003 年，新加坡年均执行死刑 28 个，当时新加坡的人口为 400 万，因而死刑的人均适用率为百万分之七。但从 2004 年开始，新加坡的死刑适用率也在明显下降。据统计，2004 年至 2009 年，新加坡年均执行死刑数为 6 个，而此时新加坡的人口已经从 2000 年的 400 万上升到 2010 年的 500 万，因而死刑的人均适用率下降到百万分之一点二。

我国台湾地区近年来在减少死刑方面也取得了很大进展。据台湾学者介绍，台湾从 2005 年 12 月到 2010 年 4 月的四年多时间里，暂停了死刑的执行。然而就在大家以为台湾会朝着事实上废除死刑的方向前进的时候，2010 年又在民意的压力下恢复了死刑执行。当时的台湾"法务部长"王清峰是一个坚定的废除死刑论者，因而宁肯辞职也不签署死刑执行令。目前台湾致力于废除死刑的组织和人士正在想办法如何让政府回到暂停执行死刑的轨道上来。

类似台湾的这种反复现象在泰国也出现过，1994 年年底，眼看泰国就要加入事实上废除死刑的国家的行列（其上一次执行死刑是 1986 年），却又恢复了执行死刑。当然，这种恢复在数量方面可能不多，比如，2004 年至 2007 年，就没有执行过一例。

菲律宾也出现过反复。1987 年，随着马科斯的下台，新宪法出于死刑侵犯人权的考虑而将全部犯罪的死刑予以废除，不过当时留了个尾巴，那就是当出现"令人担忧的犯罪高潮时"国会可以在新宪法的框架内重新启动死刑，这样到 1994 年菲律宾又恢复了死刑。但到 2006 年，菲律宾的众议院和参议院终于通过了彻底废除死刑的法案。

由上可见，尽管与世界其他地区，尤其是已经全部没有死刑的欧洲相比，亚洲在废除死刑的问题上依然整体处于落后的状态，但死刑在这个地区的减少似乎正成为不争的事实。越来越多的国家和地区正在使死刑由过去的一种常规性刑罚变成一种例外性的刑罚，这与世界上其他国家和地区废除死刑的路线图是大体吻合的。

关于亚洲地区为何废除死刑的步伐比较缓慢，对此我注意到国际上有一些不同的解释，如有的认为，这可能仅仅是因为"一种时间上的滞后性……亚洲仅仅是一个在经济和政治的发展程度上比欧洲还落后一二十年的地区"。与此类似的观点还有，恰当的法律和政策应当满足不同国家和地区在不同时期的发展，只有当一个国家的经济发展达到某种程度后，才能够负担得起文明和政治自由这种奢侈品。也有的认为，亚洲各国在废除死刑问题上存在各自为政的现象，缺乏统一的、联合的声音和组织。我认为这些观点都有一定道理。

还有一种解释特别值得引起重视，那就是所谓的"亚洲价值观"的问题，这主要来自那些为死刑辩护的人。他们具体又包括以下一些观点：有的说文化上的不同传统或宗教信仰可以为死刑的适用提供正当理由，如"杀人偿命"；有的说相对西方的重视个人人权，亚洲价值观更加重视集体人权，因而为了整个社会的安全，可以适用死刑；还有的指出，"亚洲价值观"崇尚公平和报应，因而会支持将死刑作为一种报应，即使没有任何功利主义的目的，如威慑作用。

这种"亚洲价值观"的视角，如果用来解释过去，我倒觉得有一定的说服力，但能否用它来为死刑的继续存在作辩护，却是有疑问的。事实上，正如前面所列举的，亚洲国家和地区在死刑这个问题上，正越来越以国际人权公约为参照，追随国际上大多数国家的做法，日趋严格地限制死刑的适用，直至废除死刑。

如果从贝卡利亚 1764 年发表《论犯罪与刑罚》呼吁废除死刑算起，欧洲的废除死刑也经历过漫长而曲折的道路。国际社会真正在废除死刑这个问题上取得突破性进展还是"二战"以后尤其是最近三四十年的事情。无论是死刑的罪名数量还是执行死刑的残忍程度，欧洲在历史上绝不亚于亚洲。即使后来欧洲走向废除死刑的道路，也在废除之初不时出现过要否恢复死刑的讨论。但如今，以挪威为例，即使出现布雷维克这样的惨案制造者，死刑也再无恢复的可能。这说明，人类是可以战胜自己"冤冤相报"的报应冲动的，也是可以在一个没有死刑的社会里实现正义的。

而当今世界多数国家已经废除死刑却照样能治理好社会的经验表明，人类也完全可以不依赖死刑来治理社会。能够摆脱死刑这种血腥治理，而使社会变得同样安全甚至更安全，可谓善治。就在这次香港会议期间，香港的朋友告诉我，香港从 1966 年以来就没有执行过死刑，1993年正式废除了死刑，但现在香港却是世界上最安全的地区之一。

因此，我本人坚信，包括中国在内的亚洲地区，一定会最终实现废除死刑的目标。但这条路有多长，还不得而知，有人说在中国废除死刑还需要20年，有人说50年，还有人说更长的时间。我不愿意作此种预测，但我想起2005年前后爱尔兰大学的沙巴斯教授（William Schabas）在北京的一次会议上曾经预测：中国在2008年奥运会之前死刑一定会有一个大的改变。当时我不相信，认为他不了解中国，告诉他中国是不会看外国人的眼色行事的。那时谁会想到，2007年1月1日，最高人民法院收回了死刑核准权，从此中国的死刑在司法实践中受到严格限制，短短几年，学界公认的一个事实是，死刑在实践中至少减少了一半。又回忆起2010年上半年的某一天，全国人大常委会法工委刑法室的副主任黄太云先生在一次见面的时候告诉我，这次准备一次性地取消13个罪名的死刑，当时我真的有点不相信，因为原来想，第一次能取消一个罪名的死刑也不简单啊。

最近我注意到，沙巴斯教授又有一个大胆预言，他说，按照目前世界上废除死刑的速度，25年后死刑将从地球上消失。但与此同时，我也注意到，中国一位著名的老一辈刑法学家储槐植教授指出，中国的贪污、贿赂罪死刑在30年内都不会取消。我们知道，贪污、贿赂罪属于非暴力犯罪，如果30年内中国连这种非暴力犯罪的死刑都取消不了，那废除所有犯罪的死刑更从何谈起！因此，我断定：沙巴斯教授和储槐植教授必有一人会输。但这并不重要，无论输赢，他们两人都是伟大的学者，沙巴斯教授无非是想指出废除死刑的大势所趋，而储槐植教授也许是想说明废除死刑的艰难和复杂。我对历史的感悟是必然性和偶然性交织、确定性和不确定性共存，如果在废除死刑的道路上，因为某些偶然性的因素加速了目标的实现，而不是相反，因为某些偶然性的因素阻碍了目标的实现，则幸莫大焉。至于我本人，只愿在这一进程中按照普希金的话去做："我为死者呼吁过同情。"当然，有必要在这里加一个注释，那就是我不仅为被判处死刑的人呼吁同情，也为被犯罪所害的人呼吁同情。

严格限制死刑的几个前提条件 *
——在哈佛大学的演讲

截止到 2004 年 10 月，世界上共有 81 个国家废除了所有犯罪的死刑，12 个国家废除了普通犯罪的死刑，35 个国家事实上废除了死刑（至少 10 年内没有执行过死刑），三者加在一起是 128 个国家。可见，当今世界，绝大多数国家已经废除了死刑。

尽管中国政府表示，中国从长远来看也要废除死刑，但就目前的形势而言，废除死刑还不现实，我们的当务之急是如何减少死刑。中国已经签署并正在准备批准《公民权利和政治权利国际公约》，该公约第 6 条第 2 款明确规定："在未废除死刑的国家，判处死刑只能是作为对最严重的罪行的惩罚。"根据联合国经社理事会等机构的解释，这里的"最严重的罪行"，其范围"不能超过具有致命的或者其他极其严重的后果的故意犯罪"，而"'致命的或者其他极其严重的后果'的含义包含着这样的犯罪应该是导致生命的丧失或者危及生命的意思"。联合国人权委员会在 1999 年通过的一个决议中，也敦促那些还保留死刑的国家，不要将死刑适用于非暴力的经济犯罪。对比中国刑法，我们的 68 个死刑罪名中，有相当多的罪名都是非暴力的经济犯罪（包括财产犯罪、腐败犯罪等），因此，中国学界普遍认为，我们的死刑罪名偏多，应

---

* 本文为作者 2004 年 12 月 2 日在美国哈佛大学的演讲摘要，原载《检察日报》2004 年 12 月 8 日。

当予以减少，并且应当在实践中严格控制死刑的适用。

不过，与法学界意见大相径庭的是，公众对减少和控制死刑持强烈的反对态度。2004年上半年，新华社《环球》杂志曾将我的一篇关于控制和废除死刑的文章整理成对话发表，没想到招来网上一片谩骂和侮辱声，压倒性的声音是死刑不能减少，更不能废除，有的情绪激动者甚至扬言要杀掉"刘仁文这个伪道士"。冷静分析这些网友的意见，其中给我启发的是公众对目前的司法腐败有较大担心，他们认为，如果不对某些腐败分子和刑事犯罪分子以一了百了的方式判处其死刑，许多被判处死缓的犯罪分子，就会通过权力和金钱的关系，无期减有期，有期再变假释或保外就医，不用多长时间就能"运作出来"，可见，公正司法也是限制死刑的题中之义。当然，这种民意也有一种误会，或者说我们的刑法还欠缺一种制度，那就是对某些废除死刑的罪名，应设立不得减刑和假释的终身监禁。

虽然民意并不是废除死刑的必要条件（不少废除死刑的国家其主流民意也是反对废除的，但政府基于自己的政治意志，即死刑是残忍的、不人道的和不体面的，仍然推动死刑废除），但民意的多寡却是任何一个国家在废除死刑时不得不考虑的问题。比如，法国早在德斯坦总统当政时就想废除死刑，但由于当时反对废除死刑的民意比例太高，所以没敢贸然行事，直到密特朗总统当政，虽然此时的民意多数还是反对废除死刑，但已经有了较大幅度的下降，因而为密特朗总统最终废除死刑创造了条件。在我国，支持死刑的民意居高不下，作为人民的政府，不可能不顾这一现实。不过，笔者一直主张，如何正确对待民意、引导民意和改变民意，这里面有许多的工作可做。例如，2003年笔者曾接待家乡来的一名上访者，此人是一个文学爱好者，他让我送他一些自己写的作品，我当时正好在《检察日报》上连续发表了三篇关于死刑的小文章，就送给他，他一看到其中有一篇的标题含有"废除死刑"的字样，就马上说："死刑可废除不得。"但第二天，当他再来我家时，就主动谈起我的文章中提到的死刑错判一事，说几年前他们那里有一个女的，被以投毒罪判处死刑，临刑前那一天，他们都骑着摩托去追着看热闹，只见那女的抓着囚车栏杆，大喊："老天爷，你长没长眼睛？！"时隔几年，该案在家属的不断上诉后，被平反。谈到这里，他就说："像这种人被杀，确实冤枉。"我们知道，在有的国家，废除死刑正是基于错杀的惨痛教训。那么，如果我们能很好地将司法实践中的死刑错案加以总结并宣传，恐怕给人的印象就不会那么简单了。

要大幅度地减少死刑，还有赖于犯罪率的下降和对犯罪的有效控制。"有什么样的犯罪，就会有什么样的刑罚"，中国过去二十多年来，由于改革开放带来整个社会人、财、物的大流动和新旧体制的大转轨，使得犯罪率呈现出急剧上升的趋势，死刑因此得到扩张性的适用。例如，1979 年的刑法规定所有死刑案件都要经最高人民法院核准，但其后不久，随着 1983 年"严打"的展开，大部分死刑案件的核准权就被下放到省一级的高级人民法院，实践证明，这对控制死刑产生了不好的效果。因此，现在最高人民法院已经决定收回所有死刑案件的核准权，估计在不久的将来就可以实现。收回死刑案件核准权，固然与国家重视人权保障有关，但也不可否认，犯罪形势相对趋于平稳，而不是像改革开放之初那样犯罪猛涨，也是一个客观条件。另一方面，为什么民众对腐败犯罪和经济犯罪支持适用死刑，是因为转型期的中国这类犯罪非常严重，引起民愤，随着国家相关制度的健全和管理社会、控制犯罪的水平的提高，这类犯罪也必将减少，从而为废除其死刑创造有利条件。

从长远看，经济发展也将有利于减少死刑。经济发展将提升人们对生命价值的认识，树立金钱有价、生命无价的观念，比如，过去一个中国的农村人，若是被关一晚，可能他放出来就万事大吉，但若被罚100元钱，他就会想方设法去要回，而现在他富裕了，可能100元钱不算什么，但关他一晚却一定得讨个说法。理解这一点，可能就比较好解释为什么在西方经济犯罪数额再大也不能判死刑，而在中国就有较多的经济犯罪适用死刑，也比较好解释十年、二十年前因经济犯罪被判处死刑的一些犯罪分子，其数额在今天看来并不适宜判死刑，因为经济的发展已经使过去罕见的万元户变成如今的司空见惯了。另外，减少死罪、扩大终身监禁，势必增加监狱和干警的投入，这也是需要以经济发展为后盾的。

对于学术界来说，我们需要进一步研究死刑对犯罪的威慑力到底有多大，从1997年新刑法废止普通盗窃罪的死刑看，七年来的经验似乎给了我们积极的信息，那就是死刑与犯罪的升降并不具有必然的关系，但遗憾的是，由于中国对死刑的数字不公开，加上法学界实证研究的不深入，这方面还不具备有足够说服力的研究成果。与此同时，我们还要加强对国外废除死刑国家的经验的研究。有的国家，如美国，虽然整体上还保留有死刑，但在程序上对死刑案件给予特别的重视，而且由于是联邦制，因而一些州可以率先废除死刑，受此启发，我们在强调要把死刑案件办成铁案的同时，还可结合试办经济特区的经验，在一些法官素质较高的地区进行减少乃至废除死刑的试点。

最后，我愿意借用牛津大学罗吉尔·胡德教授 2004 年上半年在北京一次死刑国际研讨会上对我所说的一句话来结束今天的演讲："短短几年，在你伟大的祖国，死刑问题已经从一个敏感话题变成了一个大众话题，照此发展下去，又有什么是不可能的呢？"

中国的死刑制度及其改革 *

——在外国记者驻华俱乐部的演讲

主持人（劳拉，意大利电视 7 台记者）：今天，我们有幸请到了中国社会科学院法学研究所的刘仁文教授，他同时也是一名兼职律师，并曾短期担任过法官。刘教授在美国耶鲁大学、哥伦比亚大学，英国牛津大学等多所高校担任过访问学者或客座研究员，也曾在海牙的国际刑事法院工作过。他还曾应邀到德国马普所（Max Planck Institute）、美国布鲁金斯学会（Brookings Institution）等多个国际机构发表演讲。刘教授近年关注的一个重要问题是中国的死刑。本次讲座的主要内容是新近中国死刑制度的进展情况。由于本次讲座参加者均为外国记者，刘教授将使用英语。讲座时间大约两小时，刘教授演讲 30 分钟左右，剩余时间用来提问与回答。

好，现在我们有请刘仁文教授。

刘仁文：各位早上好！能够与各位相见并讨论中国法律问题，我感到很高兴。我不敢保证今天能在有限的时间内将我国的死刑情况做一个全面介绍，不过，大家如有问题可以在之后的提问环节向我提出，我将尽力回答。

---

* 2006 年 2 月 27 日，经中国社会科学院外事局批准，作者应邀在外国记者驻华俱乐部作关于中国死刑制度及其改革的英文演讲。本文由时为中国社科院法学所硕士生的刘君根据现场录音翻译整理而成，最后由作者审核并作少量文字上的润色。

第一个问题，中国每年执行死刑的人数究竟是多少？我知道这个问题在你们面前回避不了，因为每次与外国的学者或记者谈到这一话题，都要问我这个问题。但是，很抱歉，目前这一数据还属于中国的国家秘密，不对外公布，我本人确实不知道。当然，现在有越来越多的人，包括我本人在内，都建议政府公布死刑信息，以便更好地对这个问题进行研究。假如你都不知道每年判处多少死刑，又如何来研究死刑的威慑力、进而为法律改革提供有用的建议呢？我相信随着国家在信息公开方面的发展，死刑的数字公开是迟早的事情。

虽然死刑的确切数字还不得而知，但一个公认的事实是，1997年中国修订后的新刑法实施以来，判处死刑的人数在逐步下降，目前每年判处死刑案件的数量比1997年以前下降了约50%。这里面既有立法的因素，如新刑法废除了实践中发案率最高的普通盗窃罪的死刑；也有司法的因素，那就是慎用死刑的刑事政策得到进一步贯彻，例如，近年来针对一审判处死缓的案件，检察机关基本没有进行过抗诉。

毋庸讳言，中国目前判决和执行死刑的人数在世界各国应是最高的国家之一，一些组织甚至认为，全球每年被执行死刑的人数70%以上都发生在中国。不过我也要在这里顺便提醒一下大家，中国是一个13亿人口的大国，英国牛津大学的胡德教授曾经告诉我，如果按人口比例，新加坡执行死刑的比例比中国还要高。

第二个问题，我想简单为大家介绍一下新近中国死刑领域的一些动态。我们仍然记得2005年3月温家宝总理在全国人民代表大会的记者招待会上回答一名外国记者关于中国是否会取消死刑这一问题时的回答，他说，中国目前还不能够取消死刑。之所以说"目前"，是因为我们官方曾经指出："中国从长远来看要废除死刑。"当然，这里的"目前"和"长远"究竟是多长时间，是两个很值得玩味的中国词语。另外，他说，据他所知，目前世界上大多数国家都还保留有死刑，这个说法也是中国官方和一些学者的说法，但我们知道，按照一些国外学者的统计，目前世界上应是大多数国家已经废除了死刑。为什么会出现这样一种差异呢？我想一个主要原因是：有三十多个国家在法律上还有死刑，但在事实上已经废除了死刑，也就是在过去 10 年内没有执行过死刑，死刑存废双方都将其归入自己的阵营。

就在这次记者招待会上，温家宝总理还指出，我们要采取相关措施来保证死刑案件的质量。现在，最大的问题是如何保证死刑案件的质量。因为我们知道，即使在美国这样刑事司法比较发达的国家，死刑中的冤假错案比例也是很高的。美国有些州已经废除了死刑，即使还有死刑的州也是将死刑限制在有预谋的杀人这类严重犯罪上，但还是发生了这么多的错案。想象一下中国刑法上有 68 个可能判处死刑的罪名，再正视一下我们刑事司法中存在的许多问题，这里边的死刑错案简直叫人不寒而栗。

近来，正如各位所知，中国也有越来越多的冤假错案被媒体披露出来。当然，有人说这是为了配合最高人民法院收回死刑复核权的政策需要，也有人反映某些案件在被媒体报道后官方出于某种担心而禁止进一步讨论。不管怎么说，这是一种进步，过去没有报道并不是说过去就没有这种错案，因为现在的刑事诉讼从理念到操作都比过去更注意保障犯罪嫌疑人和被告人的人权了，在这种情况下尚且有冤假错案发生，怎么能说过去就没有呢?

从慎用死刑的角度出发,中国最高决策层已经批准最高人民法院收回死刑复核权,这是当前死刑领域的一个重要动态。

1979 年的刑法典规定,所有死刑都应当经过最高人民法院复核。但很快,随着改革开放的全面发展,犯罪现象也随之骤然上升。最高人民法院没有足够的法官来进行死刑复核工作,因此自 80 年代初,陆续将死刑复核权下放至各省、直辖市、自治区的高级人民法院。这一做法对控制死刑起到了非常坏的作用,为一些地方领导人试图通过运用死刑来达到控制社会的目的提供了方便。现在,最高人民法院已经决定收回死刑复核权,并增加了三个刑事审判庭,专门负责死刑案件的复核工作。这意味着自 20 世纪 80 年代初开始陆续下放至各地方高级人民法院的所有死刑案件的复核权将全部收回,由最高人民法院统一行使。这无疑会有助于减少死刑案件的数量、提高死刑案件的质量、统一死刑案件的量刑标准。由于重大经济犯罪、贪污贿赂犯罪的死刑复核权没有下放到地方高级人民法院,从以往的经验看,这些犯罪的死刑案件有 20% 左右在最高人民法院复核阶段被改判。可见,光这一阶段死刑就可以至少减少 20%,更不用说这一政策本身会导致地方法院更加少判死刑。

但是,何时才能收回仍然是一个疑问。虽然决定早已做出,却至今没有迹象表明最高人民法院将具体在何时收回。[1] 前不久,我在一个学术研讨会上曾听最高人民法院的法官说,这并不仅仅由最高人民法院自己来决定,而是需要中央政府来说服地方政府,

---

1　2006 年 10 月 31 日,十届全国人大常委会第 24 次会议通过了修改人民法院组织法的决定:从 2007 年 1 月 1 日起最高人民法院统一行使死刑案件复核权。

以获得他们的理解和支持。因此，现在一方面需要最高人民法院尽快对三个新成立的刑事审判庭配备好相应的人、财、物，另一方面恐怕获得各省领导人的支持也是必要的，当然，如何行使死刑复核权、要不要借此机会做些改革，也是现在正在讨论并且还没有结果的一个话题。

最近有利于减少死刑的另一则消息是有关死刑案件的二审开庭问题。2005 年年底，最高人民法院发出《关于进一步做好死刑第二审案件开庭审理工作的通知》，要求各高级人民法院自 2006 年 1 月 1 日起对案件重要事实和证据问题提出上诉的死刑第二审案件一律开庭审理，自 7 月 1 日起对所有死刑二审案件实行开庭审理。目前的司法实践中，大多数二审案件，包括死刑案件，并不开庭审理，而仅仅是书面审理，检察官、律师、被告人、法官无法在一起相互见面，这对于被告方的辩护来说是很不利的。二审开庭审理可以创造这样的机会，这对于发现案件真相、减少冤假错案来说，是有积极意义的。

有人可能会问，为什么不把所有死刑案件的二审都从 2006 年 1 月 1 日起实行开庭审理呢？这是因为各级人民法院需要有足够的时间来做准备，想一下子实现所有死刑案件的二审开庭审理不太现实。法院为此需要花费更多的资金、法官和有关的工作人员，有些事项仍然需要得到当地政府的支持，包括财政支持。例如，被告人可能被羁押在县、市一级的看守所，省高院二审开庭，无论是法官到市里去开庭，还是将被告人押解到省里开庭，都需要增加交通等费用和法警等人手，因此需要一些时间来沟通和准备。

我演讲的第三部分，想向大家扼要介绍几个死刑案例，并对其中相关问题作一些评析。第一个是王斌余案。王斌余是一名在建筑工地上工作的农民工，在多次要求老板给他发工资未果的情形下，王最终在激愤之中杀死四人。一审法院判处他死刑。由于近年在城里打工的农民很难讨到工资已经成为一个重大的社会问题，更广一点说，社会对弱势群体的保护不力，所以媒体报道该案后，人们纷纷对他被判处死刑表示同情和怜悯。一方面，"民意"反对判他死刑；另一方面，按照现有法律，又不得不判他死刑。当然，说不得不判他死刑，是基于我国司法实践中杀人案件判决的现状来说的，并不是说在现有法律框架内就非得判他死刑立即执行不可，事实上，包括我本人在内的主张大幅度缩减我国死刑适用的学者就希望王斌余案能作为一个在极度激愤下杀人不判死刑的判例确定下来。本案的讨论引发了"死刑不能承受之重"等话题。我当时在海牙的国际刑事法院工作，接到国内一家报纸的约稿，说特别想听听我对这个问题的意见，我因当时手上工作太忙，答应过几天再写稿，但后来情况就有了一些变化，这家媒体告诉我，很抱歉，关于此案不再进一步讨论了。我们知道，王斌余最后还是被二审法院判处了死刑并很快被执行。

让我们注意一下媒体所具有的"双刃剑"效应：如果说在王斌余一案中媒体反映的民意站在了同情死刑犯的一边——这样的"民意"有助于减少死刑，那么在另一起案件——刘涌案中，媒体反映的民意则站在了死刑犯的对立面——显然，这样的"民意"只有助于增加死刑。刘涌是沈阳一个黑社会性质组织的头目，他一审被判处死刑，但二审被省高院改为死刑缓期两年执行，这意味着他将保住生命。但是，媒体报道后，公众强烈反对这一刑罚上的更改，引发司法上的信任危机。在这种压力下，最高人民法院通过一种不太寻常的方式对被告人进行提审，最终判处其死刑

159
第三编　中国之路

并在同一天执行。刘涌案的提审及其最终结果，显然是受到了媒体的影响。对此，有人认为是舆论监督的胜利，也有人认为是舆论干扰了司法。

再介绍一下张子强案。此一案件不仅涉及中国内地和香港之间的管辖权冲突问题，还展示出在死刑存废制度下两种完全不同的判决结果。

1998年，先后在香港地区和中国内地实施了多项犯罪的香港公民张子强被内地法院判处死刑并被执行。一些香港人士对此表示不满，认为张子强应当移交给已废除死刑的香港法院审判。该案牵涉到如何解释张子强的犯罪行为：内地法院解释说，尽管大部分犯罪行为是在香港实施的，但它们是在内地准备的，而这一准备过程应当解释为犯罪行为的一部分。但这一说法并不为批评者所接受，他们认为主要行为是在香港完成的。因此，他们批评说内地侵犯了香港的司法独立权。你看，如果在香港受审，就不会有被判死刑的危险；如果在相邻的内地（广东）受审，却会被判处死刑。我曾经引用这个案例来说明死刑并没有特别的威慑力：香港的犯罪人明知内地法律规定某一犯罪行为可被判处死刑，他仍然要来内地实施犯罪，而不是说因为香港没有死刑，就只在香港实施犯罪。可见，对于犯罪人来说，可能有很多因素影响了他是否决定实施犯罪行为，特别是他估计很可能犯罪后抓不到他。我们知道，另一个特区澳门也早已废除死刑。因此，有学者指出，过多地适用死刑，不利于体现内地社会主义制度的优越性。

最后一个是赖昌星案件。该案反映的问题在于死刑不利于国际刑事司法合作。作为最臭名昭著的走私犯之一，赖昌星潜逃到加拿大。加拿大司法机关拒绝将其引渡给我国，其中的理由之一在于赖昌星可能会被中国司法机关判处死刑。这使我们的工作陷入了一个僵局：如果我们不对其适用死刑，将会使中国法律出现尴尬的局面，因为该案中情节比他要轻的其他罪犯（多达二十多人）已经被判处并执行死刑（一个案件就判处这么多人的死刑，这是值得我们反思的。我们知道，在日本、韩国等死刑保留国，死刑只是被作为一种象征性的刑罚，实际中适用是很罕见的，一旦要执行一个人的死刑，那将是一件牵动全国上下的大事情），"刑法面前人人平等"的原则作何解释？当然，中国政府已经承诺，同意在赖昌星被引渡回来后不判处其死刑，这里的法律依据就是中国刑法第 63 条第 2 款："犯罪分子虽然不具有本法规定的处罚情节，但是根据案件的特殊情况，经最高人民法院核准，也可以在法定刑以下判处刑罚。"1997 年刑法修订时，曾就是否规定这样一个条款引起争议，最后之所以这样规定下来，主要就是考虑到死刑犯的引渡这类情形。值得指出的是，类似情形也同样存在于中国和欧盟之间。据我所知，欧盟的基本政策是，只要存在判处死刑的可能，就不会把任何犯罪嫌疑人移交给请求国。

好，今天我就介绍这么多，恐怕已经超时了。下面希望能听到各位的评论或者提问，谢谢。

劳拉：非常感谢。下面请各位踊跃提问。

记者一（德国）：我对以下问题感兴趣：在中国，谁才知道死刑判决和执行的确切数据？是科学研究人员吗，还是中国共产党？或者谁也不知道？到底是谁掌握了这一数据呢？

刘仁文：应当说，具体到每一个死刑案件的执行，都会由法院发布公告，从这个意义上来说，只要你具备足够的人力，到每个中级人民法院的布告栏里去观察，就可以统计出全国的死刑数字。但我们知道，这几乎不可能。目前掌握全国死刑准确数字的应当是最高人民法院，而且也不是每个最高法院的法官都知道，恐怕只有少数领导才知道。研究人员，即使像我们社科院这类国家级研究机构的人员，也无从知道。可能是传统的做法，使人们已经习惯于这一数据属于国家秘密。正如托马斯·潘恩（Thomas Paine）在《常识》（*Common Sense*）中所指出的："长期以来人们对某件事情已经习以为常，因此让它看上去似乎并无不妥。"但他也同样指出，时间能够让人改变观念。

记者二（加拿大）： 你是否认为中国当前存在太多的死刑罪名？你认为如何来减少死刑的适用？

刘仁文： 我国刑法目前存在 68 个死刑罪名。当然这只是说，如果构成了其中某个犯罪，将有被判处死刑的可能，并不是说死刑是这些犯罪的唯一判决结果。68 个可能判处死刑的罪名，当然是太多了，这一点我从未否定过。1997 年修订刑法时，有学者就指出，我国即将加入《公民权利和政治权利国际公约》，应当在刑法典中大幅度地减少死刑罪名，但最终没有为决策者所采纳。现在，有人指出在我国刑法总则部分存在相关的条款，即"死刑只适用于罪行极其严重的犯罪分子"，认为这与《公民权利和政治权利国际公约》中规定的"死刑只适用于最严重的犯罪"是一致的。但能否认为我们刑法分则中的 68 种死刑罪名都属于《公民权利和政治权利国际公约》所指的"最严重的犯罪"呢？当然不能。虽然《公民权利和政治权利国际公约》本身的规定也存在缺陷，即对什么是最严重的犯罪规定得不清楚，但现在一般认为，这里的"最严重的犯罪"是指已经导致生命的丧失或威胁到生命的犯罪，即相关行为的后果极可能是死亡。相应地，对于经济犯罪、贪污贿赂犯罪这类非暴力犯罪，就不应该将其归入"最严重的犯罪"的范围。因此我们减少死刑的第一步，就是要废除非暴力犯罪的死刑，然后再将暴力犯罪的死刑逐步限制到严重的有预谋杀人罪。

记者三（德国）：我的第一个问题是，在 68 个罪名中，多少个罪名属于暴力犯罪，多少个罪名不属于暴力犯罪？第二个问题是，中国政府决定今年收回复核权，最高人民法院是否可能公布死刑数字？

刘仁文：在 68 个死刑罪名中，相当一部分不属于暴力犯罪，例如，"在破坏社会主义市场经济秩序罪"一章中，就规定了 16 个死刑罪名，是刑法分则规定死刑最多的一章。另外，像"侵犯财产罪""贪污贿赂罪""妨害社会管理秩序罪"等章节中的一些死刑罪名也都属于非暴力犯罪，所以总的来看，非暴力犯罪的死刑罪名要占到一半多。

我不认为最高人民法院收回死刑复核权后，会在短期内公布死刑数字。

记者四：你刚刚提到 68 个死刑罪名中有暴力犯罪与非暴力犯罪之分，请问在被执行死刑的人中，多少人因暴力犯罪而被判死刑？

刘仁文：对不起，我没有掌握这方面的确切数据。再就是，由于死刑复核权的下放主要是杀人、强奸、抢劫、爆炸以及其他严重危害公共安全和社会治安的犯罪，包括毒品犯罪，因此可以推断这些犯罪判处死刑的比例要更大些（最高人民法院忙不过来才下放）。也就是说，暴力性犯罪判处死刑要多些，非暴力性犯罪里的毒品犯罪判处死刑也应是比较多的。

记者四：谢谢你的回答，最后我想问一下，立法机关近期内是否可能参与废除死刑?

刘仁文：我不认为立法机关在短期内会通过立法修改的方式来废除刑法典中某些犯罪的死刑条款，因为我们的绝大多数人大代表还接受不了减少死刑的观念。但是我认为，我们可以建议中央政府接受控制死刑的观念，然后再由中央政府建议最高人民法院制定适当的刑事政策，在司法实践中从严掌握死刑的适用。现在，一些专家型的人大常委和最高人民法院的不少法官都同意逐步减少和限制死刑，因此通过刑事政策的调整来减少死刑，甚至使某些死刑条款变成死亡条款，是完全可能的。

记者五：你刚刚提到，从 1997 年至今，被判处死刑的人数减少了约 50%。但是，可能被判处死刑的罪名却增加了。我想问的是，如何在死刑罪名增加的同时使得死刑人数减少呢?

刘仁文：我明白你的意思。新刑法虽然与 1979 年刑法相比，死刑罪名从 28 种增加到 68 种，但实际上增加的死刑罪名绝大多数都是在 1979 年后全国人大常委会颁布的有关《决定》和《补充规定》中已经有了的，1997 年刑法修订只是将它们统一纳入刑法典中来而已（事实上，据有的学者统计，刑法修订前各种死刑罪名总计已达 77 种，而新刑法最后只规定了 68 种，因此还有所减少）。另一方面，新刑法对某些罪虽然还保留了死刑，但通过立法技术进行了限制，使得死刑的实际适用面得到缩减，如盗窃罪，它是司法实践中发案率最高也是过去判处死刑最多的一种犯罪，但新刑法废止了普通盗窃罪的死刑，只对盗窃金融机构、数额特别巨大的和盗窃珍贵文物、情节严重的，才可以判处死刑。当然，死刑减少与我们签署有关国际人权公约、更多地注重保障人权也有关。还有一点不能忽视，那就是整个社会治安形势比起刚刚改革开放时期要好一些了。尽管现在社会仍然处于转型期，但已经度过了社会治安最严峻的时期，这也为控制死刑创造了外部条件。最高人民法院之所以能收回死刑复核权，应当说与我们的社会治安形势总体平稳也是有关系的。

记者六（美国）：你能否介绍一下近些年来在死刑执行问题上发生的一些变化呢？第二个问题，在大城市，如北京，你认为死刑的秘密执行对社会具有威慑力吗？

刘仁文：你的问题涉及的是死刑执行问题。我起初只是关注政府的死刑政策并呼吁废除死刑。如果连死刑都废除了，谈死刑的执行就没有意义。但现在发现这一想法过于理想化。因此，一方面，我并没有改变我对待死刑的态度和看法——应该废除死刑；另一方面，也应该正视现实，做一些现实问题的研究，譬如死刑的执行。

1997 年之前，我国只是用一种方式执行死刑——枪决；1997年之后，我国增加了另一种执行方式——注射。如今，存在两种死刑执行方式——枪决和注射。但是，这里出现了如下问题：在不发达地区通常使用枪决，而在大城市则可以使用注射。因此，有人认为，这是不公平的，现实中往往是社会底层的死刑犯被以枪决的方式来执行，而一些官员罪犯则通过注射方式来执行。因此有人建议还是统一使用一种执行方式比较好，即废除枪决执行方式。但这又不是一个简单的问题。如果你将注射作为死刑执行的唯一方式，则需要技术、医生、场地、药物，这些药物当地无法生产，只能由最高人民法院提供。这种方式需要较大的投入，如刑场建设。因此，在短期内要推广到各个地方还不太可能。不过，我也同意在将来条件具备时，废除枪决，只使用注射这一种方法。当然，使用注射也同样存在一个如何使死刑犯忍受最少痛苦的问题，这一点还没有引起中国学者足够的重视。我看到有资料说，在美国，有的注射药物和注射方式同样带给死刑犯以巨大痛苦和不人道的场面。

第二个问题，过去很多地方公开执行死刑，召开公判大会，甚至还有死刑犯游街示众的现象，有关部门相信这有利于扩大震慑犯罪的社会影响。而且，在很多地方，往往是荒郊野外做刑场。但现在，大部分地方建立了专门的封闭式刑场，公判大会一般不再提倡，游街示众则可以说已经没有了。1995 年，我曾到河北省某基层人民法院锻炼，任院长助理。那时，有机会协助中级法院的人在县里开三个死刑犯的公判大会，然后将其押到野外执行枪决。公判大会时有数千人在现场旁听，后来沿途还有不少人追着看热闹。那是我第一次如此近距离地看到死刑犯，当晚在法院的宿舍里一个人睡觉都不安稳，连续几天想起枪决犯人时见到的脑浆，见到稀饭和汤就想吐。记得有一个英国学者告诉我，在英国废除死刑前，有的法官本来想判某人的死刑，但他一想到假如让自己去执行死刑，就不愿意判死刑了，因为他觉得那太恐怖了。

死刑执行由公开转向秘密，这带来了一个悖论：从追求刑罚的威慑效果来看，也许公判大会甚至游街示众是有用的，所谓杀一儆百；但现代文明社会又强调对罪犯包括死刑犯的人权保护，认为那种利用刑罚的合法暴力制造血淋淋的场面是专制社会刑法的特征，在法治社会里，法的威慑应有限度，不允许超出公正去追求额外的威慑。

记者七：最高人民法院将收回死刑复核权，你认为今年全国人大是否会讨论相关问题？

刘仁文： 由于中央已经同意最高人民法院收回死刑复核权，最高人民法院也已正式成立了三个专门审判庭以负责死刑复核工作，因此这个问题不会成为今年人代会的一个热门话题。现在的问题是如何尽快收回，越早越好。而且利用这一机会改革我国的死刑复核制度，如将其改进成为第三审，即由现在的书面复核改为有检察官和律师、被告人参加的开庭复核。在这方面，最高人民法院还有很多准备和论证工作要做。而这些技术性问题恐怕不是人大代表能解决的，而且恕我直言，绝大多数人大代表也不具备这方面的专业能力。

记者八： 我关注的问题是死刑执行方式。你刚刚提到了死刑有两种方式：枪决和注射。你能否介绍一下，多少罪犯是被枪决，多少罪犯是被注射？另外，我还听说，法院在罪犯被执行死刑后将其身体器官出售给医院，你认为这是真的吗？

刘仁文： 对于你提到的第一个问题，我没有掌握被执行枪决或者注射的确切数据。我想枪决恐怕还是许多农村地区常用的方式，但是注射无疑将成为一个趋势。

至于你提到的第二个问题，确实是一个很棘手的问题，我尽力回答。首先，我愿意推荐一篇文章，那就是《中外法学》2005年第5期发表的曲新久教授的《论禁止利用死刑犯的尸体、尸体器官》，该文对这个过去鲜有涉及的话题做了比较全面的分析，当然，我并不完全同意曲教授的观点。

关于死刑犯的人体器官利用问题，1984年最高人民法院曾联合最高人民检察院、公安部、司法部、卫生部、民政部做出过一个《关于利用死刑罪犯尸体或尸体器官的暂行规定》，该《规定》第3条指出："以下几种死刑罪犯尸体或尸体器官可供利用：（1）无人收殓或家属拒绝收殓的；（2）死刑犯自愿将尸体交医疗卫生单位利用的；（3）经家属同意利用的。"《规定》第4条还指出："对需征得家属同意方可利用的尸体，由人民法院通知卫生部门同家属协商，并就尸体利用范围、利用后的处理方法和处理费用以及经济补偿等问题达成书面协议。"从上可以看出，国家允许在符合条件的情况下对死刑犯的尸体和器官进行利用。我对这个问题的初步意见是：第一，绝不能以利用死刑犯的尸体和器官为由而为维护死刑制度辩护；第二，在死刑还存在、现实中有时又确实对人体器官有严重依赖的条件下，如果能通过公开、透明、公正的程序，在尊重死刑犯及其家属的意愿的前提下，用器官去救活别的病人，而死刑犯家属又能得到适当的经济补偿，我认为未尝不可。应当说，现在对这个问题的规范不够详细，操作也不够透明，与其遮遮掩掩，不如光明正大，最重要的是要禁止法院与医院可能出现的私下交易，不顾死刑犯及其家属的意愿，不将经济补偿费用交到死刑犯家属手中。

记者九：你提到了一些关于死刑的文章，你认为中国社会、民众已经做好废除死刑的准备了吗？第二个问题是，如果废除了死刑，是否需要对现有的诉讼制度进行改革，会不会导致更多的罪犯被判无期徒刑呢？

刘仁文：先回答你的第二个问题，如果要废除死刑，我们当然要对相关的制度进行改革，一是要确立原则上不得减刑和假释的终身监禁制度，这一点对于说服民众接受废除死刑很重要，现在人们不愿意接受废除死刑的观念，一个重要原因就是由于司法腐败等因素导致许多犯罪分子大事化小、小事化了，很快就出来了，因而认为只有将其判处死刑，才放心。另一个就是，如果你只说要废除死刑，人们可能不同意，但当他们听说有一种终身监禁作为替代时，他们就有一种安全感，因而相对要容易接受。此外，提高有期徒刑的期限，也是将采取的应对措施之一。这样就会如你所说，对关押罪犯需要有更多的投入、更多的监禁设施。

至于你的第一个问题，我不认为中国社会、政府官员、大多数普通民众已经接受了废除死刑的观念。不过值得注意的是，死刑问题不是一个简单的民意问题，而是一个道德伦理问题，在西方，例如法国，废除死刑时民众还是大多数支持死刑的，但政治家出于一种"政治意愿"，还是要废除这种残忍的、不人道的刑罚。在我们这样一种政治体制下，也许当务之急是要使国家高层领导对死刑有一个正确认识，逐渐改变对于死刑的迷信和依赖，领导想通了，就好办了。1997年我们废除普通盗窃罪的死刑就是一例，要说民意，恐怕是绝不答应的，但一经领导拍板、立法通过，天下并没有大乱，盗窃罪也没有大增，老百姓平静地接受了。当然，我这样说，并不是说可以置民意于不顾，相反，要设法使支持死刑的民意降下来。如果95%的民众反对废除死刑，在这种情形下哪个政治家恐怕也不敢贸然废除死刑，如果只有60%的民众反对的话，也许就有可能废除死刑。因此，我们需要利用各种途径来说服民众，比如说，披露更多的死刑错案，使民众相信死刑是非常危险的，尤其是对于一般民众，因为他们没有足够的权势来影响司法、没有足够的钱财来聘请一流的律师。同时，我们必须使民众相信，废除死刑后对他们并没有危险，国家还有其他更好的手段来达到控制社会、防治犯罪的目的。

记者十： 我看到有报道说中国的死刑人数是每年8 000人，请问这是指被宣判的还是指被执行的人数？

刘仁文：应是指被执行的人数吧，不过数字问题我真的不清楚。这位朋友提出了一个有意义的问题：我们知道，在西方有的死刑保留国如美国，往往死刑宣判的多、执行的少，死刑宣判后还有许多的救济途径，如寻求赦免，但在中国，死刑宣判后就意味着你完了，就会很快被执行死刑。所以，你们听我演讲，你看我不是很注意区分"宣判"和"执行"的，有时两个词交替着使用。这也是我们现在建议国家对死刑进行改革的一个问题，那就是在宣告死刑之后，还应存在一个比较长的时间段来进行其他救济，如设立死刑的赦免制度，而不应当在短时间内就对罪犯执行死刑，以防止杀错人。

记者十一：你刚刚提到，好像地方并不太愿意将死刑复核权交回最高人民法院，请问这其中的原因是什么？

刘仁文：原因很简单，任何部门、任何地方获得了某种权力之后，都不愿意再轻易放弃。目前我们的司法机关管理体制是"条块结合、以块为主"，人、财、物主要受制于地方党委和政府，因而在死刑复核权的收回这类问题上地方党委和政府不可能不关注，我个人的印象是，他们更希望保留这一权力，以便用来维护当地的社会治安。

记者十二：我有两个问题。第一个问题是，你刚刚提到被宣判死刑的罪犯中几乎都会被执行，而我们知道很多政府官员在被判处死刑后很可能被减刑为监禁刑。因此，我想了解一下政府官员由死刑减为监禁刑的比例有多大？第二个问题是关于犯罪率。你告诉我们1997年以后犯罪率比较平稳，你能否告诉我们在过去的十年间，哪些犯罪的发生率上升了，哪些又下降了呢？

刘仁文：关于你的第一个问题，我的理解是你可能是指一审被判死刑，二审或复核阶段改判的现象，这不仅仅适用于有官员身份的罪犯，一般罪犯也同样适用。至于改判比例，我手上没有确切数字，但前面提到过，最高法院在对重大经济犯罪、贪污贿赂犯罪的死刑复核时，有20%左右被改判。改判后可能是死缓，也可能是无期甚至有期，不管哪一种，都可以在服刑过程中依法减刑。当然，现在刑罚执行中也存在比较严重的腐败现象，可能某些官员或其他有权势、有钱财的罪犯，会更多地通过一些不正当渠道而被减刑、假释或保外就医。

关于你的第二个问题，准确的数字同样没有，即使有些局部的统计，也要考虑里边的水分，因为中国的刑事犯罪统计中存在"不破不立"等现象，即案子不破，就不立案，以免影响各种评比，这样，有可能一抓纠正统计不实，案件数就上升，因此对数字要有一个正确的分析。我前不久接待一个日本学者，他送我一本去年的《犯罪白皮书》，他们每年出版一本，里面的数据相当详细，这很值得我们学习。

随着社会的变化，有的犯罪增加了，有的犯罪减少了，如过去计划经济条件下，投机倒把犯罪在如今市场经济条件下就不复存在，而市场经济又引发了一些计划经济条件下不可能出现的犯罪。但总的来看，我仍然持这样一个观点：现在的犯罪率趋于平稳，虽然还停留在一个较高的水平，但已经不可能像20世纪80年代那样出现急剧的增长了。这从老百姓的安全感等指标可以得到反映。举个例子，前些年一些外来民工在火车上没有安全感，车匪路霸搞得人心惶惶；车站里也随处都是扒手，明明看到在扒别人的钱，却没人敢作声。现在大家普遍反映治安环境还是好多了。

记者十三（丹麦）：中国政府和中国共产党的高层领导中是否

也有废除死刑的支持者？他们是否存在相关的讨论？

刘仁文：据我所知，最高人民法院的一些高级法官对死刑适用过多还是有自己的想法的。但在更高的领导层，恐怕目前很少有人会支持废除死刑。不过，也有迹象表明，国际人权公约以及世界上废除死刑的潮流对中国领导人思考死刑问题产生了一定的影响。

记者十四（德国）：近来很多案件表明，错案的发生与被告人所遭受的刑讯逼供有关，如何来防止刑讯逼供呢？

刘仁文：你说得很对。包括死刑案件在内的很多冤假错案的发生，一个重要原因就是在案件侦查阶段被告人遭受了刑讯逼供。最近我看到一个报道，说最近十年因刑讯逼供造成有据可查的冤案，达 20 万起之多。因此，禁止刑讯逼供成为我们的一项重要任务。我春节回湖南返京途中，参观了几个县、市的看守所，当地公安机关的同志告诉我，为了防止刑讯逼供，他们现在正改造原有的看守所，在讯问室内将警察与犯罪嫌疑人用铁栏杆隔开，这样警察就不方便打人了。当然，是否全国都能这样，还不得而知。现在，有人提出为防止刑讯逼供，有必要将看守所从公安系统划归到司法行政系统。但我认为，当前更值得关注的是，许多刑讯逼供发生在犯罪嫌疑人被移交到看守所之前的那一个阶段。在这一阶段，犯罪嫌疑人可能被羁押在警察的办公室、派出所很长时间，刑讯逼供最容易在这一时间段里发生。有人建议，只要一抓到犯罪嫌疑人，警察就应当立即将其送往看守所。这在某些边远地区和广大农村地区，可能会遇到一些难题，以我的老家为例，全县一百多万人口，只有县城一个看守所，一些乡镇与县城相距一二百里，如果只要一抓到嫌疑人就送往看守所，可能第一次讯问完后就发现应当释放，这样往返车费谁来掏？释放后犯罪嫌疑人还得跑这么远的路，会非常不满。我认为，至少在城市里，警方抓到犯罪嫌疑人后，应直接送往看守所，而不应留置在派出所。对于广大农村地区，也要采取一些有效措施，如在县城外的一些适宜地区，建立一种中立性的临时性羁押场所，将犯罪嫌疑人从办案民警的控制下转到这种场所中来。还有，讯问时实行同步录音录像，允许律师在场，等等。总之，办法总是有的。

记者十五：你刚刚提到 1997 年之后中国的死刑数字有所下降，但是中国的很多司法问题仍未解决，为什么这一数字能够降得下来？

刘仁文：首先，中国签署了《公民权利和政治权利国际公约》，同时与外界进行了越来越多的交流。我国政府意识到，我们的死刑制度受到了国际社会和人权组织的关注。我想，这是限制死刑适用的一个外界原因。其次，国内的发展使得人权观念得到提升，保障人权被写进宪法，这有利于贯彻落实"慎用死刑"的政策。最后，尽管 1997 年修改刑法时我们对死刑罪名基本是"不增不减"，但是在对一些罪名的具体规定上做了立法限制，如前述的盗窃罪。在 1997 年以前，据说高达 70% 以上的死刑案件都是盗窃罪；1997 年之后，我们仅对两种情形下的盗窃设置了死刑，即盗窃金融机构、盗窃文物，普通的盗窃罪都不再存在被判处死刑的可能了。其他如抢劫罪也是，过去规定适用死刑的条件比较笼统，新刑法则将可适用死刑的具体情形列举出来，这对于不擅长使用自由裁量权的中国法官来说，是很重要的，否则有的法官就要么不敢、要么不会运用法官自由裁量权来减少死刑。

记者十六（新加坡《海峡时报》）：被判死刑是一个国家秘密，

其原因是什么？是历史的原因还是人为的原因？最近几年犯罪率下降了，为什么国家仍然保留它为国家秘密？

刘仁文：这个问题既简单又难以回答。我不知道确切原因，也许正如你所说，就是历史的原因，久而久之就成自然了。比方说，最近我们国家保密局宣布不再将自然灾害中的死亡人数作为秘密来保存，其实这早就不该作为秘密，公布它有什么危害呢？只会利大于弊。死刑数字也是如此，它既不涉及国家安全，也不涉及人民群众的重大利益。当然，中国人要面子，死刑数字太大恐怕也是一个不愿意公开的原因，尽管现在死刑适用的数字在下降。也许再下降到一定幅度，就不用担心公开了。

记者十七（香港）：你刚刚指出，在政府决定不取消死刑的情形下法官可以通过做出判决的方式来减少死刑的适用。那么，法官现在有没有足够的空间来减少死刑的判决？此外，他们现在的倾向是多判还是少判死刑呢？或者他们是否有一个数量上的要求，就像完成任务一样？

刘仁文：毫无疑问的是，法官或者法院不可能被要求每年判处多少数量的死刑，当然，在个别影响大的案子中，不排除领导批示、有关部门如政法委的协调带给法院或法官的压力，使其倾向于判处死刑一边。

我认为法官作为一个群体，还没有形成一个通过高超的执法艺术来减少死刑的氛围，原因主要有二：1. 现在司法公信力不够高，如果法官违背通常做法，将平常判处死刑的改为不判死刑，可能要承受一定的压力，如认为你接受了对方的贿赂，因此多一事还不如少一事；2. 许多法官也欠缺这个能力，他们只会机械地执法，只会看最高法院的条条框框。在这种情况下，通过最高人民法院制定一些具体的司法解释和政策性文件，用来指导地方法院的工作，就显得非常必要。例如，最高人民法院几年前发布过一个文件，规定在农村地区因为各种纠纷引发的杀人案件中，如果被害人自身存在重大过错，可考虑不对被告人适用死刑，这对减少此类案件的死刑就很有好处。但现在的问题是，如果事事都要依赖最高人民法院来发文，就会出现"一统就死、一放就乱"的局面，这不是一个高水平的法治社会所应有的气象，法官应当采取强化判决书说理的方式，运用自己的良心、勇气和智慧来将国家"慎用死刑"的政策落实到个案中。当然，在这方面，还要克服一个"审者不判、判者不审"的现象，将法院审判委员会与办案法官的关系协调好，在加强对法官的内外监督的前提下，放手让办案法官自己来决定案件结果。少数案子确需通过审判委员会，也要改变现在这种关起门来办案的方式，审判委员会委员要亲自听审，因为有些感受只有面对面才能获得。

劳拉：好啦，由于时间关系，剩下的问题我们就不能再安排了。再一次感谢刘教授带给我们一个如此坦诚而又内容丰富的演讲。

废除死刑是否需要设立期限 *

　　中国官方近年已经发出如下可喜信息："中国从长远来看要废除死刑。"[1] 问题是，长远究竟是多远。虽然对此学者们尚无定论，但绝大多数人都持这样一个观点，即认为中国现在废除死刑的时机还不具备，还需要一个过程。例如，胡云腾博士曾于1994年提出："根据我国目前的政治、经济、文化发展水平，并参照其他国家的情况，要实现在法律上和实践中全面废除死刑，在目前看来，还是一个'百年梦想'。……我国废除死刑需要一个世纪的时间。"[2] 夏勇教授又于2004年提出："可以在百年时间中减去20年。……距今还有70年。""一个世纪的概念长了些，它超出了目前正常人的生命长度，难免给人心理上一种'不可及'的遥远感觉，而面对过远的目标，人们自然而然容易放松自己的神经，很难体味紧迫感。……70年预期既有利于保持应有压力以增强动力，也有助于保持冷静以避免冒进。"[3]

　　"百年梦想"也好，"70年预期"也罢，现在我们要反思的是

---

* 节选自刘仁文：《死刑研究方法论——兼评两本新近出版的死刑译著》，载《中外法学》2005年第5期。

1 国务院法制办主任曹康泰语，《国际先驱导报》2003年11月24日报道。

2 参见胡云腾：《死刑通论》，中国政法大学出版社1995年版，第302页。

3 参见夏勇：《中国废除死刑应有的观念准备》，载陈兴良等主编：《死刑问题研究》（上），中国人民公安大学出版社2004年版。

这种为废除死刑而设立期限的思路是否有效？陈兴良教授曾观察指出："当胡云腾提出废除死刑的百年梦想时，大部分人都认为这是一种悲观的看法，废除一个死刑难道需要一百年时间？当时，对此我也有同感。但现在我已经不这么认为，就以胡云腾提出的废除死刑的百年梦想的第一阶段而言，如期实现就极为困难。[胡云腾提出的第一阶段目标是，到 2010 年左右，将我国现行刑法中的死刑罪名限制在 15 个左右（军职罪死刑除外）；全部死刑案件的复核权收回最高人民法院；死刑实际适用的数量降为现在的1/10 左右。[1]] 胡云腾的观点是在 1994 年提出的，距今已经 10 年过去了，距 2010 年也只有 5 年时间。在胡云腾提出的三个目标中，大概只有死刑案件的复核权收回最高人民法院这一项有可能实现，至于其他两项均根本不可能实现。……因此，如果没有重大转机，要想在百年内废除死刑，还真是一个'梦想'！"[2]

为什么会出现这种局面呢？在我看来，学者们在废除死刑问题上的渐次思路值得反思。从表面上看，主张分阶段地缩减死刑似乎是稳妥的方法，但实际上，由于它没有从根本上解除死刑的"合法性"，从而为死刑的存在提供了口实，使废除死刑至少成为一项不那么迫切的事情。为了推动废除死刑，我觉得当务之急不是要"务实"，而是要"务虚"：如果从理论上击垮了死刑的存在基础，那么在实践中如何废除死刑就要好办得多。

虽然死刑的存废是一件十分复杂的事情，但若站在死刑废除论者的角度，"阶段论"的一些观点就值得推敲。例如，最常

---

1 参见胡云腾：《死刑通论》，中国政法大学出版社 1995 年版，第 303 页。
2 参见陈兴良：《关于死刑的通信》，载陈兴良等主编：《死刑问题研究》（上），中国人民公安大学出版社 2004 年版。

见的一种观点是，鉴于我国国情，目前还不能废除死刑。这种泛国情论，在政治家和外交家的口中很有市场，反映到学界，又有一些更具体的阐述，如有人认为，目前我国的犯罪形势还很严峻，"这就决定了我们不得不保留死刑，以便有效惩治严重犯罪"。[1] 另有人认为，"从物质文明程度上来说，中国是一个发展中国家……在这种物质条件落后的情况下，生命价值同样保持在一个与物质条件相对应的较低水平上"。[2] 还有许多人认为，"杀人偿命"的报应观念在我国源远流长，此种传统法律文化非短期内所能改变。

上述第一种观点实际上是建立在死刑对惩治犯罪有其他刑罚和措施所无法替代的作用的假设之上，即所谓死刑的特殊威慑力问题。第三种观点则与民意有关。从下文的分析中我们将可以看出，用这两者来反对废除死刑，均站不住脚。

第二种观点看到了物质文明发展程度与生命价值之间的关联，有一定道理，但二者绝不是简单的对应关系，更不能以此来作为拖延废除死刑的借口。有许多的例子可以证明，物质文明与死刑存废没有必然的关系。例如，非洲的突尼斯、莫桑比克、纳米比亚、安哥拉、几内亚比绍、毛里求斯等国，中南美洲的委内瑞拉、阿根廷、智利、哥伦比亚、乌拉圭等国，以及亚洲的柬埔寨和尼泊尔等国，这些国家都是死刑废除国[3]，但它们的物质文明发达程度并不比我们高，而且其中有些还明显低于我国。值得注意的是，一些"死刑废除运动的先锋"，如委内瑞拉、哥斯达黎

---

1 参见刘明祥：《日本死刑制度的现状与我国死刑制度的展望》，载《刑事法学》2004 年第 11 期。
2 参见陈兴良主编：《中国死刑检讨》，中国检察出版社 2003 年版，第 4—5 页。
3 参见罗吉尔·胡德：《死刑的全球考察》，第 56—64、96—98、73 页。

加和巴西，早在 19 世纪末就废除了死刑[1]，当时的物质文明程度就更可想而知了。

应当看到，"过去 25 年的国际经验清楚地显示，许多国家废除死刑的过程并不长，只经历了几年的时间。许多国家都承认死刑与基于人权思想的司法制度不相容。他们的行动完全可以表明，彻底废除死刑、认可国际人权公约的废除死刑原则已不再需要 150 年的时间。"[2]

因此，我主张，中国学者要在推动废除死刑方面有更大的作为。目前应当确立以下基本出发点：除严重的谋杀罪，其他所有犯罪都应当立即废除死刑。这样主张的基本依据是：

世界上许多废除死刑的国家都在全部废除死刑之前，经历了将"死刑只适用于最严重的谋杀罪"这样一个阶段。[3] 但是，并非所有的死刑废除国都走的是这样一条路，事实上，现在"越来越多的国家在废除死刑时一步到位，而不像过去那样先废除普通犯罪的死刑，最后再废除所有犯罪的死刑"。[4]

联合国 1966 年通过的《公民权利和政治权利国际公约》第 6 条第 2 款规定："在未废除死刑的国家，判处死刑只能作为对最严重的罪行的惩罚。"（请注意，该条第 6 款规定："本公约的任何缔约国不得援引本条的任何部分来推迟或阻止死刑的废除。"）1984 年，联合国经社理事会通过的《保护面临死刑者权利的保障措施》（以下简称《保障措施》）进一步具体规定："在未废除死刑的国

---

1 参见罗吉尔·胡德：《死刑的全球考察》，第 96 页。

2 参见罗吉尔·胡德：《从限制到废除死刑的历史和比较研究》，赵秉志主编《中国废止死刑之路探索》，中国人民公安大学出版社 2004 版，第 82 页。

3 参见罗吉尔·胡德：《死刑的全球考察》，第 137 页。

4 同上书，第 8 页。

家，只有最严重的罪行可判处死刑，但应理解为死刑的范围只限于对蓄意而结果为害命或其他极端严重的罪行。"根据胡德教授的研究（他也是联合国自1987年以来的死刑问题顾问，并负责秘书长5年一度的世界死刑报告起草），"现在存在坚实的依据对《保障措施》作如下解读：在尚未废除死刑的国家，死刑应只适用于应承担罪责的最严重的凶杀罪（谋杀罪），而且，对上述犯罪死刑也不应是强制性的。"[1]

我国民意反对死刑的最强烈表现在于"杀人偿命"，对于其他罪行，死刑的废除不会有多大的障碍。想一想盗窃罪，是我国发案率最高的罪种，但1997年的新刑法在废除了普通盗窃罪的死刑后，社会还是平静地接受了这一现实。

生命无价、生命至上，即使从报应的角度来看，如果犯罪分子没有剥夺被害人的生命，仍然判处其死刑，也是不等价的，因而是不公平的。同样，如果在导致被害人死亡结果出现的过程中，犯罪人并不负全部责任，被害人或者国家、社会等负有一定的责任，则也不能判处该犯罪人的死刑，否则就等于将别的责任方的责任全都转嫁给了犯罪人，这也是不公平的。

在中国目前的情况下，有没有可能使废除死刑的事业出现"重大转机"呢？我认为，若能按照上述思路，将死刑罪名由现在的68种降到严重谋杀这一种，就可以说是一个重大转机。这个任务看起来艰巨，其实也不艰巨，关键在于要改变思维，破除对死刑的迷信，将废除死刑作为一种道义信仰。法国的例子也许能给我们一些启迪：它在1981年9月30日彻底废除死刑之前，形势

其实并不乐观，如 9 月 8 日与 10 日进行的民意测验还表明，高达 62% 的人赞成死刑，只有 33% 的人反对死刑。[1] 当新上任的司法部长巴丹戴尔将废除死刑作为一项"绝对优先要办的事"来做时，与其保持友好关系的卢斯提格主教还提醒他"不要抱幻想"。当巴丹戴尔告诉支持废除死刑的密特朗总统"必须赶在重罪法庭新的庭期开始之前进行废除死刑的投票"时，密特朗当即决定："议会在 9 月将举行一特别会议，我要求总理把废除死刑的问题安排进日程。"并让巴丹戴尔具体负责相关事宜。在其后的法律草案起草、部长会议和法律委员会讨论过程中，巴氏都紧紧围绕"纯粹地、简单地和彻底地废除死刑"之目标，拒绝就战争期间做出例外规定（之所以这样做，是"不想降低废除死刑的象征力量"。"如果某一天爆发冲突，牺牲生命而不是尊重生命已经成为一种公民义务，政府将会做出判断是否恢复死刑，将恢复死刑写进战争立法是很容易的事。"[2]），也拒绝考虑替代刑、刑罚等级与安全期等问题。（因为"涉及的是要废除死刑，而不是对刑法典进行改革。刑法典的改革是以后的事……只有事件本身最为重要：在法国，死刑将被废除"[3]。）当国民议会就此举行辩论时，又有人提出替代刑等问题，但巴丹戴尔驳回了这一主张：废除死刑必然要牵涉到重新审议刑罚等级，而刑级的划分要与整个刑法典的改革结合起来，此工作将在随后进行。他告诫自己："最主要的是在这一天能够表决通过废除死刑，而不要有任何的节外生枝，不要有任何的保留。整个都是废除死刑，唯一只有废除死刑：这就是我的

---

1 参见巴丹戴尔：《为废除死刑而战》，第 194 页。
2 同上书，第 190 页。
3 同上书，第 192 页。

目的。"[1] 在参议院，有的议员提出要在宪法里写进废除死刑的条款，巴丹戴尔意识到："这种公开宣告要把废除死刑上升为宪法原则的愿望只不过是一种掩人耳目的圈套，实际上是为了防止对法案进行表决。"还有的议员提出要将此"社会性问题"提交全民公决。对于这些，巴氏均以极具策略的手段予以驳回，指出有关死刑问题的全民公决是违反宪法的（因为宪法规定全民公决只适用于国家重大政治制度的选择）；在民主社会，被选民选出的议员有权决定死刑的废除；密特朗在竞选总统时，曾宣告如其获胜，将废除死刑，现在他的政府兑现诺言，这是良心问题，而不是命令问题。针对不少议员热衷于建设欧洲，巴丹戴尔重点强调了法国对死刑的留恋是多么不符合整个欧洲的趋势……就这样，死刑在法国最终被废除了！

1　参见巴丹戴尔：《为废除死刑而战》，第 198 页。

68 个死刑罪名可废除 67 个半 *
——关于死刑的对话

"中国要想废除死刑，首先应设法将高达 90% 多的反对废除死刑的民意降下来，在这方面，政治家应该有所作为。"中国社科院法学研究员刘仁文认为废除死刑应当成为政治家的一种信仰。

在 3 月 28 日的记者采访中，他坚持认为，我国刑法中的 68 个死刑罪名可废除 67 个半，即只保留有预谋的严重杀人罪的死刑。死刑不能降低犯罪，相反，过于依赖死刑掩盖了犯罪的复杂性和背后深层次的社会原因。他还认为政府不应该盲从民意，应该引导民意顺应废除死刑的国际趋势。

人大原副委员长曾建议学界倡导减少死刑

《青年周末》：你有什么证据表明，中国法律界已经就"废除非暴力犯罪的死刑"达成共识？

刘仁文：学界对于废止非暴力犯罪的死刑，基本可以说达成

---

* 原载《青年周末》2008 年 4 月 3 日。2004 年 6 月，笔者曾就废除死刑问题接受新华社《环球》杂志记者采访，当时在网上遭到几乎一边倒的谩骂，只有极个别的声音表示理解和给予肯定。时隔 4 年，再次接受《青年周末》记者的采访，虽然这次仍然是批评甚至谩骂的声音占多数，但与前一次相比，笔者感觉理智的声音开始多起来，这表现在：一是支持废除死刑的比例有所上升，二是越来越多的网友思考问题更进一步，如提出废除死刑的制约因素和善后措施。从 2008 年 4 月 6 日的新浪网调查看，反对死刑的比例已经下降到 67.32%，而支持废除死刑或有条件地废除死刑的比例已经上升到 32.68%。

共识，这从我多次参加学术会议的讨论中可以感知到。

《青年周末》：也就是说绝大多数法学者都同意废除非暴力类犯罪的死刑？

刘仁文：是的，因为生命无价，再多的金钱也不能跟生命相提并论。这一认识现在是越来越统一了。事实上，不只学者，不少立法和司法机关的领导同志也是同意这种看法的，如 1996 年，当时主持刑法和刑事诉讼法修订工作的人大常委会副委员长王汉斌曾建议，学界可以在外面先吹吹风，提倡死刑要减少，把死刑限制在武的方面，"凡是武的可以挂死刑，凡是文的不挂死刑"。文就是指非暴力类犯罪，比如经济犯罪、财产犯罪和腐败犯罪。

《青年周末》：您认为中国保留多少死刑罪名合适？

刘仁文：我的观点是，现有的 68 个死罪可废除 67 个半，即只保留有预谋的严重杀人罪，这也是世界上许多国家的做法，他们在最终废除死刑前往往保留这种有预谋的严重杀人罪的死刑作为过渡。

美、日只对剥夺他人生命的犯罪有死刑

2007 年 12 月 18 日，联合国高票通过了一个在全世界暂停执行死刑的决议，共有 104 个国家支持这个决议。中国、美国、俄罗斯、日本、新加坡等 54 个国家投了反对票。

《青年周末》：美国、日本、俄罗斯这样的大国也是不支持废除死刑的。

刘仁文：但请注意，这个决议案有 104 国赞成，是高票获得通过的，包括整个没有死刑的欧洲的赞成。对于你所说的反对国，

不能一概而论，比如日本每年执行死刑只有几个。美国有十几个州已经废除了死刑，另三十几个州虽然还保留有死刑，但几乎都只适用于有预谋的严重杀人这一种罪名。在美国，要执行一个人的死刑，可以说是一件轰动全国的大事。而俄罗斯在叶利钦时代就通过总统令，中止了死刑的执行，普京这么多年也一直没有执行死刑，就是对恐怖分子也不判死刑。按照国际的标准，一个国家连续十年没有执行过一个死刑，这个国家算是事实上废除死刑的国家，俄罗斯快了。像韩国，它从 1998 年金大中上台以后就再也没有执行过死刑，这样到 2008 年 1 月 1 日，它就算是事实上废除死刑的国家了。

非暴力犯罪应废除死刑

2008 年"两会"中，最高法院报告说，2007 年行使死刑核准权驳回了 15% 的死刑，也就是说至少减少了 15% 的死刑。肖扬在参加广东代表团审议时就指出，去年的社会治安形势朝着好的方向发展，各项刑事犯罪的指标还在下降。

《青年周末》：就是这些国际国内发展趋势，让国内法律界的人形成共识，要废除死刑，最起码现在要废除非暴力类犯罪的死刑？

刘仁文：联合国早在 1966 年的《公民权利和政治权利国际公约》中就规定：死刑只能适用于罪行极其严重的犯罪。联合国人权委员会将这里的"罪行极其严重的犯罪"解释为是与人的生命相联系的暴力犯罪。我国已经签署该公约，正在准备批准，因此废除非暴力犯罪的死刑也是该公约的要求。我前面之所以说只保留半个死刑罪名，也是为了形象地说明，即使是杀人犯罪，也不能一概都判死刑，更不用说其他不是剥夺他人生命的犯罪了。在美国，杀人罪有一级谋杀、二级谋杀这样的区分。我们过去笼统地说杀人偿命，这是不准确的，像激情犯罪就不能判死刑，被害人有过错的也不能判死刑。

《青年周末》：故意伤害能不能判死刑？

刘仁文：我们现在的立法是对故意伤害罪也挂了死刑，但这种立法是不科学的。它无异于鼓励犯罪分子去把人杀死，因为不杀死也是判死刑，杀死也是判死刑，杀死的话还可能死无对证。

死刑的特殊威慑力难以证明

《青年周末》：可在中国民怨最大的就是贪污腐败，故意杀人可能只是杀一个人或者几个人，罪大恶极的贪官极有可能是把老百姓命根子的钱都贪掉，死的也许是成百上千，这样的人如果还可以网开一面，免除死刑，那老百姓还能相信什么社会公正？

刘仁文：贪官的贪污受贿行为直接导致很多人死亡？你能举一个例子吗？我看这个可能性不大吧。刑法上定罪判刑是有要求的，比如要看行为人的主观故意是什么，有没有杀人的故意。一般情况下，贪污受贿没有杀人的故意，因而其主观恶性要小于杀人罪。比方说，刑法上的有些过失犯罪也会导致死人的结果，如果光看结果，有时一个重大事故确实比一次故意杀人死的人还要多，但仍然以过失犯罪从轻论处。

《青年周末》：但事实上是，贪官的行为已经造成了惨剧，已经让老百姓深恶痛绝，如果不严惩，民怨难平。

刘仁文：你把他判处死刑，这个犯罪是不是就没有了或者减少了？我们分明看到，这些年没少杀贪官，但贪污腐败并没有减少，相反，"前腐后继"的现象可以说层出不穷。

《青年周末》：死刑到底有没有特殊的威慑力？

刘仁文：国外有互相矛盾的研究结论，但联合国的相关调查证明它与终身监禁相比没有特殊的威慑力。所以有人主张这个问题至少是一个难以证明的问题。既然无法证明它有特殊威慑力，为什么还要用死刑这种剥夺人的生命的刑罚？

我本人是不相信死刑有特殊的威慑力的。我自己也有意识地做了一些观察和研究，比如 1997 年修改刑法的时候，我们把普通盗窃罪的死刑废除了，只保留了盗窃珍贵文物和金融机构的死刑（这两种情形同样应当废除死刑，盗窃个人再多的财产都不判死刑了，盗窃国家的却反而要判死刑，这是一种典型的"国权刑法观"，而非"民权刑法观"），1997 年前我们对盗窃罪适用死刑的起刑点是人民币三万元，盗窃人家一只哈巴狗，就有可能判死刑，所谓"人头不如狗头"。现在普通盗窃，数额再大也不能判死刑。1997 年新刑法出来时，我们到地方一些司法机关去讲课，很多人担心普通盗窃罪废止死刑后其发案率会大幅度上升，但我现在的跟踪研究表明，十多年过去了，盗窃罪并没有明显的变化。

惩治腐败重要的是事前约束

《青年周末》：你前面说的是盗窃罪，死刑对贪污犯也没有特殊的威慑力吗？

刘仁文：是的。道理是一样的，犯罪分子在决定犯罪时，更多的是想到自己的罪行不会被发现，自己能逃脱法律的制裁，如果他相信自己的行为肯定会被发现，肯定会受到刑罚制裁，不要说死刑，甚至也不要说无期徒刑，10 年有期徒刑就足够具有威慑力了。

《青年周末》：那如何使惩治腐败犯罪更为有效呢？

刘仁文：犯罪的原因非常复杂，不能简单地以死刑相威胁。在预防贪污等腐败犯罪方面，阳光是最好的防腐剂，像财产申报等制度所起的作用很可能要大于刑法这种马后炮性质的东西。所以，对于惩治贪污腐败，重要的不是等出事了判他们死刑，而是他们违纪犯罪怎么被及早发现。

一杀了之未必能实现社会公正

《青年周末》：没有了死刑，人们能接受吗？

刘仁文：我 2005 年在海牙国际刑事法院工作时，当时荷兰有个导演，导了一部电影，有个人认为导演亵渎了伊斯兰教，就把导演杀掉了，还开枪把两个警察打伤。他被判终身监禁。但判了终身监禁以后，人们不觉得司法不公，因为荷兰已经废除了死刑，终身监禁是对犯罪分子的最严厉惩罚。尤其让我感慨的是，阿姆斯特丹的市长在电视上发表演讲，在报纸上发表文章，带领整个社会反思将来怎么才能促进社会的和谐，帮助移民融入当地社会，这才是治理犯罪的治本之策。

《青年周末》：死刑还有副作用？

刘仁文：死刑的副作用多了：冤假错案中死刑的后果无法挽回；死刑使全社会沉浸在一种暴力文化中；国际上奉行"死刑犯不引渡"，结果像赖昌星这样的罪犯，一旦跑到国外，即使人家愿意引渡给我们，也必须承诺回国后不判处死刑，而好多犯罪情节比他轻的同案犯却在国内早已被判处了死刑，使法律面前人人平等的原则受到损害。

政府过多依赖死刑是悲剧

《青年周末》：所以死刑在你看来并不好？

刘仁文：社会过多依赖死刑，这是悲剧。容易转移人们对制度建设的注意力，如作为行业自治的行业规范，作为刑法基础的民法、行政法、经济法等。我们现在经常是刑法一步到位，其他没到位，结果贪官一旦被发现就已经是不杀不足以平民愤的程度。可是前面的预防和监督都哪儿去了？

《青年周末》：看来你特别强调死刑之外的社会治理。

刘仁文：世界上还没有证据表明，那些依赖死刑来治理社会的国家社会治安比那些废除死刑的国家好，也没有证据表明那些杀贪官多的国家就比那些不杀贪官的国家要廉洁。说句严厉一点的话，靠死刑来治理社会是一种不自信、不负责的表现，你将犯罪分子一杀了之，是让他承担百分之百的责任，而我们这个社会、我们这个政府，要不要对犯罪的产生负一定的责任呢？最好的社会政策才是最好的刑事政策。

大多数国家废除死刑时多数民意都反对

《青年周末》：虽然学术界就废除非暴力类犯罪死刑已经达成共识，但民意反对，民意反对到什么程度？

刘仁文：学术界不仅就废除非暴力犯罪死刑达成了共识，我要说的是，在关于我国最终要废除所有犯罪的死刑这个问题上目前法学界应当说也达成了共识，差异只在于在多长时间内废除，是二十年、五十年还是一百年？但民意在这个问题上却与专家存在很大的反差。中国社科院法学所和中国国家统计局在 1995 年曾联合进行过一次死刑问题的民意测验，结果 95% 以上的人支持死刑。2004 年，我接受新华社的《环球》杂志采访，谈及废除死刑的国际潮流及主张在我国严格限制死刑直至最后废除死刑，这篇文章在新华网上有很多跟帖，我把所有跟帖打印出来，一大本，A4 纸差不多有五厘米厚，其中只有两三个人对我持理解态度，其他人都是反对废除死刑甚至恶言相骂的。我曾经想据此对死刑的民意问题做一分析，但由于忙，后来不了了之。

废除死刑应成为政治家的信仰

《青年周末》：那么大的民意反对，你还提废除死刑不是讨骂吗？

刘仁文：应当承认，一个国家的死刑存废非常复杂，跟经济发展水平、民主发达程度有关系但又不具有必然联系。西方废除死刑的国家，包括法国、英国、德国这些欧洲国家，没有一个在废除死刑的时候，大多数的民意是支持政府这个举措的。这些国家的死刑是政治家基于一种政治信仰去废除的。到今天，绝大多数废除死刑的国家，支持死刑的民意已经是少数了，这个变化是靠政府引导的。

《青年周末》：多数民意反对，废除死刑的合理性在哪儿？

刘仁文：这就像纳税，你要征求民意的话，肯定多数人不希望纳税、少纳税，为什么国家还要征税呢？为了公共利益的需要。政治家不应该盲从和屈服于民意，而应坚持原则。现在，死刑这种残忍的刑罚已没有存在的舞台了，这不是一个民意问题，而是一个原则问题。世界上已经有一百三十多个国家在法律上或事实上废除了死刑，这充分展示了死刑的当代命运。

但在高达 95% 的民意都是反对废除死刑的时候，任何一个政府、任何一个有魄力的政治家也不能违背这样强大的民意去废除死刑。所以现在要想办法把民意降到一个适当的程度，如 60% 多，此时虽然还是支持死刑的占多数，但根据别的一些国家的经验，已经可以考虑采取废除死刑的措施了。

《青年周末》：怎么去改变民意？

刘仁文：可以有多种办法，如加大媒体对死刑案件中的冤假错案的宣传力度；改良司法制度，树立司法的公信力，去除群众担心某些犯罪分子不判死刑就会很快被放出来的印象；普及国际人权公约关于反对死刑的精神，推介全球废除死刑的最新动态；改进社会管理，使刑事犯罪和腐败犯罪得到有效控制，进而为废除死刑创造一个良好的社会环境。

中国废除死刑之路 *

——在中国政法大学"蓟门决策"论坛上的演讲

废除死刑的三个理由

有关死刑存废的讨论，这些年争议很多。主废派很多是从"生命不能被剥夺"这个概念出发来演绎的。生命能否被剥夺，已经超出了法学特别是法规范学的范畴，牵涉到哲学、伦理学、文学等更广阔的话题。这里要追问的是为什么会有死刑？死刑的本质是一种惩罚手段，是对严重违反共同体秩序的成员的惩罚。这种惩罚是最后的，也是极端的、最残酷的手段，因为它牵扯到对一个人生命的剥夺。但如果不用或者废除死刑，仍能较好地甚至更好地治理社会，或者说维护好共同体的秩序，那死刑的存在就没有必要了。

当我们把死刑的存废从一个抽象的制度还原为活生生的现实的时候，死刑终归是一个残忍的事情，其存废是与一定的历史发展阶段联系在一起的，是与人类认知水平的演化有关的。原来死刑的存在源自朴素的"以牙还牙、以眼还眼"的观念，现在人类对这种观念正在质疑，是否非要如此，才能实现正义。在已经没有死刑的欧洲以及世界上其他废除死刑的国家和地区，包括我国

* 原载《南方都市报》2011 年 6 月 26 日。

的香港和澳门地区，实践已经表明，废除死刑后，社会的秩序并没有受到影响，人们对法律的信仰和公正的认知也没有受到影响。

其次，即使在美国这样的法治较为完善的国家，其司法制度、律师制度如此发达，死刑的救济程序也很多，死刑的执行期限很漫长，有时能拖到几十年，居然还能发现很多的冤假错案，冤假错案还是不可避免。那在中国当下的司法实践中，特别是过去判处死刑较多、死刑的核准权下放又搞"严打"的情况下，这个问题恐怕也不能回避。像近年来披露的聂树斌、佘祥林等案件，均暴露了这一问题。为了避免聂树斌这样的悲剧，防止无可挽回的错误，也应当废除死刑。国外有的国家废除死刑，也是基于死刑中的冤假错案无法挽回的惨痛教训。

再次，死刑的废除是为了防止死刑的滥用。"二战"后，德国、意大利这些国家首先废除了死刑，恰是因为在希特勒、墨索里尼时期死刑被滥用。韩国虽然保留了死刑，但现在也连续十年以上没有执行过一例死刑了。按照国际标准，韩国其实已经事实上废除了死刑。这与金大中总统的上台直接相关。金大中是被军政府判处过死刑的，他有切肤之痛，知道死刑本身的危害。死刑很容易被非民主国家滥用，成为打压反对者的手段。人类历史上很多思想天才，其思想为当时的执政者所不容，结果被判了死刑。

我们回过头来看一下中国死刑制度的演化史。中国共产党其实从新中国成立前就主张要废除死刑，直到现在我们仍然主张将来条件具备时要废除死刑，只不过在条件尚不具备时才保留死刑，但我们一直主张要严格限制死刑、慎用死刑。早在 1922 年，《中共中央第一次关于时局的主张》中就明确提出，中国共产党的奋斗目标之一是要"改良司法制度，废止死刑"。1956 年，刘少奇代表中共中央在党的八大上所做的政治报告也明确提出，要"逐步地达到完全废止死刑的目的"。

但事实上，建国后为巩固新生政权，死刑在实践中还是用得比较多的。加上后来搞"以阶级斗争为纲"，不具备废除死刑的社会条件。1979年，新中国颁布了第一部刑法典，该部刑法典共规定了15个条文、28种死刑罪名，与过去司法实践中可适用的死刑罪名相比，减少了很多。

但是，针对改革开放后严重经济犯罪和严重刑事犯罪上升、社会治安形势恶化的态势，立法机关不断地通过补充立法来增设一系列的死刑罪名。据统计，截至1997年刑法修订前，在二十多个补充刑事立法中，共增设了五十余种死罪，从而使死刑罪名达到近八十个之多，死刑扩大适用到许多经济犯罪和非暴力的危害社会管理秩序的犯罪。由于死刑罪名增多，死刑适用率上升，以致最高人民法院难以承担全部的死刑复核工作，于是，最高人民法院相继将一些犯罪的死刑核准权下放到省一级的高级人民法院。

1997年刑法修订时，许多刑法学者希望立法机关能采纳大幅度减少死刑的建议，立法机关在修订刑法的酝酿过程中也确曾考虑过适当限制死刑和减少死刑，但立法机关认为："考虑到目前社会治安的形势严峻，经济犯罪的情况严重，还不具备减少死刑的条件"，因此，"这次修订，对现行法律规定的死刑，原则上不减少也不增加"。在这种"不增不减、大体保持平衡"的政策思想指导下，新刑法用47个条文规定了68种死刑罪名。这样，尽管修订后的刑法在限制死刑上做了一定的努力，但与1979年刑法相比，死刑罪名从原来的28种增至68种。

近年来，中国在死刑的慎用方面取得了较大的进步。2007年，最高法院收回了死刑的核准权，今年年初又通过修法拿掉了 13 个非暴力犯罪的死刑。这里有国际形势的考量。1998 年中国签署了《公民权利和政治权利国际公约》，当时中国对这个《公约》的研究还不够透彻，如《公约》有一句话，就是"对于还没有废除死刑的国家，死刑只能适用于罪行极其严重的犯罪"。中国 1997 年修法时就把刑法总则中的一句话改了一下，由原来的"死刑只适用于罪大恶极的犯罪分子"改为"死刑只适用于罪行极其严重的犯罪"。现在回过头来看，这个认识是欠科学的，当时好像是改动后与《公约》的要求保持一致了，但实际上，没有这么简单。联合国有人权委员会，批准了《公约》的国家每年要提交报告，接受它的审议。它的一个标准是，所谓"罪行极其严重的犯罪"，一定是排除非暴力犯罪的，是与剥夺他人生命相联系的暴力犯罪。我们刑法分则有 68 个死罪，其中有大量的非暴力犯罪，这与《公约》的要求还是有很大的差距的。所以我们到现在还没有被批准这个公约，当然，没有被批准还有别的一些原因，如"劳动教养"制度的改革和完善等。

中国正走向死刑废除之路

同时也必须承认，中国改革开放初期，尤其是伴随经济的发展，从社会治安领域到经济管理领域，都存在不同程度的"失范"状态，导致经济犯罪大量增加。但随着近年来市场经济的逐步成熟，一些经济法规、民法、行政法等基础制度的建立和完善，经济领域的犯罪得到比较有效的控制和治理，因此为这方面死刑条款的废除提供了条件。在此背景下，2011 年年初中国通过了《刑法修正案（八）》，取消了 13 个非暴力犯罪的死刑，包括 4 个走私罪、5 个金融类犯罪、2 个妨害文物管理罪，以及盗窃罪和传授犯罪方法罪。据立法机关事先所做的调查，这 13 项罪近年来已经很少适用死刑，相当一部分"留而不用"。

中国现在还有 55 个死刑罪名，而且具体的死刑数字也没有公开，受到的国际压力也比较大。要求中国彻底废除死刑，恐怕还需时日。但根据我这些年的观察，中国是在往废除死刑的方向发展的。第一，从全球各国，包括欧洲国家看，废除死刑的一个规律，就是先从司法上慎用死刑，随后在立法上减少死刑。中国符合这一趋势，尤其是 2007 年最高法院收回了死刑复核权后，死刑的数字大量减少。立法上 2011 年第一次就减了 13 个，只要国内外局势不发生大的变动，这个趋势应当是继续朝着可预期的积极方向发展的。

第二，死刑的执行是从一种"公共景观"逐渐退出公众的视野，中国也符合这一趋势。过去对死刑犯是五花大绑，开公审大会，最后再押解到荒郊野外去执行枪决。现在各地都在建立封闭性的刑场。死刑执行退出公众视野，不再成为公众生活中的一部分，这有利于一种人道文化的建立。

第三，死刑的执行方式由过去的让死刑犯尽可能多地受折磨和痛苦，慢慢地以一种更人道的方式进行。过去枪决还不够，还要让子弹开花，要打得脑浆迸裂，现在越来越多地进行注射。原来一颗子弹的钱还要家属出，现在最高法院在提供注射死刑的药物时都是免费。当然，中国要尽快地将枪决和注射两种执行方式统一为注射一种。现在两种方式并用，到底谁用注射，谁用枪决，标准不一，不透明，以致社会上发出"为什么贪官多用注射"的质疑，不利于树立法律面前人人平等的观念。过去死刑犯没有办法见亲属，现在可以见亲属了，当然见面的时间长短等还需要进一步规范。这些方式的"人道化"也说明了这一趋势。

废除死刑的可行路径

毫无疑问，在当前的情况下，死刑罪还有 55 个，是多了。一些国家只有十几个死刑罪，但联合国人权委员会审议它们对《公约》的履约情况时，都说超出了死刑应有的适用范围。当然，中国不能为削减而削减，一定要创造条件，减少民意的强烈反弹。中国 2011 年取消的 13 个死刑罪，并不是贸然取消。从 2007 年以来，中国在司法实践中逐步减少了死刑的判决和执行，过去判死刑的现在可能判了无期，过去立即执行的现在可能判了死缓，在这个过程中，中国的社会治安并没有出现恶化。在一些领域改善了社会管理，反而使得犯罪率有所下降。这也说明了国家通过改善治理手段和方法，完全可以减少死刑而不使社会稳定受到威胁。也只有社会秩序继续稳定，中国下一步才有继续削减死刑的可能。在非常动荡时期，让执政者削减死刑是很困难的。

现在还保留的 55 个死罪中，还有一多半是非暴力犯罪，比如还保留有金融类的集资诈骗罪，还有贪污贿赂等。要废除这些条款，还必须创造条件，使得这些犯罪的发案率大幅下降。像贪污受贿罪，这次之所以没有废除，是因为它很敏感，触动了公众的神经，立法机关也赶紧出来澄清，就是因为贪腐普遍而严重，他们承受了很大的压力。当这类犯罪发案率很严重时，削减掉是很难的，会遇到巨大的社会阻力。

对于这二十几个非暴力犯罪死刑的废除，不可能一步到位，要逐步进行。这次废除 13 个，下次未必废除那么多。但条件成熟一个废除一个，拿掉一个死罪都不是简单的事，都是立法上巨大的进步。先把非暴力犯罪的死刑罪拿掉，可以先动"集资诈骗"这类经济犯罪，再考虑"贪污贿赂"等腐败犯罪，最后再考虑暴力犯罪。暴力犯罪又可分为好多种。中国现在的"杀人罪"是笼统的规定，可以判处三年以上有期徒刑到无期直至死刑，但这样的笼统规定是比较罕见的。在欧美和日本等国，"杀人罪"又有很多的细分。即使杀人，剥夺了别人的生命，也不是那么简单，美国分为好几级，有"一级谋杀""二级谋杀"等，并不是只要杀人，就要偿命。近年来中国也有所改变，最高法院的司法解释对于那些因婚姻家庭产生矛盾或对于农村地区因纠纷引起的杀人案件，如果被害人有一定过错的，就留有一定的余地，未必都要判处死刑立即执行。这也是司法的一种进步，要把这种进步在立法上慢慢地巩固、扩大。对于暴力犯罪要有步骤地削减它。对于严重的、有预谋的杀人罪，中国的确存在"杀人偿命"的观念，这种观念根深蒂固，现在可以不考虑它，把它作为一个最后要攻克的堡垒。

建立死刑特赦制度

除了司法上限制死刑、立法上削减死刑之外，还有一个重要的问题就是死刑的执行机构应该与宣判机构分离。如果死刑的宣判是一回事，执行是另一回事，就可以改变中国目前被判处死刑（不包括死缓）的就一律在短期内被执行死刑的局面，这对减少死刑实际执行数是有好处的。

事实上，刑罚判决和刑罚执行是两码事，前者属于司法权，后者属于行政权。中国的有期徒刑、无期徒刑都是在法院宣判后，交给司法行政部门（监狱等机构）去执行的。但对于死刑，长期以来的习惯是法院自己判决自己执行，这种体制导致死刑一经确定后，法院就 7 天内执行，这个太快，将来还是要把死刑执行权从法院拿出来，还给司法行政部门，这样可能更好一些，至少杀人不是那么快。同时死刑的执行期限也应该延长，比如由现在的 7 天延长为至少 6 个月。值得注意的是，日本现在认为 6 个月都太短。根据日本刑事诉讼法第 475 条的规定，法务部长应当在法院做出生效的死刑判决后 6 个月内签发死刑执行令，但随着对死刑犯人权保障的日益重视，如今该条款已经名存实亡，实践中几乎不存在在如此短的时间内完成签发死刑执行令的有关审查工作。因此，在 1998 年的一个著名判决中，当一个死囚犯状告政府不在 6 个月内执行他的死刑时，法院能动地将这条解释为"在可能的情况下应在 6 个月内签发死刑执行令"，但现在证明 6 个月属"不可能"，据此驳回了原告的主张。

中国目前的做法与一些保留死刑国家的做法显著不同，后者往往是在法院宣判死刑后，由司法部长来签署执行命令，如果命令没有下发，死刑不得执行。司法部长在签署死刑执行令之前，往往还有一个内部的审查程序。同时，法院在最后宣判某人死刑后，这些罪犯也还有一系列的救济措施，如特别上告、申请赦免等。

这里特别要提出中国应建立特赦制度的问题。根据《公约》的规定："任何被判处死刑的人应该有权要求赦免或减刑"，中国已经签署该《公约》，并在为批准该《公约》做准备。鉴于中国短期内不可能废除死刑，因此需要在死刑案件中增设特别赦免程序，以满足《公约》的要求。死刑的特别赦免机关，不应该是最高法院，因为死刑的核准权收回后，最高法院有核准权，又有赦免权，可能会机制不顺，效果也不佳。根据一些国际上成功的经验做法，个案的特别赦免应该由国家主席直接决定并颁布特赦令，多案的特别赦免则由全国人大常委会决定后，再由国家主席以特赦令的形式颁布为宜。

死刑改革不能倒退，只能前进 *

2011 年刚刚过去，作为一个长期关注死刑的学者，这一年我在这个问题上有太多的话要说。

先是 2 月的《刑法修正案（八）》废除 13 个非暴力犯罪的死刑，并规定对 75 周岁以上的人原则上不适用死刑。这是中国第一次在立法上削减死刑罪名，是继 2007 年最高人民法院收回死刑核准权后中国死刑改革的又一重大步骤。多年来，我为呼吁减少死刑付出了一些心血，甚至承受了一些压力，现在看到有此进展，当然是喜。

但与立法上削减死刑的这一积极进展相反，司法实践中却因为药家鑫和李昌奎等案，使得 2007 年最高人民法院收回死刑核准权以来死刑数字急剧下降的趋势受阻。从我了解的情况看，李昌奎案被撤销死缓、改判死刑立即执行后，一些法官对于减少死刑又变得更加小心翼翼起来。这是可以理解的，在中国当下的司法环境中，民意和党政领导对司法的影响还比较大，如果一个案件经过媒体炒作，激起民意的愤怒，又引起高层领导的关注，那么即使判决没问题，甚至是一个先进的判决，也可能蒙受委屈。

这一年我参加了两个死刑方面比较重要的会议，一个是在香

---

* 本文为 2012 年年初在《南方周末》与清华大学法学院联合举办的"2011 年中国十大影响性诉讼"研讨会上的主题发言。

港举行的"亚洲死刑改革"国际研讨会，从这个会上获悉，韩国至今已连续十四年没有执行过死刑；印度从 2004 年执行最后一例死刑以来，至今没有再执行过死刑；日本从 1993 年以来，只有一年的死刑执行数在十个以上（十五个），其余都在十个以下，其中有两年均只有一个，有五年只有两个。德高望重的老一辈法学家陈光中教授看到我就此发表的文章后，对我说：你提供的这些数字比讲什么道理都重要，看来我们在死刑改革方面迈的步子还需要加快。

另一个是在杭州举行的由中国外交部和联合国联合组织的死刑研讨会。在这个会上，联合国方面邀请的几个国际专家在肯定我们的死刑改革取得进步的同时，也再一次批评我们的死刑数字不公开。另一位与会的德高望重的老一辈法学家高铭暄教授私下对我说："每次死刑的国际会议我们都面临这样一个被动问题。确实，在现代社会，一个国家每年杀多少人，不公布说不过去。"在闭幕式上，联合国的代表说，2012 年联合国将再次号召那些还没有废除死刑的国家支持通过一个暂停执行死刑的决议，他希望中国能投弃权票。

根据我掌握的最新情况，截至 2011 年，在 196 个联合国会员国中，已经有 104 个从法律上废除了死刑。在 92 个在法律上还保留死刑的国家中，只有 43 个在过去 10 年中执行过死刑；另外 49 个都已连续 10 年没有执行过死刑，其中 34 个被认为是事实上已经废除了死刑的国家（还有 15 个虽然已经连续 10 年没有执行过死刑，但还有可能执行死刑）。这样，世界上已经有 138 个法律上或事实上废除死刑的国家，占 196 个联合国会员国的 70% 还多。

我国现在还有 55 个死刑罪名，这与《公民权利和政治权利国际公约》关于"判处死刑只能是作为对最严重的罪行的惩罚"的规定还有很大距离。中国政府早在1998年就签署了该公约，现在正在准备批准。一旦批准，就将向联合国人权事务委员会提交有关包括死刑问题在内的报告，毫无疑问，55个死刑罪名在现在的国际形势下显得太多，尤其是其中大量的非暴力犯罪配置死刑，更是与该公约的精神相悖。从司法实践来看，我们现在尽管已经大幅度地减少了死刑判决和执行，但实事求是地说，如果现在公布死刑数字，还是有可能吓世界一跳。

中共十七届五中全会提出"改革的顶层设计"，我认为在死刑改革这个问题上，也需要一个"顶层设计"。必须看到，严格限制乃至最终废除死刑是大势所趋。国际社会的经验已经表明，人类在治理社会的手段上，可以摆脱对死刑的依赖；人类也能够战胜自我，超越冤冤相报。2007年我国最高人民法院收回死刑核准权后，死刑下降至少一半，但通过社会管理创新，改善公共政策，严重暴力犯罪不升反降，也可说明这一点。

为了把死刑从一种常规性的刑罚逐步改造成一种"极其例外的象征性刑罚"，我建议中央最顶层与最高人民法院等中央最高司法机关广泛沟通，在摸清现在每年到底判多少死刑立即执行的基础上，制定一个五年规划，逐年减少死刑立即执行的判决，通过死缓和无期徒刑来代替。争取在五年内能把死刑数字降低到一个可以公开的规模。一旦定下目标，办法总是有的。再广为宣传，妥善引导民意，那样包括受害人在内的民意在心理上也会有所准备，不会一味地去追求判处死刑立即执行。

在引导民意的问题上，我们的媒体也大有可为，特别是在网络时代，如何应对某些不负责任的炒作，是一个大课题。药家鑫被执行死刑后，许多网友开始后悔自己加入当初要求判处其死刑立即执行的推波助澜中，因为他们最终得知药家原来只是一个普通的家庭，并非什么富二代、官二代，可见民意的复杂和微妙。如果此时我们的司法机关又欠缺理性对待民意的自身素质和制度环境，那后果当然就可怕了。

在短期内我国还不能彻底废除死刑的情况下，我们的死刑改革有太多的完善空间，每一步都需要十分慎重，否则就会对死刑改革造成消极影响。例如，现在大家对最高人民法院收回死刑核准权给予了比较高的评价，但我一直有一个担心，就是目前的死刑核准是一个封闭的内部审核程序，缺乏公开听证和有关各方公开参与的机会，万一哪天出现死刑核准中的腐败现象或者冤假错案，那就又是一个灾难。我绝对不希望出现这种现象，因而也一直在推动死刑核准的阳光化。

总之，我们应当做好准备，生活在一个死刑越来越少的社会，直至有一天生活在一个没有死刑的社会。

中国的死刑改革之路 *

——在燕山大讲堂的演讲

要点一:【世界范围内对死刑的看法】100 年以前不只中国,世界上再文明、再人道、再讲人权的国家也没有意识到不依赖死刑治理社会,当时他们的死刑不亚于我们,甚至有过之而无不及。在当时的环境下,或许是因为人类的认识,或者人类就没有过这种经验,或是其他情况。到了如今这个社会,只有一种情况我同意保留死刑,即功利主义,如果废除死刑会导致更多的人被杀,那为了整个社会的平安以及更多的人活下来,就不废除死刑。但随着人类刑法制度的文明演进,已经可以脱离死刑而且可以使这个社会得到好的治理。人类可以通过文化的引导、观念的塑造和整个社会公共政策的改良,使包括被害人在内的整个人类超越冤冤相报、一命抵一命的朴素的报应思想,很多国家证明了这点。

要点二:【中国的死刑改革之路】历史的前进总是必然性与偶然性、确定性与不确定性交织在一起,且不说 20 年后能否消灭,当务之急是,现在的死刑改革就此止步,刑法上还有 55 个罪名,这拿不出手,因为我国在 1998 年签署了《公民权利和政治权利国际公约》,到现在我们没有批准,里面有很多障碍,比如说死刑、

---

* 本文根据 2012 年 2 月 11 日作者在燕山大讲堂的演讲整理而成。主办方:腾讯公益慈善基金会,中国政法大学法学院;主持人:杨子云。

劳动教养制度的改革，国内法还跟不上，批准以后，这些制度仍保留要出国际洋相了。

要点三：【吴英案折射对于死刑问题的思考】在媒体充分发达的社会中，信息的传播很快，搞媒体、搞网络的有大文章可做，一个个案出来从哪个方面去引导非常重要，药家鑫案在当时都是杀声一片，现在我看到网上很多人后悔当时的态度，药家鑫非富二代，张显本人起了推波助澜的作用。

要点四：【社会大众对死刑的认识还需要过程】死刑在国外或在中国的废除问题首先就不是一个理论问题，完全是公共政策问题，完全是政治家基于一种政治信仰用不用这个手段的问题，所以绝不能说现在我主张反对死刑就是对的，支持死刑就是错的。在人类历史上有很多著名思想家、著名学者是支持死刑的，但我要说明一点，整个社会演变到现在，从公共政策角度有其他办法来治理社会，来对付违法犯罪，基于人道主义的政治信仰，基于治理社会的更好手段，政治家决断不采纳你的观点，精神层面的东西不是科学能解决的。

主持人：各位网友下午好！今天是燕山大讲堂第 149 期，请来的是刘仁文老师，给我们讲中国的死刑改革之路。刘老师曾做客燕山大讲堂，讲过中国刑法的几个转向，那个讲座影响深远，很多人尤其是法律报道的记者、从事法律研究的人从那篇文章知道了燕山大讲堂，非常感谢刘老师。为什么要谈这个问题，从百度搜索，会发现刘老师谈死刑改革问题比较多，但这个问题常谈常新，过了几年都会有新的数据新的变化。从 2007 年 1 月 1 日最高法院收回所有死刑者复核权后，死刑到底是减少还是增多了，刘老师有数据。从显著的个案来看，都会感受到死刑更受瞩目了，也许是信息时代所赐，比如一开始邱兴华案、郑筱萸案，再到2011年的夏俊峰案、药家鑫案、李昌奎案、许迈永案以及最近的吴英案，这样一些事件使得死刑更加成为公共话题（也许是因为信息社会或微博新媒体时代），重要的是在这种纷争之中更需要理性、专业的声音，下面有请刘老师。

刘仁文：很高兴跟大家再次见面，上次是2009年做客子云的讲座，燕山大讲堂的名气很大，很高兴再次受到邀请来这里做客。今天还没有开学，听众可能少一点，但对我而言还是很多，我比较喜欢这种小规模的互动，规模太大交流起来不是很方便，今天参与这个话题的朋友完全是自愿，希望大家有互动，有什么问题可以进行探讨。当然并不是不讲或少讲，这个问题我有很多话可以说，但我今天只是把一些问题稍微点一下，留下一些时间给大家提问，进行讨论。

第一，最近死刑问题受到大家注目。来这里做讲座是于2011年年底在清华大学《南方周末》搞十大影响性诉讼的点评而受到子云的邀请，那天我们点评2011年全国有影响的案件，同时发现很奇怪，现在刑事案件特别是死刑案件占很多，比如李昌奎案、药家鑫案、夏俊峰案等，本来在公民社会或在市场经济中刑事案件会越来越少，但里面很多案件都是刑事案，尤其是去年几个死刑案件出来以后。实事求是地说，现在的死刑数字不公开，我们也不知道。但根据我和刑法学界的同事以及其他多方面的消息，自云南李昌奎案以后，2007年以来死刑改革本来朝着好的方向发展。2007年1月1日最高法院收回死刑核准权，这个制度以及相关制度的改革使中国近年来死刑判决和执行数大幅度减少，2011年年初全国人大常委会通过了《刑法修正案（八）》，第一次从立法上取消了13个死刑罪名，死刑改革顺着积极乐观的趋势发展也是我乐见其成的，因为从司法实践中逐步减少死刑，大家平平安安，社会治安没有出现恶化，广大老百姓支持配合改革，慢慢地从立法上取消非暴力犯罪死刑，立法上有了第一次，之后慢慢地创造条件，逐步减少死刑，如果顺着这样的趋势发展当然非常好，但历史前进中的必然性与偶然性总交织在一起，我们所接受的教育比较强调必然性方面，现在也不能说没有必然性，还是有，但从辩证法角度来看，很多事件的演变以及很多历史的进步或发展绝非单线，只有必然性。相反有不确定的因素，偶然性因素在某一时刻也会起非常大的作用。

2011年有药家鑫案、李昌奎案，特别是李昌奎案，李昌奎案与药家鑫案有联系，因为后来的理由是，药家鑫案只涉及一条人命判了死刑，李昌奎案涉及两条人命没有判死刑。李昌奎案完全是基于社会民意的压力，这里不排除上级领导批示的压力，但云南省高级人民法院在同一个事实而没有任何新的事实和证据时就把李昌奎改判不符合程序。因为按照刑事诉讼法规定，一个案件经过二审以后就生效了，生效后李昌奎没有被判处死刑立即执行就被送往监狱服刑，法治社会强调生效判决以后有效，但我们的法律制度有一个刑事再审制度，刑事再审制度也有前提，即要有新的事实和证据，否则不能随便发起。李昌奎案没有看到新的事实和证据，在同一个犯罪事实同一个证据的情况下就把在监狱里服刑的李昌奎提出来重新改判，判了死刑。而李昌奎一方毫无过错，没有证据证明他在一个判决中拉拢了法官、贿赂了法官或者有司法腐败。该案改判以后，在中国目前的执法环境下，很多法官、法院继续贯彻落实所谓的少杀、慎杀的死刑政策动力就不是那么大了，勇气也没那么大了。根据我所了解的情况，李昌奎案后各地在裁判死刑方面出现了不同程度的倒退，目的是为了求稳。有些地方还出现了"死缓翻案风"，既然李昌奎案能改，其他案件的受害人也要求改判死刑。

各个地方法院报来的死刑案件数量在最高法院显著增加，这是我通过读报和听一些同事议论而得到的信息，因为死刑数字是国家机密，谁也不知道，我们也只是猜测。而在国外我们要适当地替中国辩护、解释，因为涉及人权方面的斗争以及指责。在国内是另外一个问题，有机会进行讨论，我觉得死刑数字还是要朝着公开的方向前进。

《人民法院报》《法制日报》会登一些文章说法院系统怎样继续深化、推进、加强社会主义法治意识与法治理念的教育，我的推测是更高的领导同志说这个法院水平不行，所以法院系统要搞社会主义法治理念教育，但愿我的猜测与评论属无稽之谈。中国的死刑不说重大的倒退或拐点，但怎样继续死刑改革，朝着2007年以来特别是2011年刑法立法上取消死刑迈出的第一步，向着积极的方向前进应当是我们关注的问题。

为什么我国的死刑改革刚刚开始，刚刚朝积极的方向前进就又倒退？因为个案或偶然性因素导致有关领导或有关上级部门出现一些不是特别正确的认识，而且法院系统甚至包括检察系统对死刑改革的积极性有时也不是那么大，但应当看到我们的差距。我给大家讲一个数字，截止到2011年年底，联合国的会员国是196个，其中104个已经彻底废除谋杀罪和其他一切普通刑事犯罪的死刑，当然这里面有个别国家的军事刑法对有关战争时期的特殊犯罪仍可适用死刑。但在和平时期的所有犯罪中，联合国196个会员国中104个彻底废除了刑事犯罪包括谋杀罪的死刑，104个中有96个废除了所有的死刑，包括军事刑法上的和战争时期。剩下的92个国家法律上还保留有死刑，其中只有43个在过去十年内执行过死刑（在过去十年只执行一个也包括在内），早几年联合国通过决议号召那些还没有在法律上彻底取消死刑的国家也暂停执行死刑，比如我国台湾地区连续多年没有执行死刑，2011年在民意的压力下恢复了死刑执行，原来的"法务部长"在很大的压力下也不签署死刑执行令，宁可辞职，政治家的这种风范，为了自己的信仰决不签署死刑执行令。在过去十年内执行过死刑的，哪怕执行过一个也包括在内，只有43个国家，在联合国会员国196个国家中少于1/4，时代发展非常快。

在人类历史上包括现在没有死刑的整个欧洲，他们的死刑残酷性并不亚于中国，看看关于欧洲的书籍就可以知道，英国、法国、德国在历史上死刑的种类和执行的残忍程度不亚于我们。废除死刑在世界上取得迅速发展的是第二次世界大战以后，经过两次世界大战，《世界人权宣言》的推进，世界在这个问题上进展非常快，现在的方向是统一的，就是朝着废除死刑的方向发展，像挪威出现了那样的惨案整个社会也没有说要恢复死刑，英国最初废除死刑时，每当社会上出现严重的绑架、杀害儿童的恶性案件，议会就讨论是否要恢复死刑，但也只是在刚刚废除死刑的一段时间内有过辩论，最后没有成功。现在整个英国社会已经完全适应了没有死刑，再也不谈这个问题了。

现在不到1/4的国家实际执行死刑，日本、美国执行得很少，日本最近 10 年以来只有一年超过 10 个。104 个全部取消了包括谋杀罪在内的刑事犯罪的死刑，加上 34 个已经 10 年没有执行过现在也没有证据证明他们将执行死刑的国家一共是 138 个，占了70%，也就是说现在已经有 70% 的国家废除了死刑。美国有的州废除了，有的州没有废除，但只要有一个州有死刑还是属于保留死刑的国家，也就是说所有保留死刑的国家已经少于 1/4。而中国一些领导同志在记者招待会中说"据我们了解现在世界多数国家还保留有死刑"，这个信息是不准确的。保留有死刑的国家分两种，一是像中国这样的，死刑与一般的刑罚平起平坐，作为一种常规性的刑罚武器使用；另外一种是印度、日本这样的国家，在刑法中有死刑，极个别案件会判处，但只是象征性刑罚。

　　亚洲国家一直是死刑保留顽固的地区，但近年也有进步。2011年下半年我去香港开会，主要讨论的是亚洲地区死刑改革，带给我的震动很大。2004 年我翻译了一本《死刑的全球考察》，书的作者说亚洲在整体上拒绝废除死刑。短短几年过去，2011 年 11 月 4日至 5 日在香港的会议中，我得到一个数据，韩国连续 14 年没有执行过死刑，韩国恢复死刑的可能性几乎没有，因为它整个价值观跟国际人权公约跟得比较紧。回溯过去，起点是金大中当选总统那一年，因为金大中在军政府时期被判处过死刑，被军政府从日本绑架要扔到大海。废除死刑在亚洲地区比较先进的还有柬埔寨等国，柬埔寨在红色高棉时期杀了很多人，所以柬埔寨在实行民主化的同时废除了死刑。印度与我国具有可比性，是亚洲的邻居，也是世界第二人口大国，民族、宗教问题等各方面也不亚于我们。印度每年执行死刑是十几个，当时我很惊讶：一个世界第二人口大国，每年执行死刑十几个，已经很了不起了，我们的差距很大，他们到 20 世纪 90 年代以后降到平均每年不到 10 个，这次在香港开会，印度学者告诉我，印度从 2004 年执行最后一个死刑以来，至今没有再执行死刑，迈的步子比我们大得多，没想到这么快。日本虽然是死刑保留国家，但只是作为极其例外的刑罚来使用，每年都在 10 个以下。在亚洲，2004 年似乎是一个拐点，印度 2004 年执行过一例死刑，新加坡也是，在过去新加坡被列为世界上人均执行死刑率最高的国家之一，在国际上带有政治斗争的场合，我们替中国辩护"世界上人均执行死刑最高的不一定是中国，有可能是新加坡"，因为新加坡人口少，我们有 13 亿，人均算起来不一定最高，现在这个理论站不住脚了。新加坡 1990—2003 年年均执行死刑 28 个，当时新加坡人口是 400 万，死刑人均适用率是百万分之七，从 2004 年开始新加坡死刑适用率明显下降，据统计，2004 年到 2009 年新加坡年均执行死刑数是 6 个，而新加坡人口从 2000 年的 400 万上升到 2010 年的 500 万，因此新加坡的人均死刑适用率下降至百万分之一点二。台湾连续四年没有执行过死刑，2010 年在民意的压力下恢复了执行死刑，但恢复执行得非常有限。

结论：第一，没有死刑的欧洲和全世界绝大多数国家废除死刑的历史演变，特别是在那些废除死刑的国家，刚开始还有恢复死刑的意见到后来彻底适应一个国家没有死刑，整个国家能够有效地治理社会，维护社会治安。这说明人类社会有办法摆脱使用死刑这种血腥的治理方式，可以不依赖死刑有效地甚至在某种程度上更好地治理社会。为什么是"更好地"？因为死刑是以暴治暴，而且从长远来看对社会文明和人道文化肯定不利。南非结束种族隔离以后把死刑废除了，但南非现在治安不好时有要求恢复

死刑的声音，官司打到南非宪法法院，院长表态："我们只有塑
造一种人道的文化，我们的社会将来才会人道。"100年以前不只
中国，世界上再文明、再人道、再讲人权的国家也没有意识到不
依赖死刑治理社会，当时他们的死刑不亚于我们，甚至有过之而
无不及。在当时的环境下，或者是因为人类的认识，或者人类就
没有过这种经验，或是其他情况。到了如今这个社会，只有一种
情况我同意保留死刑，即功利主义，如果废除死刑会导致更多的
人被杀，那为了整个社会的平安以及更多的人活下来，就不废除
死刑。但随着人类刑法制度的文明演进，已经可以脱离死刑而且
可以使这个社会得到好的治理。第二，人类可以通过文化的引导、
观念的塑造和整个社会公共政策的改良，使包括被害人在内的整
个人类超越冤冤相报、一命抵一命的报应思想，很多国家证明了这
一点。2011年北欧某国的一个中国留学生，谈恋爱以后把女生杀
了，男生是北京人，就跑到北京，北京的公安机关把他抓了，使馆
的人来采访我，因为他知道在中国死刑比较多，杀人更不用谈。他
问这个人是否必死无疑？我说不一定，少杀、慎杀是中国近年来的
政策，法院判决时会看被害人家属的态度，结果他们说，被害人家
属特别不希望男生被判处死刑。看来观念方面的差距还是很大的。

历史的前进总是必然性与偶然性、确定性与
不确定性交织在一起

中国的死刑改革之路，这个跟整个世界死刑改革步伐有可比
与类似之处。中国在改革开放之初从没有人怀疑过死刑这个东西
是可以质疑的，甚至在20世纪80年代，我们只要讨论到死刑，

不觉得这个问题是简单的学术问题，而是意识形态色彩非常浓的问题。那时候刑法学界关于死刑的成果很少，没有人去研究这个问题。20世纪90年代，死刑问题还是比较敏感，我们不敢在这个问题上乱说话。现在死刑问题更多是学术问题，发表了很多文章，出版了很多书籍，翻译了很多书，也开了很多会，这让我感觉到整个死刑改革要与改革开放、国际潮流结合起来思考。2004、2005年前后，在北京的一个学术会议上，外国的专家沙巴斯教授（William A. Schabas，国际上有名的人权法专家）发言，预测中国一定会在2008年开奥运会时废除死刑，否则西方会抗议中国开奥运会。茶歇时我跟他讲，你太不了解中国了，你们加拿大现在可以尊女皇作为你们的元首，在中国怎么可能？中国近代受西方国家欺压，中国的民族自尊心特别强，不可能因为你们抗议开奥运会就废除死刑，这是当时的情景。但现在回过头来看，2008年开奥运会，2007年我们把死刑的核准权由各个地方省高级法院统一收回到最高法院，也许这是一个巧合，也许这呼吁了很多年，但为什么在奥运会前收回来？这多多少少考虑到国际舆论与我们的国际形象吧。2007年收回死刑核准权以后，刑法学界公认现在死刑执行的数字跟过去比下降了一半，这是了不起的进步。数字我不敢说，但我说是"了不起"的进步。谁会想到短短几年内中国的死刑会减少一半以上，有人乐观地说2/3以上，个别的法官、检察官、法警更夸张。如果按照这样的速度发展下去，死刑慢慢会变成象征性的刑罚了。

2011年在杭州开了一个关于死刑的会议（有联合国代表、外交部官员），联合国代表说会继续号召还没有废除死刑的国家暂停执行死刑，并准备通过决议，希望中国在这个会议上投弃权票。

我估计也不可能。投弃权票也很难，因为中国死刑暂停执行还做不到。在这个会议上见到了预测2008年废除死刑的联合国专家，因为他是联合国方面请来的，他也没有想到中国进步这么快，更没有想到2011年《刑法修正案（八）》一次拿掉13个非暴力犯罪死刑罪名，以前立法我们只做加法，不做减法，但在2011年做了减法，哪怕废除一个都会觉得不得了，但一下子废除了13个，立法机关的同志告诉我这个消息时我感到很惊讶。经常说废除死刑老百姓会不答应，但这13个死刑废除以后，国际、国内反应很好，法律在朝着人性、文明进步。

中国整个死刑改革之路大体方向是不错的。2007年最高法院收回核准权只是这方面最重要的一个改革，在此前后这个问题还要完善。2006年国家推出一个改革措施，要求各个省的高级法院死刑二审一定要开庭，大家不要小看这个动作，这其中牵涉到很多人财物，开庭时工作人员增加了，有的地方地盘很大，要把犯罪嫌疑人押送到省高级法院，这一路的安全是个问题，而且开庭法官、检察官的工作量增加，涉及的问题很多，牵一发而动全身，更不用说最高法院收回死刑核准权，过去刑事审判庭最高法院是2个，现在5个，增加了3个，现在刑事法官几百个，毫无疑问中国最高法院是世界上最大的最高法院，美国是9个人，总统选举产生了分歧由它来裁决，中国有几百个。现在还在继续改革，3月份全国人大审议《刑事诉讼法》，里面关于死刑二审、死刑的复核要听取检察院的意见，就一句话也会带来很多制度性改革。检察院在2007年成立了内设机构：死刑复核监督办公室。按照宪法规定，检察院是监督机关，有权监督一切，世界上有哪个机构直接监督最高法院，这从法理上怎么说？但我国宪法有依据。之前加进去一句话，最高法院核准死刑要听取检察机关的意见。但死刑复核还在继续改革，尽管死刑大幅度减少，但法官还是忙得不得了，可见死刑案件的任务何等繁重，没有听取双方当事人意见的开庭，出现冤假错案的可能性是有的，在美国那么注重人权的国家，冤假错案的概率也很高。所以现在西方社会有一种极端的观点：整个刑法就应该废除。为什么？因为从欧洲到美国这么多冤假错案，把一个人从 20 岁关到 50 岁，但发现是冤假错案把他放出来，黑头发变成白头发，他的青春不再，难道这就可以挽回吗？所以说刑法就应当废除。但我说，死刑废除后照样可以治理社会，可这个社会还不能脱离监狱与刑法，脱离了，现在没有办法治理社会，也许将来有可能。

再一个，只要不公开听证，数额又不是少数，几百个法官每年审理那么多的案子，万一出现司法腐败怎么得了？所以现在很担心，如果出现了冤假错案怎么办？出现了司法腐败怎么办？这会引发对司法改革、最高法院的司法威信与收回核准权的质疑，我不希望出现这样的情况，但我们要做研究，这个问题要警惕。中国死刑改革复核问题，现在还没有结束，还有很长的路要走。

《刑法修正案（八）》取消了 13 个非暴力死刑，大家普遍反应不错，所以会有这样的悖论：之前说中国有 90% 的民意是反对废除死刑的，但另一方面会发现废除 13 个死刑罪名以后，民间认为刑法制度朝着更加人性化、文明化的方向发展。这 13 个非暴力犯罪的死刑取消，有人说更多是符号性意义，对死刑没有多大影响，因为大部分罪名多少年以来就没有适用过死刑。比如传授犯罪方法罪，这是在 1983 年"严打"时增设的，之后根本没有用过死刑，但能不能说一点影响都没有？不，比如普通走私罪，赖昌星被加拿大送了回来，赖昌星送回跟《刑法修正案（八）》有关系吗？当年赖昌星跑到加拿大时，中国总理朱镕基就代表中国政府向加拿大政府承诺过你们把赖昌星送回来，保证不判死刑，这个承诺有法律依据，"在特殊情况下经过最高法院同意可以在法定刑以下判刑"，这个条款留下来，死刑问题也是我们考虑的因素。中国跟很多欧洲国家签《引渡条约》时，我们让一步，在死刑案件上特事特办，承诺不判处死刑。正当我们为此欢呼时，我听说欧盟有一个国家的法院判决这个政府跟中国签《引渡条约》违宪，为什么？承诺就管用吗？万一未遵守承诺，回去还判了死刑。我与他们做了交流，他们对中国还是不了解，欧美很多国家是联邦制，如果是在某个州犯罪，联邦表态跟州没有关系，中国是哪个中央领导表态了，那绝对是算数的。这次赖昌星被加拿大送了回来，赖昌星是走私犯罪，普通走私罪《刑法修正案（八）》取消了死刑，赖昌星没了死刑的危险，加拿大这才把他送回来。中国公民跟加拿大有什么关系，尽管他们不喜欢赖昌星待在那里，但基于宪法上的理念也不能在生命没有得到保障时把他往火坑里推，不然，国内的人权组织会状告加拿大政府侵犯人权，违反宪法，因为宪法明确禁止死刑，加拿大在没有进行充分评估的情况下把一个人往有死刑的国度里推，那是违宪，人权组织会告你。

《刑法修正案（八）》取得这么大的进步非常好，那下一步更待何时？李昌奎案出来后，给死刑改革问题造成了不好的后果，由于有李昌奎这样的案子，司法机关没有顶住民意的压力，特别是没有顶住有关领导同志和上级的压力，启动了再审而判了死刑。司法实践中法院在判死刑问题上求稳，更加小心翼翼，这是第一；第二，在这个情况下立法机关什么时候启动第二次刑法修正，现在有八个刑法修正案了，能否在第九个刑法修正案中适当地再削减一些死刑？虽然废除了13个非暴力的死罪，但刑法里还有55个死罪，并且大半是非暴力犯罪。国内且不说领导，不说民意，就说专家学者认识也不一致。有的学者认为非暴力犯罪特别是腐败犯罪不能取消死刑，更别说暴力犯罪了。沙巴斯还有一个预言，25年后死刑会在全地球消失。2011年在杭州我跟他说，我注意到你这个观点了。他说对不起，现在应该是"20年后"，这个话是在五年前说的。他根据一些统计说第二次世界大战后有多少国家废除了死刑，废除死刑的国家越来越多，他根据这样的速度计算、判断，2011年说20年以后死刑会从全地球消失，包括中国。

历史的前进总是必然性与偶然性、确定性与不确定性交织在一起，且不说20年后死刑能否消失，当务之急是，现在的死刑改革若就此止步，刑法上还有55个死刑罪名，这拿不出手，因为我国在1998年签署了《公民权利和政治权利国际公约》，到现在我们还没有批准，主要原因就在于我们的国内法跟它有很大差距，比如说死刑、劳教[1]，尽管在批准公约时可以就某些条款提出保留，但核心条款不宜提出保留。而一旦没有提出保留，那将来我们就要提交关于履行国际公约情况的报告。一个国家每年执行多少死刑，这在履约报告中必须得到反映，如果连这都无可奉告，那实在是说不过去。再者，中国的刑法上还有55个死刑罪名，这也太多了。约旦有13个死刑罪名，给联合国人权事务委员会提交关于履行国际公约的报告，委员会都说这太多了。

当然，这个国际公约没有说要废除死刑，但它之后有一个

---

1 2013年底已废除。——作者注

"附加议定书"要求废除死刑，不过这个附加议定书我们没有签署，所以暂时对我们没有约束力。但公约说了"死刑只能适用于最严重的犯罪"。什么叫"最严重的犯罪"？我国刑法总则过去说"死刑只适用于罪大恶极的犯罪分子"，到1997年改为"死刑只适用于罪行极其严重的犯罪"，但别忘了分则中规定了68个死刑罪名，这完全违背了国际公约的立法原意。后来有些国家的被告人告到联合国去，联合国人权事务委员会做出了裁决，说这个死刑"只适用于最严重的犯罪"，应当理解为"与剥夺生命相关的暴力犯罪"。现在这已是国际共识，一定是跟剥夺他人生命有关的暴力犯罪。按照这样的标准，我们的压力就很大，从1998年到现在一直没有批准，死刑罪名还有55个，所以要继续大幅度地减少，特别是减少非暴力犯罪中的经济犯罪的死刑，分步骤、分阶段，腐败问题在中国国内比较严重，老百姓的民愤比较大，甚至有专家学者说这个问题涉及共产党的执政根基，可以先把废除经济犯罪的死刑提上日程。

吴英案折射出对死刑问题的思考

在这里我说一下吴英案。第一，吴英真的不能被判处死刑，如果李昌奎案、药家鑫案有民愤，但在这个案子中民意同情她。第二，集资诈骗罪设置死刑是不科学的，刑法中普通诈骗罪从没有死刑，没有死刑的理由是，盗窃诈骗都是财产犯罪，盗窃是受害人没有任何过错，完全是盗窃人的过错，所以盗窃在过去有死刑，后来取消了，1997年取消普通盗窃罪死刑，但盗窃国家珍贵文物、盗窃国家金融机构还是可判死刑。台湾有学者对此很不理解，为什么盗窃普通老百姓不判死刑，而盗窃银行却要判死刑？盗窃普通老百姓的东西受害人会更痛苦，但银行的东西是国家的，国家不会有老百姓那么痛苦，而且银行有保安，设计得很严密，肯定是疏于防范，把银行盗窃成功，那这个人是有才，我们要保护他，把他杀了太可惜。台湾人的观念跟中国大陆人的观念不一样，也可以看出中国大陆强调对国家财产保护的重要性。盗窃罪在《刑法修正案（八）》全部取消了死刑。

回过头来看诈骗罪，立法的理由很简单。盗窃罪过去之所以设死刑是因为犯罪者有百分之百的责任，但诈骗罪犯罪者并非偷抢，是受害者同意的，所以诈骗罪里有受害者有轻信或贪便宜的考虑，集资诈骗恰恰也是因为贪便宜。集资诈骗罪在《刑法修正案（八）》讨论时已经被列入要不要取消死刑的清单上，有人估计在下一步取消死刑的罪名中，集资诈骗罪肯定会取消。在这样一个立法前景指日可待、方向明朗的情况下，这样的罪名我建议实践中不要判死刑。我希望法院、法官有这样的担当。前段时间国务院总理去视察温州一带资金链断裂的企业，因为这涉及经济安全、经济稳定等。总理绝对没有说要判吴英死刑，他作为一个国家的总理对经济形势出现这样的问题做一些表态是可以的，但我们的法院会不会因领导对这种行为的关切而严打或判处死刑？我特别希望最高法院慎重看这个问题。是否一定要判死刑才是严厉打击？判死缓、无期徒刑难道就不是？能不能说因为吴英被判了死缓或无期而认为不可怕？最近我看到一个经济学家说吴英在若干年以后会是一个功臣，是检验中国死刑的一个牺牲品。这样的话，判五年、十年也是严打，如果判无期、判死缓更是严打，所以是不是一定要判死刑立即执行是个问题。再一个，永远不能把一个人作为一个工具，而要看这个人的罪行能不能判死刑，就算你另外一个目的或目标是正当的甚至是高尚的，也不能把人作为工具。

　　所以，下一步我们要继续推进死刑罪名的削减，经济犯罪要首当其冲。在市场经济尚不完善的情况下，改革开放之初经济领域里比较混乱，管理经济的经验不足，而且基础性的法律法规也未制定。在那种情况下基于立法者的本能反应，对经济犯罪增设了死刑。现在时代不一样了，市场经济体制基本成熟，在经济领域里基础性的法律法规和制度也较完善，经济犯罪已经大幅下降，在这种情况下不适宜对这些罪名再设死刑。我们只要树立一种观念，这种观念恰恰是过去我们的社会主义意识形态认可的：人的生命无价，多少钱也买不来命，所以过去我们用这种说法来否认民法中的精神损害赔偿。法律中很多东西非常有意思，过去不承认精神损害赔偿，人遭受物质损害可以提起民事诉讼，如果遭受精神损害，比如被强奸，家里要求赔偿是不行的，刑事附带民事不承认，不承认的理由在哪里？就是所谓社会主义社会不能庸俗化地用钱来衡量，如果都用钱来衡量那是资本主义的做法。虽然这种说法现在已不成立，但任何钱买不来命，生命是无价的，这一点还是有道理的。如果同意这一点，那所有非暴力的犯罪，不是以剥夺他人生命为代价的就不要判死刑，不判死刑还可以判死缓或无期，高晓松被关了6个月也是不得了的事，如果被关上五年、十年更不得了，所以一定要还原至具体事实，绝对不是不严厉打击犯罪，判10年、20年也是不得了的事。此前跟司法部一个官员一起开会，他说《刑法修正案（八）》有一个特别不好的地方，就是把有些死刑废除但有期徒刑提高了，还限制减刑，监狱里很多人没了指望，过去年数少一点，还可以好好改造，减刑出去，现在把这个门槛提高，有的还不允许假释，没了指望，监狱里的压力非常大。我说，死刑要减少，但生刑是否一律要提高，需要慎重。根据德国一个刑法学家的研究，一个人在监狱里被关了 20 年，这个人就废了，就没有返回社会的能力了。当然，将来到要废除某些严重暴力犯罪的死刑时，可以对那些对社会有严重危险性的罪犯设置人身危险性评估程序，通不过评估不能出狱，以保卫社会的安全。

通过吴英案可以看到中国司法容易受到外界干扰，比如民意、领导、上级部门等，在这种情况下如果死刑罪名在立法上没有取消掉，在司法中总是让人提心吊胆，不放心，一旦有需要还是要用这个条款。所以从长远来看，还是要寄希望于立法上取消死刑，当务之急是要取消经济犯罪死刑，后取消腐败犯罪死刑，然后取消不严重的暴力犯罪死刑，最后再看能不能讨论取消严重的有预谋的杀人罪的死刑。

现在取消非暴力犯罪死刑的正当性和可能性在哪里？绝非像有些人说的老百姓不答应，这是第一。第二，生命是无价的。第三，过去老说报应刑是落后的，古代说以牙还牙，以眼还眼，现代的刑法要文明、人道，不能以牙还牙，以眼还眼。报应理论强调等价报应，有人没有看到它的这一面，即它在一定时候可以约束国家的刑罚权，不能超越报应底线，报应是一命还一命，但没有什么价值能与人的生命相比。在这个意义上，非暴力犯罪超出了报应刑的底线，这是要考虑的。

从 2007 年最高法院收回死刑核准权到 2011 年立法机关取消 13 个非暴力犯罪死刑，近年来严重暴力犯罪包括整个刑事犯罪并没有出现大幅上升，相反，严重暴力犯罪甚至还有一定程度的下降，所以一个国家可以通过公共政策的改良，通过其他更好的治理办法可以使社会治安得到较好的控制，绝非离开死刑就天下大乱，现在国内国外都有经验证明这点。所以我寄希望于死刑改革，立法上迈出了第一步，能够继续有步骤、按计划地稳中求进。司法上要继续2007年以来的趋势进一步减少死刑，2007年以来减少了一半以上，有人甚至说减少了2/3以上，社会非但没有出现乱局，反而整个社会越来越安全，大家千万不要受个案影响说形势变坏了，近年来整个刑事发案率是下降的，不要看个案，要看整体，不能看极个别的特殊情况。但去年李昌奎案、最近的吴英案判决使我产生了很大的担忧：司法实践中严格控制死刑的趋势某种程度上出现了倒退，我特别不希望看到这种局面，而是希望死刑改革能够继续在司法上有减少，只有在司法上减少，慢慢使这个条款成为死亡条款，立法上才有可能取消。立法上要取消的话，领导、人大代表会调取司法机关的卷宗来看这个罪在过去几年之内到底判了多少，维护社会的稳定它到底起了多大作用，如果这个罪名频繁地适用死刑，那肯定不能考虑废除死刑。如果这个罪的死刑已经多年不用了或者用得极少，说明它对整个社会的管理没有影响，立法上废除死刑就比较放心。

历史存在必然性与偶然性交织，确定性和不确定性并存，在媒体发达的社会中，信息的传播很快，一个个案出来从哪个方面去引导非常重要，药家鑫案在当时都是杀声一片，现在我看到网上很多人后悔当时的态度，原来药家鑫并非富二代，张显却在其中起了推波助澜的作用。有一次跟他一起做一个电视节目，在做节目过程中他老是从观众席上走上来，感觉这个同志态度很坚决，立场非常坚定。但节目后坐在餐桌旁吃饭时，他的观点与之前是矛盾的，"刘老师，我完全同意废除死刑"。他还说法庭上药家鑫戴眼镜，他当时指责药家鑫虚伪，是想博取同情心，但现在他相信是药家鑫为了看清家人，因为他意识到自己可能被判死刑。他们的立场在多大程度上是始终如一的，或者通过他们的引导媒体起到了怎样的推波助澜作用？想来让人悲哀，尤其在中国。在国外虽然某种程度上也存在法官会受影响，但中国更甚，法官易受上级有关领导的影响，领导也是看媒体的报道后就随意批示。个案被媒体发现然后被炒作具有很大不确定性，我最近写了一篇文章叫《正义与运气》。我作为一个法律研究者都不完全相信正义，因为正义有时候无法实现，比如说证据问题，证据消失了，证据找不到了，就容易出现冤假错案等情况，或者被害人就永远无法得到正义，因为案子破不了，所以有时候需要运气。但在健康社会下，正义的制度设计是主导，坏运气也要通过制度想办法救济。

2011 年一方面死刑改革取得很大的前进，第一次拿掉了 13 个非暴力犯罪死刑；另一方面去年死刑在实际中又出现了倒退，死刑执行数字在增多，立法和执法出现了悖论。所以一方面要继续推进立法上死刑的进一步减少，另一方面怎么在司法上、个案中逐步完善有关制度。吴英案不被核准死刑以后，有很大影响，是否考虑以后这种案子不要再判死刑。而李昌奎案改判死刑立即执行，现在实践中有很多类似案件，被害人也要求改判死刑立即执行，掀起了一股死缓翻案风。但假如当时司法机关特别是在有关领导的支持下，理性地解释这个事情，媒体在正确的引导下把不判死刑的理由讲清楚，即根据中国目前的法律制度，已经是生效判决了，没有理由提起再审，因为按照刑事诉讼法，再审要有新的事实和证据，而且现在的审判委员会和合议庭也没有徇私枉法和其他任何腐败现象，这种情况下重新改判对国家的法律权威，对公众的法律信仰会存在影响。那样也许就确立了另外一个规则：以后法官、法院在面对汹涌的民意时要更加理性一些，法官的判决要更加严肃一些。

如何避免个案的不适当引导导致出现一个我们不愿意看到的局面，怎么样从程序上、细节上慢慢引导社会，使整个社会沿着减少死刑的方向继续前进？几十年后死刑从地球上消灭不是天方夜谭，完全有可能出现，因为人类社会的发展，有时乐观会超出我们的意料，当然有时悲观也会超出你的预测。作为法律人我们希望稳中求进，为了正义的目标致力于实体和程序上的努力。昨天我写了一篇文章并推荐几本书，我看到普希金的一首诗，其中一段话我愿意在这里跟大家共勉："我用竖琴唤起人们美好的感情，我还歌颂自由，在那残酷的年代，我为死者呼吁同情。"我希望大家能够树立这样的理念，"为死者呼吁同情"，不仅仅包括被国家杀掉了，同样包括被犯罪分子杀掉的人，这里面又涉及对被害人，国家怎么抚慰与安慰，犯罪分子杀人完全不对，我们要去抚慰被害方，国家杀人同样不对。希望我们能够一起就中国的死刑改革共同努力，在法学界对死刑改革我是走在比较靠前的人，可能跟各位朋友的具体观点有些地方不太一致，我欢迎大家指出批评与建议，这有助于我的观点进一步经得起推敲与完善。谢谢大家！

社会大众对死刑的认识还需要过程

主持人：谢谢，刘老师讲到了一些比较深刻的问题，从最近药家鑫案，家属要钱，这牵涉到被害人救助制度的不完善。刘老师的讲座有一个最核心的大选择：人的生命权高于一切，如果这条原则能够得到贯通，那考虑吴英案或其他案件都会不一样。

2011 年年终有两个案件：药家鑫案、李昌奎案。我很想问的是最高法的死刑复核是怎么走的？郑筱萸案、邱兴华案杀得很快，为何一下子就复核了？吴英案在最高法时有什么样的正当程序？

刘仁文：法律上就没有明确死刑复核多长时间。刚才讲到在中国的司法环境下，有的特殊案件可以特办，复核得特别快，有时候为了给被害人或者当地民意一个交代或者上面领导有批示。我希望这个时间不要太快，太快容易造成冤假错案。现在为什么很多国家和地区保留死刑但没有执行？是因为有一个专门环节，把死刑的执行从法院系统拿出来，由司法部来管理，监狱劳改都是法院只管判决，政府管执行，这最初来源于西方社会的权力分治，这样的好处在于国家还没有具备废除死刑条件时，法院有时可以迫于民意不得已判死刑，但司法部这一边不签字，不执行。这个不执行不是消极怠工不执行，而是里面有很多程序的要求，比如说国际公约中的一个要求，任何被判处死刑的人有申请赦免的权利，现在最高法院自己很快核准，核准以后规定 7 天执行，7 天时间连提起赦免的机会都没有，一个讲人道的社会要给人家这个机会。此外，司法部长也不是随便说同意或不同意，为什么不同意要有理由，有程序把关。比如日本奥姆真理教教主麻原彰晃（在东京地铁释放毒气），法官判了他死刑，但法务部（即司法部）没有执行，因为他的律师提出他有精神病。再看我国福建南平案，当时有报纸报道凶手杀了十几个小学生，现在中国大部分家庭是独生子，前面说到国家在死刑执行阶段应有一个赦免制度这也是一个理由，法律总不能说这家有两个孩子所以可判死刑，那家是独子所以不判死刑，法律只看事实。赦免讲的是统治阶级的德行，夫妻双方几代都是一个独苗，赦免一下也不会有很大的民愤。还有，之所以说杀人不急，是因为有的案子当时民愤很大，但判处几年以后，被害人的痛苦减弱了，特别是通过国家的救济、通过倾听分担他的痛苦，最后可能就接受了。

南平案刚开始说凶手是精神病，后来把他毙掉了，精神病问题在科学上目前还无法百分百判断准确，另外，国外还有一种免死理由：这个人有严重的人格障碍。在新疆的阿克毛（英国人）被我们国家判处死刑，当时整个欧盟抗议，我们的报纸很得意地报道说我们维护了司法主权。英国首相给我们国家领导人写信求情，我们媒体报道也很得意，说不领他的情。但一个国家的元首为他的公民不惜向另外一个国家的领导人反复求情，这种精神是不是值得我们反思？当时我在英国的学术界朋友跟我说，不是要求中国无罪释放，那样当然干预了中国的司法主权，我们完全尊重中国的法律，尊重你们的主权，但能不能不判死刑？因为有报道说这个案子的被告人有严重的精神障碍。我说福建南平、陕西邱兴华这样的案子都被判处了死刑，都认为他们没有精神病，把一个坐飞机携带毒品的鉴定为精神病人或者有严重的精神障碍者，这是不可能的事。也就是说中国的刑法没有细化到把精神障碍或人格障碍作为低于精神病的一种责任因素来作为免死理由。所以我们对刑事责任评估要有过渡阶段，有严重人格障碍的人也不要判死刑，判死刑没有意义，因为这些人确实有毛病，有毛病的人对死刑没有足够的感受力。这样的案子有漏洞：第一，对不是精神病的人存在被认定为精神病的可能，程序上不公平，另外，真正存在的精神病人，从我们刑法上来说，只要鉴定你是精神病人就放出去，不构成犯罪，这怎么行？我们的刑法一定是保护社会，这是刑法的首要目标，但对于精神病人来说就不是简单地惩罚他们，而是要治疗。美国当年刺杀里根的精神病人到现在还关在医院里，这比有期徒刑还重，是不定期的，但他有权利、有机会定期请求对其人身危险性进行评估，病好以后就放出去。透过一个国家的法律制度进程大家可以看出，如果不涉及非常细致的设计，就会有粗糙的执法，要么放掉，要么杀掉，这对当事人和社会都不公平，你把他杀掉对于他不公平，把他放掉对于社会不公平，应当有一个合理的刑事责任分层体系，然后辅之以公平公正的程序。

网友一：刘老师您好，谢谢您的讲座，我是学中文的，对这方面的内容不怎么了解，我在网上看到贺卫方老师、滕彪律师是反对死刑的，那还有没有别的专家学者的立场？

刘仁文：我有一个观点，时代发展到今天，死刑的废除问题首先已不是一个理论问题，而是一个公共政策问题，是政治家基于一种政治信仰用不用这个手段的问题。在人类历史上有很多著名思想家、著名学者都曾是支持死刑的，但我要说明的一点是，社会演变到现在，从公共政策角度看确实有其他办法来治理社会，来对付违法犯罪，基于人道主义的政治信仰，当代政治家越来越多地选择一种没有死刑的政策来治理社会，这是第一。第二，关于死刑存废问题，即使在法学界甚至在刑法学界也有多种不同的观点，这不奇怪，一个社会有多种声音是好事，有助于我们把这个问题探讨清楚，如果只是一种观点，那社会反而是不健康的。第三，你刚才说的这几位专家学者严格意义上都不是我们圈内的人，他们都是搞法理研究的，我们是搞刑法的，从过去刑法学界绝大多数人忌讳谈死刑到如今越来越多的人研究死刑，从绝大多数人支持死刑制度到如今越来越多的人主张减少死刑，从刑法圈扩大到其他法学界人士主张减少死刑、取消死刑，这反映了我国法律文化和制度向着越来越文明的方向发展。在这个意义上，我希望废除死刑的圈子能够扩大到你们学中文的。法国废除死刑的司法部部长与我做过私下交谈，法国在推进废除死刑的过程中，作家、歌星、影星等公众人物起了很大的作用，死刑问题并非仅仅是刑法学家纯粹讨论的学术问题，还是政治学家政治决断的问题，政治家的政治决断一定会考虑民意，而你们学中文写的文章肯定比我们所写的影响大，我特别希望把这个理念扩大到更广的范围，死刑问题大家都应该发言。

网友二：刘老师是我非常敬重的学者，我赞成您废除死刑的态度，"法治的最高境界背后是仁慈"。我今天想说另外一个问题，我现在感到比较悲观，不是单单一个法律上或者法治的系统出问题，我觉得是整个大系统出了问题，法律最终要实现正义，如果没有所谓现在那种司法独立的东西，法律在这种情况下实现正义的可能大打折扣。另外我比较赞同崔卫平老师的一个观点，在一个社会发育不是很好的情况下，一些做法会冒很大风险，当然由于整体系统的原因，也不可能使所谓的公民社会发育得很好，这两点我还是相对悲观的，刘老师您怎么看？

刘仁文：谢谢你，相对来说我是体制内的。去年美国纽约大学的科恩教授（美国的中国法之父）请我去讲课，但每次我们在课上都产生很多分歧和争议。最后我说，你应当多跟体制内的人接触（他跟体制外的人接触比较多），以便在看到中国社会中特别重要的某些信息的同时，还能看到中国的主流。对我们而言最好是平衡。后来我在耶鲁跟陈志武教授交流说每次跟科恩老师在一起都是吵。陈志武说，跟我们经济学界一样，凡是我接触的北京经济学家都觉得中国形势一片大好，凡是接触地方的经济学家都觉得中国危机比较多。不同的人接触的信息是有限的，还需读万卷书，行万里路，多接触多方位思考，个人的知识面要广。我不能说科恩以偏概全，他的一些东西很有价值，按照木桶理论，一个木桶只要有一块短板，就会漏水。要保证每个人在这个社会中受到公正的对待，决不能说这一块占的比例很少就忽略不计。

第二，关于中国法院、法律的权威问题。国际刑事法院的检察长通过邮件问我，中国的起诉制度检察官在多大程度上有权力起诉与不起诉？由此我想到在英国看到的一个材料，尽管这个案子当事人犯罪了，但基于公共利益考虑，检察官可以不起诉。中国基本上是按照实事求是的理念，只要构成犯罪检察官不起诉的比例很小。为什么？西方社会三权分立，检察官在那个体制中代表政府，所以检察官在西方社会是政府律师，这个语境跟中国完全不一样，中国各党政部门的利益目标一致，是共产党领导的，为人民服务的。这里不好说谁是谁非，但我要说一点，由于我们没有明确建立权力制衡和不同的角色设计，都觉得是为人民服务，导致中国检察院也是司法机关，甚至在刑事诉讼法之外纪检还有"双规"。如果按刚才的思路，凭什么纪检不能这么搞，因为纪检也是为人民服务，也是为了党的利益。

过去一百多年来，中国政权更迭频繁，导致很多制度都浮于表面，都是宏观设计好之后，还没来得及进一步完善就又变天了，所以我完全同意我们国家一定要长治久安，在长治久安的前提下各行各业在自己的领域里耕耘好，把细节一一完善。但长治久安需要制度保证，其中司法独立和司法公正再怎么强调都不过分。

我特别同意您的观点，现在依法治国写进了宪法，这就涉及怎么样设计制度以增强法律的权威。中央最顶层要认识到这一点，只有依法治国才能保证我们的长治久安，而依法治国的前提是要确立法律的至高无上的地位。在正式的法律制度之外，有纪检说了算还不利于我们依法治国的实现。可以考虑将纪检的双规双指纳入刑事诉讼法里，然后说这类案件很特殊，强制措施可以扩大一点，但不能置于法律之外，置于法律之外最大的问题是不利于法律权威的树立，大家不会觉得法院说了算。

　　具体到我们今天的话题，我们还是要记住，一个社会的刑罚过于严苛，绝非这个社会的福音。相反，一个刑罚宽缓的政府，在人们中间更有亲和力。随着形势的发展，死刑数字再以国家保密为由恐怕是不能成立的，公民知情权和监督权都要求死刑数字要公开，现在法院的裁判文书上网也势必带来死刑数字公开的压力，否则就无法以公开促公正。因此，必须有顶层设计，继续大幅降低死刑数字，以便能在未来3至5年把死刑数字公开，目前这个规模如果公开确实会吓国际社会一跳，易授人以柄。

中国死刑存废的现状与争议 *
——在岭南大讲坛的演讲

在人类历史上，大家曾想当然地认为死刑是震慑犯罪、保护社会安全不可避免的工具，古今中外莫不如此。世界上废除死刑的步伐是近几十年以来的事情，尽管一百多年前吹响了号角，一百年相比人类的历史是很短暂的。"二战"之后，废除死刑进展缓慢，而且有时还有反复，有的国家一会儿废除、一会儿又恢复，但是从1988年以来，近二十多年，出现了只有废除没有恢复的现象。

世界上有70%以上的国家和地区，已在法律上或者是在事实上废除了死刑。法律上很好理解，那就是在刑法上将死刑废除，事实废除就是按照国际上公认的做法，这个国家或地区连续10年没有执行过一个死刑，而且有证据表明这个国家和政府的态度是继续这样发展下去，也不会执行死刑了。

剩下不到30%的国家和地区保留死刑，但是死刑在这些保留国家中，越来越多的国家是将它区别于常规性刑罚，作为极其例外的刑罚措施来使用，属于象征性的刑罚，仅仅具有象征性的意义。其中，亚洲国家是世界各大洲废除死刑问题上整体步伐最慢的洲。为什么亚洲在这个问题上会比拉丁美洲、非洲还慢呢？原

---

* 原载《南方都市报》2012年4月29日。此文为2012年4月7日在岭南大讲坛上的演讲整理稿。

因也很复杂，我个人的粗浅看法，可能是像非洲、拉丁美洲、大洋洲，过去是欧洲的殖民地，受到欧洲法律和文化的影响。欧洲几十年前已经废除了死刑，现在是没有死刑的欧洲。

废除死刑是世界性趋势

我从学术上得出了两个观点：

首先，在过去的几千年，大家认为没有死刑不行，没有死刑社会就会乱，没有死刑这个社会就可能会有更多人受到犯罪的侵害，安全无法得到保障。现在世界上70%的国家废除了死刑，没有任何证据证明这些国家的社会治安变得更加乱，甚至可以说反而更加安全，这说明人类发展到今天，已经可以不再依赖于死刑这样一个极其残忍和血腥的治理社会的办法，可以通过善治来改善国家的相关公共政策，改善国家的相关配套制度，使我们这个社会在国家不杀人的情况下治理得更加人道、更加文明、更加安全，这一点看来人类社会完全可以做到，而过去几千年以来从来没有人敢想过这样的事情。

其次，现在看来，人类可以通过文化的塑造、观念的引导、习惯的养成、相关制度的配套，对被害人及其家属进行安抚、救济，使大家能够超越冤冤相报这样一种简单的报应心理，而在社会上实现宽容、人道，使被害人和犯罪人的矛盾能够得到缓和，甚至于使被破坏的关系得到恢复。特别是一些非暴力犯罪，如经济犯罪、财产犯罪，甚至腐败犯罪，对于这样一些不是剥夺他人生命的犯罪，国际社会已经达成了共识，即没有任何其他价值可以跟人的生命相比，所以说即使在美国、日本，虽然目前还属保留死刑的国家，他们也绝不认为对没有剥夺他人生命的非暴力犯罪判处死刑是合适的，这才出现美国在与我们司法合作时，对银行行长之类的贪官要求我们不判死刑，否则就不遣返给我们。

中国死刑改革现状

亚洲地区是世界上废除死刑推进最慢的洲，但是也有几个国家做得不错，比如说柬埔寨，红色高棉时期曾经滥用过死刑，实现民主化之后，死刑就被废除了。另外，日本尽管没有废除死刑，但是每年只有几个人被判处死刑。韩国已经连续 14 年没有执行过一个死刑了，按照刚才我们说的连续 10 年没有执行过死刑的情况，韩国就是事实上废除死刑的国家。而从 2004 年开始，印度没有执行过一个死刑。这样的一个趋势说明什么呢？很值得我们思考。

近几年，中国也进行了死刑改革。2007 年最高法院收回了死刑的核准权，这个死刑的核准权是 1983 年"严打"时，下放到各个高级法院的，当时我们的犯罪形势很严峻，最高法院忙不过来。死刑核准权，学术界呼吁了多少年要收回，因为各个地方掌握标准不一样，导致死刑没有统一的标准，但是为什么直到 2007 年才实现呢？我想可能跟 2008 年要办奥运会还是有一定的关系的。

2007 年最高法院收回死刑的核准权，不要小看它，将来在中国死刑改革的历史上，2007 年一定是标志性的亮点。因为正是 2007 年收回死刑的核准权，中国死刑的判决和执行才大幅度地下降。当然，1997 年新刑法也是一个拐点，当时虽然没有废除死刑罪名，但由于把盗窃罪的死刑限制在盗窃金融机构和珍贵文物这两种情形，即取消了普通盗窃罪的死刑，而盗窃罪过去一直是高居第一的死刑大户，所以这也导致死刑数字的大幅减少。前最高法院院长肖扬在 2008 年全国人大会议期间跟广东团代表见面时说，我知道你们都很关心国家去年杀了多少人，这个数字还不能告诉大家，但是有两个数字告诉大家，一个数字是在共和国历史上，判处死缓的第一次超过了判处死刑立即执行的——大家要知道，在中国刑法制度上，中国的死刑有死刑立即执行，还有缓期两年执行的，死缓如果两年内没有再犯罪就改为无期了，这两年关在监狱里怎么可能再犯罪呢，除了极少数的情况，逃跑或者是殴打一起的犯人，或者是杀害看管的警察，所以死缓和死刑有很大的区别，死缓基本就活下来了，死刑就立即执行了。还有一个数字，各个省报到最高法院核准的死刑案件，最高法院不核准率是 10%—15%。这还不是最重要的，最重要的是在各个省和中级法院，因为死刑的核准权收到最高法院，在他们那个环节就严格掌握和严格控制，能不判死刑的就不判，因为判了还要报到最高法院，最高法院如果打回来的话，还会有考核方面的考虑，办案的质量还要受最高法院的监督，所以能不判死刑的就不判。

此外，联合国 1966 年通过的《公民权利和政治权利国际公约》，我们 1998 年就已经签署了，但现在国内法与它相比还有很大差距，包括劳动教养等很多法律制度的改革，一旦批准之后，我们每年要向联合国的人权理事会提交报告。在这样的国际形势背景下，2011 年通过了新的刑法修正案，第一次从立法上取消了 13 个非暴力犯罪的死刑。法律上原来有 68 个死刑罪名，现在我们的死刑罪名还有 55 个。尽管这 55 个死刑罪名还很多，但是万事开头难，这是很了不起的进步。立法机关的朋友最初告诉我这个消息时，我也感到很惊讶，原来都是增加，现在第一步就迈这么大，给社会一个信号，我们的死刑从此走上减少的征程。

我曾经在《南方周末》发表过《刑法人道化的历程》，在死刑问题上，亚洲尽管慢了几十年，但和世界趋势是相一致的，中国也是如此。我们在司法上逐步减少死刑，进而立法上逐步减少死刑，而且我们死刑的执行，从过去的公判大会、游街示众，到现在的法庭内判决，禁止游街示众也是符合世界的趋势的。过去死刑执行是枪决，但是现在有部分是在封闭的场所注射执行死刑，当然注射也带来了一些问题，但是要承认整体上是越来越人道化了。过去子弹还要死刑犯家属交钱，现在是免费火化，骨灰盒装好送给家属。而且死刑犯死之前允许跟家属见面。当然欧洲一些国家可能会说死刑是残忍的，怎么还表扬这些进步呢，但是因为国情，我们得承认在不断地进步，不断使社会走上文明化、人道化，过去将死刑犯不当人看，但是现在当人看，这种人道文化的塑造，最终有利于废除死刑。

国内外看中国死刑废除

2011 年我参加了外交部和联合国开的一个会，会上有外国专家认为 20 年之后死刑要从地球上消失。但中国有些著名的刑法学家认为，非暴力犯罪在我国 30 年之内还取消不了死刑，更不要说故意杀人罪了。如果将来中国 50 年、100 年内要废除死刑，故意杀人罪一定是最后的堡垒，现在我们还有几十个死刑罪名，我们要解决的就是类似吴英这样的集资诈骗罪，怎么创造条件废除死刑。故意杀人罪在实践中可以说根本还不能碰它，因为长期以来我们杀人偿命的文化是根深蒂固的，如果碰它，整个死刑的改革都会受到干扰。

国内外的差距有多大呢？国内进行的死刑改革，我跟司法机关座谈，他们反映好像死刑改革的步子迈得太快了，他们还有些接受不了。减少死刑他们是同意的，但是步子迈得太快了，他们感觉到各方面的压力，但是和国际上相比，我们的步子还是迈得太慢了。

死刑改革未来方向

那么中国死刑改革应该怎么继续推进呢？我们要倒逼相关制度的改革，现在我们还有55个死刑罪名，那么中央政法委、公安部、最高法院、最高检察院就要好好研究，看看这55个死刑罪名哪些现在可以少判甚至不判。现在55个死刑罪名中非暴力犯罪还占了一多半，这样的死刑罪名要逐步从司法上不用死刑，再创造条件在立法上将这些死刑罪名拿掉。

55个死刑罪名要在立法上不断减少，减少的前提是该罪死刑在司法实践中多年不用了，多年不用说明这一类犯罪也没有明显的增加，这个问题没有多大的风险，才敢在立法上取消死刑，否则也不敢贸然行事。我们要进行一些顶层设计，基本的路线图是非暴力犯罪先行废除死刑，暴力犯罪也要有所区别，不能说凡是暴力犯罪就都要保留死刑，最后再考虑故意杀人罪。集资诈骗这样的犯罪，随着经济制度的完善要尽快取消，但是对贪污腐败这样的犯罪恐怕暂时要区别对待，因为现在的腐败问题太严重了，社会上群众的意见太大了，那么它就不是简单的非暴力犯罪，确实关系到执政的根基，所以一定要创造条件减少腐败，只有将腐败的规模大幅度减少，让腐败犯罪在社会上成为罕见的现象，公众对这个问题（废贪腐犯罪死刑）才可能接受。

上述这些问题都非常复杂，要依赖于配套措施的建设。配套制度非常重要，举几个例子。首先就是公众对某些犯罪分子恨之入骨，觉得不判死刑，可能就很快通过潜规则被弄出来，至少要将犯罪者在监狱里关上相当长的时间，这个时间足以淡化公众对他的愤恨以及受害人的痛苦。其次，有的犯罪分子确实对被害人、对公众有很大的危险性，如强奸犯放出来可能会继续实施强奸，没有安全措施、没有监管措施就这样放出来，妇女组织肯定不答应。所以，对某些特殊的犯罪者应有出狱前的人身危险性评估，通不过就不能释放。另外，应通过《社区矫正法》，对刚释放出来的犯人应有必要的过渡措施。再次，贪官，国际上说是非暴力犯罪，有人就认为不能光说国际的要求，在中国贪污腐败这么严重，社会的危害性很大。如果不创设好的制度，使我们国家这种贪污腐败得到有效的控制，要取消死刑，讲多少道理都很难被公众接受，只有在反腐败这个问题上取得切实的效果，使这种犯罪少之又少，任何国家、任何制度，比如说德国、美国，也有政治家腐败，但都是极个别的现象。如果是极个别的现象，大家就不是说非要置腐败分子于死地了。这些相关的制度如果不健全，死刑改革就很难推进。有些功夫在法律之外，特别是刑法之外。

减少死刑并不是意味着可以钻空子或漏洞，实际上任何国家废除死刑的条件之一就是这个国家的司法公正达到较好的程度，否则人民对司法没有信心，就会希望判处更多的死刑，杀了才放心，否则过了几天保外就医就出来了，所以说这是相辅相成的。我始终强调，在国家改革死刑的过程中，配套制度的健全是非常重要的，如果社会公众对国家的司法公正没有信心，死刑废除肯定会有很大的压力和风险。

要创造条件取消贪腐犯罪的死刑[*]

2010 年 8 月 23 日提交全国人大常委会讨论的《刑法修正案（八）（草案）》准备取消 13 个非暴力的经济犯罪死刑罪名，开启了我国立法削减死刑的先河。应当看到，即使这次 13 个死刑罪名最后得以取消，我国刑法中仍然有 55 个死刑罪名，其中包括贪腐犯罪等大量的非暴力犯罪，因此，继续创造条件削减我国刑法中的死刑罪名，仍将是今后一个时期我国刑法改革的重要任务。笔者注意到，不少学者指出，在今后一个相当长的时期内，我国还不能取消贪腐犯罪的死刑，对此应当加以深入分析。

一、从国际公约看取消贪腐犯罪死刑的必要性

根据联合国秘书长 2008 年发布的有关暂停使用死刑的报告，截止到 2008 年 7 月 1 日，在世界范围内，已有 141 个国家和地区从法律上或在实践中废除了死刑，只有 56 个国家和地区还保留并执行死刑。就是在还保留并执行死刑的国家和地区，也越来越多地将死刑作为一种带有象征性的刑罚来适用，而不是常规性地适用。因此，可以肯定地说，废除死刑是一种国际趋势。

---

[*] 原载《经济参考报》2010 年 9 月 21 日。

从国际法的角度来看，严格限制死刑直至废除死刑是当今时代的基本精神。早在1966年，联合国就通过了《公民权利和政治权利国际公约》(1976年生效)，其第6条在提倡缔约国废除死刑的同时，要求在那些还未废除死刑的国家，"判处死刑只能是作为对最严重的罪行的惩罚"。1989年，联合国又通过了《旨在废除死刑的〈公民权利和政治权利国际公约〉第二项任择议定书》(1991年生效)。由于我国目前尚没有签署和批准后者，因此并无废除死刑的国际法律义务，但我国已经签署了《公民权利和政治权利国际公约》并正在准备批准该公约，一旦批准，就将向公约的监督机构——人权事务委员会提交包括死刑问题在内的报告。因此，我们首先需要澄清《公民权利和政治权利国际公约》中所说的"最严重的罪行"的含义。

目前国际社会对于何为"最严重的罪行"达成的共识是，非暴力犯罪肯定不属于这一范畴，例如，联合国经社理事会在1984年通过的《关于保护面对死刑的人的权利的保障措施》中，提出"最严重的罪行"应理解为"其范围不应超出带有致命或其他极端严重后果的蓄意犯罪行为"。虽然该决议提到的"带有其他极端严重后果的蓄意犯罪行为"使得广义解释成为可能，但联合国秘书长其后在《死刑和关于保护死刑犯权利的保障措施的执行情况》的报告中进一步指出，蓄意犯罪以及具有致命或其他极端严重后果意味着罪行应该是危及生命的，即危及生命是罪行很可能导致的后果，由此，任何不危及生命的犯罪，无论其后果从其他角度来看多么严重，都不属于可对之适用死刑的"最严重罪行"。联合国人权委员会在2004年的一项决议中，特别敦促保留死刑的国家不对诸如金融犯罪、宗教行为、良心的表达以及自愿同意的成人之间的性关系等非暴力犯罪判处死刑。联合国有关法外处决、即审即决或任意处决问题的特别报告员，在 2007 年的报告中提出以下罪行不属于可判处死刑的"最严重罪行"：未导致死亡的绑架、鼓动自杀、通奸、叛教、腐败、毒品犯罪、经济犯罪、良心的表达、金融犯罪、官员贪污、逃避兵役、同性恋行为、非法性行为、自愿同意的成人之间的性关系、偷窃或武力抢劫、宗教行为和政治罪行。此外，联合国人权事务委员会在对那些保留死刑的缔约国提交的报告的结论性意见中指出，"最严重的罪行"意味着"死刑应当只是一种非常例外的刑罚方式"，它还具体指出了在其看来不属于"最严重的罪行"因而对其判处死刑不符合《公民权利和政治权利国际公约》第 6 条的罪行，包括：经济和财产罪行、贪污、盗用国家或公共财产、抢劫、严重盗窃、通奸、叛教、同性恋行为、非法性关系、鼓动自杀、贩运危险废料、毒品犯罪、逃避兵役、侮辱国家元首、分裂活动、间谍行为、煽动战争、政治罪行、建立或呼吁建立某种团体等等。

虽然无论是经社理事会或人权委员会的决议、秘书长的意见、特别报告员的意见，还是人权事务委员会的意见，都没有正式的法律约束力，各个国家没有必须根据这些意见确定本国法律中可予判处死刑的"最严重的罪行"的法律义务，但这些意见的权威性还是不容忽视的，因为它们反映的并不是某一个或某一类国家的观点或文化，而是在很大程度上代表了一种"世界的呼声"。如果将来我们批准《公民权利和政治权利国际公约》并向人权事务委员会提交报告时，我们的刑法中仍然包含贪腐犯罪等非暴力犯罪，显然，从上述人权事务委员会以往的工作情况来看，它一定会对此表示严重的关切和疑问。

二、取消贪腐犯罪死刑有利于国际刑事司法合作

随着国门大开，贪官外逃已经成为一个突出问题，要想把他们引渡或移送回来，国际刑事司法合作不可避免，但"死刑不引渡"乃当今国际社会一公认准则。我国在 1997 年修订刑法时特意规定："犯罪分子虽然不具有本法规定的减轻处罚情节，但是根据案件的特殊情况，经最高人民法院核准，也可以在法定刑以下判处刑罚。"这主要是考虑到对一些可能判处死刑的外逃犯，如果我们不承诺在死刑以下判刑，则无法进行国际刑事司法协作。近年，我国在与西班牙、法国等签署引渡条约时，都从现实出发，认可了"死刑不引渡原则"。

从个案看，我国也是这样做的，如几年前我们与美国合作，对方将巨贪余振东遣送回中国，当时中国政府就做出了包括不判其死刑的承诺，后来法院的实际判决也遵守了这一承诺。厦门远华走私案的首犯赖昌星逃到加拿大后，我国政府在与加方就此案展开刑事司法合作的谈判时，也已经承诺：将来赖被遣送回国受审时，中国不判处其死刑。

但问题是，有些贪污犯比起余振东来，数额要少得多，在国内还是被判处死刑了，而远华走私案已经判处了数十名同案犯的死刑，首犯赖昌星却仅因跑到国外就可以免死，怎么向公众解释"刑法面前，人人平等"的原则呢？

解决这一矛盾的最好办法是取消所有非暴力犯罪的死刑，那样不仅有利于实现所有经济犯罪和贪腐犯罪者的刑罚平等，而且也省去在国际刑事司法合作中围绕"死刑不引渡"而引发的烦琐

谈判。否则，给人的印象就是贪官谁能跑到国外，谁就可以免死，其负面效应不言而喻。

三、取消贪腐犯罪死刑是刑罚人道化的要求

刑罚比例性原则又称"罪刑相适应原则"，它要求最严厉的刑罚只能适用于最严重的犯罪。生命是无价的，因此，再多的金钱也不能与生命等价，这是一个尊重人权的社会所应有的态度。刑法上的犯罪要受到何种惩罚，需要结合其侵害的法益来考虑，如果其侵害的法益不是生命，那么即使在强调报应的刑法观里，其报应的后果也不能是死刑。这也是为什么即使在那些还保留死刑的国家，死刑也越来越严格地被限定在那些与剥夺他人生命相关的犯罪上。在衡量法益的前提下，还要考虑行为人的主观恶性大小，因为"如果坚持比例原则，就不能对所有的谋杀犯都处以同样的刑罚"。

取消贪腐等非暴力犯罪的死刑，也有利于我们营造一种宽容、人道的法治文化，为最终彻底废除死刑创造条件。中国政府早已声明，我们的最终目标是要在条件具备时废除死刑。从历史看，世界上那些废除死刑的国家有一个大致的规律，那就是这些国家都曾经走过这样一条道路：从死刑罪名众多到后来被限制在严重谋杀罪再到最后彻底废除死刑，从死刑被广泛适用到死刑逐渐被作为一种"象征性的刑罚"很少适用再到后来彻底不用，从死刑执行手段的多样化、对不同的死刑犯要采取痛苦和羞辱程度不同的方法到死刑执行手段的单一化、对所有的死刑犯都要采取痛苦程度最低的方法，从死刑执行的兴师动众到死刑执行逐渐退出公

众视野。

总的来讲，我国现在是沿着这样一条道路前进的，如死刑执行由过去的枪决到现在的注射，死刑执行场所由过去的露天刑场到现在的专门刑场，此外，在死刑执行环节增加了人性化的安排，如允许死刑犯与亲人见面等；另外，我国自 2007 年 1 月 1 日把死刑核准权收归最高人民法院后，死刑的判决和执行在实践中大幅度地下降，现在虽然还不能说死刑已经成为一种象征性的刑罚，但与过去相比，死刑的适用确实得到了比较有效的控制。

四、为取消贪腐犯罪的死刑创造条件

从司法上限用死刑到立法上取消死刑，这中间还有很大一步需要跨越。总结这次《刑法修正案（八）（草案）》准备取消死刑的 13 个经济犯罪的经验，我们发现，这些罪名都是近年来发案率得到有效控制、司法实践中已经很少适用死刑的罪名，这给我们的启示是，贪腐犯罪作为一种目前发案率还很高、社会公众反映强烈的犯罪，执政党又把它与自己执政的合法性挂钩，因此，要马上从立法上取消这些犯罪的死刑，显然不现实。故当务之急是，要采取切实有效的反腐措施，把贪腐犯罪的严重性降下来。刑罚的作用是有限的，而且带有马后炮的性质，一些基础性的制度更加重要，如通过颁行《公职人员财产申报法》《新闻法》等，使公权力受到有力监督和制约。只有当某一类犯罪不是那么大范围地发生时，民意对这类犯罪的愤怒才会降低，那时再取消这类犯罪的死刑也就不会遇到民意的强烈反弹。

尽管人权学者主张，在废除死刑这个问题上，政治家应基于原则信仰而不是屈从于民意，但不可否认的是，任何一个政治家在做出废止死刑的决定时，肯定要考虑到民意的强弱。尽管世界上绝大多数国家在废除死刑时多数民意都是反对的，但显然在一个民意 80% 甚至 90% 都是支持死刑的时候，废除死刑的难度肯定要大于仅超过 50% 或者 60% 的民意支持死刑。在我国当前反对废除贪腐犯罪死刑的民意居高不下的情况下，除了前面所说的要从体制机制上设法把贪腐犯罪的严重性降下来，还要对民意进行适当的引导，如死刑与某一类犯罪的增长没有必然联系，像我国 1997 年废除普通盗窃罪后，现实中的普通盗窃并没有出现原来某些人所担忧的大幅度上升；在那些没有对贪腐犯罪设置死刑或者废除了这类犯罪的死刑的国家和地区，贪腐犯罪并不比那些对这类犯罪保留死刑的国家严重，甚至廉洁度更高，说明防治贪腐有比刑法更有效的措施；等等。

现在，之所以民众反对废除贪腐犯罪的死刑，还有一个重要原因就是司法腐败比较严重，担心某些贪官不被判处和执行死刑，就会通过种种不正当的关系，很快被放出来。现实中确有某些贪官不符合保外就医的条件被保外就医，或者在减刑、假释等环节滋生腐败现象，严重影响了法律的公信力。因此，必须采取得力措施，加强对这些刑罚执行环节的监督，纠正这些领域的不规范现象。

为什么要创造条件废除贪腐犯罪的死刑 *

我提出"要创造条件取消贪腐犯罪的死刑"后，一些读者难以接受，有必要就此作进一步的展开和说明。

一、全球态势：25 年后死刑可能从地球上消失

第二次世界大战后，废除死刑在国际上取得了长足发展。截止到 2008 年 7 月 1 日，世界上已有 141 个国家和地区从法律上或在实践中废除了死刑，只有 56 个国家和地区还保留并执行死刑。据统计，从 1965 年到 1988 年，世界上平均每年有一个国家走向废除死刑的道路，从 1989 年到 2001 年，却有平均每年 3 个国家走向废除死刑的道路。因此，著名的国际人权法专家沙巴斯预言，如果这一趋势能够继续下去，死刑将在未来 25 年内从地球上彻底消失。

从目前的情况看，这一趋势确实在继续，例如，2007 年 12 月，联合国大会以绝对多数票通过了暂缓执行死刑的决议，号召那些还保留死刑的国家暂停适用死刑，以便为未来彻底废除死刑做准备。本来联合国大会在 1994 年和 1999 年都曾准备通过这样的决

* 原载《民主与法制》2010 年第 22 期。

议，但那时的时机还没有成熟，但到 2007 年，条件成熟了，记得当天通过该决议时，联合国秘书长潘基文曾说："今天的投票代表了国际社会向前迈出了勇敢的一步，这更进一步显示了最终完全废除死刑是一种不可阻挡的趋势。"

从国际经验看，暂缓执行死刑后，最后就会过渡到彻底废除死刑。例如，俄罗斯从 1999 年开始暂停执行死刑，到 2009 年，其宪法法院就正式宣布：俄罗斯从 2010 年 1 月 1 日起废除死刑，"这不是指继续暂停实施死刑，而是永远禁止死刑的实施"。

二、中国改革：死刑执行下降了三分之二

前述预测死刑将在未来 25 年内从地球上彻底消失的沙巴斯教授我也认识，几年前他在一次国际会议上曾对中国的死刑命运作过预测：2008 年北京奥运会将成为中国走向废除死刑道路的一个里程碑。当时我们几个与会的中国学者都不相信他的这一预言，但回头看，他的这一预言在一定程度上也是有道理的。2006 年，最高人民法院推行所有的死刑二审案件都要开庭审理；2007 年，最高人民法院在中央的大力支持下，收回死刑的核准权；其后，最高人民法院又联合最高人民检察院、公安部等部门，先后出台了《关于进一步严格依法办案确保办理死刑案件质量的意见》、《关于办理死刑案件审查判断证据若干问题的规定》等文件，旨在从源头和基础上把好死刑案件的事实关、证据关。与此同时，在死刑执行环节，也更加慎重、更加人道化，如推广用注射执行死刑来替代枪决。

以收回死刑核准权为标志的一系列死刑制度改革，促成了实

践中死刑执行大幅度下降的局面。例如，2008 年 3 月 10 日，前最高人民法院院长肖扬在与广东团代表共同审议"两高"报告时，曾透露：2007 年判处死缓的数量，多年来首次超过判处死刑立即执行的数量。死缓判得多了，自然死刑立即执行的就少了。同一天，时任最高人民法院发言人的倪寿明在接受记者采访、解读最高人民法院的工作报告时指出：2007 年因原判事实不清、证据不足、量刑不当、程序违法等原因不核准的死刑案件占总数的 15% 左右。应当看到，实际中死刑下降绝不仅是这 15%，因为死刑案件的二审开庭已经在提高死刑案件的质量、控制死刑方面起到了基础性的作用。更重要的是，最高人民法院收回死刑核准权这一举措使下级法院和其他司法机关认识到严格限制死刑已经成为国家的刑事政策，因而对判处死刑更加慎重。曾有法官告诉我，过去遇到重大案子，首先想到的是要判被告人死刑，但现在思路完全倒过来，首先想有没有可以不判其死刑的理由。检察官也告诉我，现在司法实践中对于法院判死缓的案件，检察机关一般不提起抗诉。我曾问过一些参与死刑执行的法警，他们告诉我，根据他们的经验，现在实践中的死刑执行差不多减少了三分之二。

死刑执行显著减少，但犯罪并没有增加，相反，有的犯罪甚至还有所下降。例如，在前述与广东团代表共同审议"两高"报告时，肖扬还向人大代表介绍，2007 年死刑核准权收回后，由于运用多种形式打击犯罪，强化社会管理，死刑判决和执行减少非但没有导致犯罪的增加，反而在爆炸、杀人、放火等几类恶性案件的发案率方面，还比 2006 年有明显下降。这充分说明了死刑对维护社会治安并没有不可替代的作用，少用死刑照样能治理好社会。

三、从立法上削减死刑任重道远

司法减少死刑为立法削减死刑创造了条件，一是死刑的减少并没有导致犯罪的上升这一积极信号解除了立法者和司法者此前有过的一些顾虑和担心，二是死刑减少使得一些非暴力的经济犯罪存而不用成为可能。这次《刑法修正案（八）》准备取消的 13 个死刑罪名基本都是长期不用或很少适用的非暴力经济犯罪。但应当看到，即便这次取消 13 个非暴力经济犯罪的目标最后得以实现，我们的刑法典中仍然还有 55 个死刑罪名，仍然是世界上死刑最多的国家之一。

我国已经签署了联合国的《公民权利和政治权利国际公约》，该公约第 6 条在提倡废除死刑的同时，要求在那些还未废除死刑的国家，"判处死刑只能是作为对最严重的罪行的惩罚"。对于这里的"最严重的罪行"，联合国人权事务委员会认为要严格限制其范围，即死刑只能作为"一种相当例外的措施"来使用。根据 1984 年联合国经社理事会通过、后被联合国大会认可的《关于保护面临死刑的人的权利的保障措施》，"最严重的罪行"范围"不应当超过致命的或导致其他极度严重后果的故意犯罪"，联合国秘书长认为，这意味着"该犯罪应当是威胁生命的并导致非常类似后果的行为"。在审议缔约国的定期报告过程中，人权事务委员会除了关注死刑执行是否只是作为一种象征性的刑罚来使用，还会关注可判处死刑的犯罪清单的长短，例如，在评议约旦的一份报告时，认为它有 11 种死刑犯罪，这是一个"很大的数额"。可以想见，如果 11 种死刑犯罪都太多的话，那么我们保留 55 个死刑罪名，显然就更不行。

有人以我国还只是签署、没有最后批准《公民权利和政治权利国际公约》为由，认为我国可以不受该公约的约束，这是站不住脚的，因为我国政府签署了该公约之后，一直在积极创造条件，为最后批准做准备。还有人提出，是否可以在批准该公约时对这一条提出保留，这也是不明智的，因为在一个引起国际社会如此关注的重大问题上，如果我们提出保留，不仅罕见，也将对我们的国家形象产生不利的影响。

四、废除非暴力犯罪死刑必须先行

2007 年 3 月，在联合国人权理事会一次关于死刑的辩论会上，中国代表腊翊凡代表中国政府发言时指出："我们的最终目标是废除死刑。"

在废除死刑的道路上，尽管也有个别国家一步到位地全部废除所有犯罪的死刑，但绝大多数国家都经历了一个循序渐进的过程，即最后只保留严重的有预谋杀人罪的死刑。我国"杀人偿命"的观念根深蒂固，要最后废除杀人罪的死刑显然更需要时间。但在此之前，先创造条件废除所有非暴力犯罪的死刑，应当是可行的。

之所以要废除非暴力犯罪的死刑，一个最根本的理由是：生命无价。刑罚的目的之一是报应，而报应应建立在某一种犯罪所侵害的法益大小的基础上。当代人权的发展，使生命权成为一项至高无上的权利，也就是说，即使从等价报应的角度来看，也只有一种犯罪剥夺了他人的生命，才可以对实施这种犯罪的人适用死刑，否则，就是过度报应。

人们常常批评古代刑罚的"以牙还牙、以眼还眼"是落后的刑罚观，但可曾想到，这种刑罚观至少是限制了过度报应。现代文明、人道的刑罚观本来应当超越古代野蛮的刑罚观，但如果从生命无价出发，我们就会发现，对非暴力犯罪适用死刑连古代朴素的报应观也是不允许的。

在过去几起贪腐犯罪的中美刑事司法合作中，美方均要求我们不能判处其移交回来的贪腐犯罪分子的死刑。美国本来自己也还是一个死刑保留国，但为什么却反对我们判处贪腐犯罪的死刑呢？因为它就是从等价报应的观念出发，认为一切非暴力的犯罪均不得判处死刑。

在赖昌星一案中，我们有些人也很不理解加拿大政府的做法，为什么不尽快把这么个烫手山芋交还给中国？但他们可能不理解，加拿大因为已经废除了死刑，如果政府把一个人移交给可能判处死刑的国家，那么民权组织可以到法院去状告政府违反加拿大宪法所保护的生命权。不仅如此，加拿大也是《公民权利和政治权利国际公约》的缔约国，它过去就因曾经把犯罪嫌疑人移送给可能判处死刑的国家而被人权事务委员会裁决违反了《公民权利和政治权利国际公约》的要求。所以，它如果把一个犯罪嫌疑人移送给可能判处死刑的国家，将不仅面临国内指控其违宪的压力，也面临国际指控其违反国际法的压力。

从这次准备取消死刑的 13 个经济犯罪的经验来看，只有司法实践中该种罪名的死刑适用已经很少时，立法上取消死刑才比较容易。因此，从司法上严格控制死刑的适用，使那些非暴力犯罪的死刑逐步过渡到存而不用，是立法最终取消这些犯罪的死刑的基础。

五、创造条件废除贪腐犯罪的死刑

非暴力犯罪取消死刑可以有一个轻重缓急的清单，在这个清单上，可以对贪腐犯罪给予格外的慎重，这不仅因为目前贪腐犯罪还比较严重，群众意见很大，而且执政党把它看成事关政权稳定的大事。[1]但我们回避不了的是，贪腐犯罪毕竟是一种非暴力犯罪，从"人只能是目的不能是工具"出发，即使有再高的政治诉求，也不宜对贪腐犯罪判处死刑；更何况国际社会已经达成共识，即贪腐犯罪不属《公民权利和政治权利国际公约》中的"最严重罪行"的范围。

当务之急是要使决策者和民众认识到，死刑绝不是对付贪腐犯罪最有效的工具，甚至还有诸多副作用，如对一个贪腐犯罪者执行死刑后，别的同案犯或者被其知晓的犯罪者不用再担心被其揭发和指证；把注意力放在带有马后炮性质的死刑上，只是满足了公众对贪腐犯罪者发泄仇恨的报复欲望，却不容易冷静下来分析腐败产生的原因和机制，因而也就不重视预防腐败的基础制度建设。

很多"前腐后继"的事例已经说明，死刑并没有有效震慑住

1　2014年1月30日，作者在接受《南方都市报》记者王殿学的专访时曾谈道："从目前来看，贪污受贿等腐败类犯罪死刑废除问题短期内不会提上日程。现在是反腐高度敏感期，立法机关应该不会考虑废除腐败类犯罪的死刑。在研讨《刑法修正案（八）》时，曾讨论过将贪污贿赂犯罪中数额特别巨大的10万元标准提高，但当时担心一旦提高这一标准会使人误以为纵容腐败而最后没有采纳。但是，推进反腐，并不能说这个领域就成为禁区不能讨论，无期徒刑也是很严厉的刑罚，腐败案件判处无期徒刑威慑力依然很强。讨论减少死刑不能设禁区，不仅贪污贿赂犯罪可以讨论，甚至某些危害国家安全、危害国防利益的犯罪也不是绝对不可以讨论的。"

腐败分子。实际上，贝卡里亚早就指出过，刑罚的有效性在于其不可避免性，而不在于其严厉性；孟德斯鸠也说过，如果我们研究人类之所以腐败的一切原因的话，我们就会看到，这是因为对犯罪不加处罚，而不是因为刑罚不严厉。现实中，由于对权力缺乏有效的监督和制约，许多腐败分子都不认为自己的腐败能够被揭发。如果腐败不容易得逞，或者即使得逞也很容易被揭发，那么对于绝大多数贪官而言，不要说死刑，甚至不要说无期徒刑，革掉其乌纱帽，去掉其政治待遇，相信这种身败名裂就已经令其无地自容、打击够大了，何况还有刑罚在等着他！

　　刑罚只能用来对付某一种社会现象的极少数部分，当腐败犯罪大面积地发生时，刑法就成了难以承受之重。这也是为什么刑法规定贪污、受贿五千元以上就可定罪判刑，贪污、受贿十万元以上就可判死刑，但实际中难以执行的一个重要原因。因此，必须采取切实措施把贪腐犯罪的规模降下来，那时刑法才管得过来。也只有到那时，取消贪腐犯罪的死刑才不致遇到大的民意阻力。

　　任何一个社会都难免会出现腐败现象，但如果大面积的腐败持续得不到纠正，而民众和政府又都指望依靠死刑来对付这种局面，则绝非福音。在治理腐败这个问题上，国内外已经有很多的经验和教训，有些制度我们也早就认识到其重要性，如公职人员的财产申报、对预算的有效监督等，但就是迟迟推行不了。希望笔者对贪腐犯罪应当取消死刑的这种分析能够倒逼出这些措施的出台和落实。

死刑削减仍然在路上 *

《刑法修正案（九）（草案）》拟对 9 个罪名取消死刑，这是继 2011 年《刑法修正案（八）》首次取消 13 个非暴力犯罪的死刑后又一次较大幅度的削减死刑罪名，如果能获得通过，我国死刑罪名将降至 46 个。

从去年 11 月十八届三中全会通过的《中共中央关于全面深化改革若干重大问题的决定》中提出要"逐步减少适用死刑罪名"，到今年 3 月全国人大常委会法工委刑法室副主任臧铁伟在两会记者招待会上披露"正在研究逐步减少死刑"，《刑法修正案（九）》这次继续削减死刑罪名可谓情理之中。但当我看到最后公开的报道中这次要取消 9 个罪名的死刑时，还是感到有点出乎意料的惊喜，因为之前大家觉得这次能取消四五个死刑罪名就不错了。

这次之所以敢在取消死刑罪名上继续迈出较大的步伐，正如全国人大常委会法工委主任李适时所说，《刑法修正案（八）》出台以来，中国社会治安形势总体稳定可控，一些严重犯罪稳中有降；实践表明，取消 13 个罪名的死刑，没有对社会治安形势形成负面影响。我很高兴看到官方有这种认识，作为一个长期研究死刑的学者，我深感犯罪的原因十分复杂，一个国家的犯罪升降，

＊ 原载《新京报》2014 年 10 月 28 日。

或某些犯罪上升、另一些犯罪下降，总的来讲，是由这个国家的社会结构和政治、经济、文化环境来决定的。一个国家死刑用得多，并不一定其社会治安就好；相反，一个国家死刑用得少甚至不用死刑，通过改良其他公共政策，也完全能使社会治安维护在一个比较好的状态。

这次准备取消的9个死刑罪名，都是在实践中较少适用了的。这说明了立法削减死刑与司法控制死刑的良性互动关系。一个死刑罪名，只有首先通过司法控制，在实践中很少适用，经过一段时间的检验，发现此类犯罪并没有出现上升的趋势，最后才有可能在立法上取消。像集资诈骗罪，在前几年吴英案没有被最高人民法院核准死刑之后，因此罪被判处死刑的就很少了。今后，我们要想继续减少死刑罪名，仍然必须首先立足司法实践，使一些罪名的死刑条款逐渐成为"死亡条款"。

持续地较大幅度减少死刑，会不会纵容犯罪？对这个问题，李适时先生在作修法说明时讲得很好：取消死刑后，最高还可以判处无期徒刑，通过加强执法，该严厉惩处的依法严厉惩处，可以做到整体惩处力度不减。在许多刑罚相对轻缓的国家和地区，连无期徒刑的适用也是受到严格限制的。我国由于历史的原因，现在仍觉得对犯罪人判处无期徒刑好像还便宜了他，其实这已经是很严厉的惩罚，足以威慑犯罪。何况，像武装掩护走私、强迫卖淫、阻碍执行军事职务等，真有情节极其严重，致人重伤、死亡的，可以依照故意杀人罪、故意伤害罪来判处死刑。

与《刑法修正案（八）》相比，这次拟取消死刑的9个罪名已经不全是非暴力犯罪了。这表明，今后我国在继续减少死刑时，除了将重点保持在非暴力犯罪领域，对一些情节不是特别恶劣的暴力犯罪，也可以考虑取消死刑。此外，这次拟取消死刑的罪名中还有两个军职罪，即阻碍执行军事职务罪和战时造谣惑众罪。这也给我们一个重要启示，在考虑减少死刑时，不要人为地设禁区，即使刑法中的一些敏感章节如危害国家安全罪、危害国防利益罪等，也要纳入死刑改革的研究视野。

《刑法修正案（九）（草案）》还提高了对死缓罪犯执行死刑的门槛，过去规定只要在死刑缓期执行期间有故意犯罪的就要执行死刑，这次改为"对于死缓期间故意犯罪，情节恶劣的"才执行死刑。这个修改也是有道理的。试想，一个死缓犯，如果仅仅在牢头狱霸欺负他时还手致对方轻伤，就要因这种故意犯罪而被执行死刑，公平吗？死刑改革是一个从总则到分则的系统工程。这次总则只修改了这一处。之前学界的一些建言，如设立死刑犯的申请赦免制度，废除死刑执行中的枪决，统一用注射，将不具有人身危险性的新生儿母亲和精神障碍者以及将在刑事追诉和刑罚执行过程中发生精神病的人列入不适用死刑的对象等，尚没有反映到立法中。

我国早已签署《公民权利和政治权利国际公约》，但一直没有批准。据悉，新一届中央领导要求重启批准该公约的研究。公约规定，在那些还没有废除死刑的国家，死刑只能适用于"最严重的犯罪"。这里的"最严重的犯罪"，按照国际通行的理解，应当是指与剥夺人的生命相关的严重的暴力犯罪。另据我国《参考消息》2012 年 12 月 22 日报道：2011 年世界上 193 个联合国会员国中，真正执行死刑的国家只有 21 个。相比之下，就算这次成功地取消 9 个死刑罪名，我国还有 46 个死刑罪名，继续有步骤、有计划地削减死刑，仍然任重道远。

死刑的宪法维度 *

死刑与宪法有相当密切的关系，但在我国，却鲜有从宪法维度来观察死刑。

宪法规定了公民的基本权利，这些权利里面可不可以包括生命权？下面，我从宪法维度讲死刑的几个问题。

一、生命权

第一个问题是生命权的问题，刚才我讲到，从国家尊重和保障人权的宪法条款，应该可以推导出我国宪法的人权包括生命权，即：人人拥有生命权，一个国家的宪法应当保障生命权。

问题是，并不能说一个国家保障生命权，就必然表明这个国家要废除死刑。争议就在这里。

即使一些国家把生命权写进了宪法，里面也存在合宪折中违宪说的观点。各个国家根据本国的具体国情，特别是不同时代的价值观，有一个演变的过程。也可能刚开始是合宪的，后来宣布折中，再后来宣布违宪。

有的人说我国短期内不可能废除死刑，但这并不妨碍我们在

* 原载《法制晚报》2013 年 4 月 6 日，A20 版"名校听讲座"。讲座时间：3 月 20 日，地点：中国人民大学明德法学楼，主讲人：刘仁文。

宪法上承认"人人都有生命权"。我们国家的宪法是承认人人享有生命权的,规定这个并不必然导致我们明天就要废除死刑,但这是有积极意义的。因此,宪法上规定生命权并不表明要立即废除死刑,但应当看到这是一个规律和趋势。

二、比例性原则 [1]

第二个问题,就是宪法上、公法学者经常讲的比例性原则。如果这个结论成立,再用宪法约束和指导刑法,那么对我们减少死刑数量有重大意义。

第一,非暴力犯罪的死刑应当废除。第二个就是绝对死刑。举个例子:绑架罪致被绑架人死亡或故意杀害被绑架人的,处死刑。杀害被绑架人与绑架致人死亡,主观恶性是不一样的。比如因要债绑架被害人,结果被害人心脏病发作死亡,这种情况下没有杀人的故意。这种绝对死刑的立法,是违背了比例性原则的。

第三个就是选择性罪名 [2]。比如组织、强迫卖淫罪,主观恶性也是不一样的。组织卖淫的,是在卖淫者有自主选择权的情况下,帮其提供组织和场所。这种情况下,不是说不该判重刑,但应考虑是否不要判死刑立即执行。

有些行为人有从轻的情节,我们也判了死刑,比如有自首的情节。自首与不自首关于人的主观性是完全不一样的。有些人可能有疑问,觉得如果自首可以免除死刑的话,那么犯罪分子无论

---

1 比例性原则:公法中比例性原则是指公权力的行使除了有法律依据前提外,公权力行使主体还必须选择对人民侵害最小的方式进行。

2 选择性罪名:犯罪构成具体内容反映出多种犯罪行为,既可概括使用,又可分解使用的罪名。

多么罪大恶极，是否只要在犯罪之后去自首就可以免除死刑？犯罪分子是否会耍滑头，在犯罪之后只要去自首，就可以保证其不死？还有一种情况就是，行为人在已经杀人的情况下，如果本来可以继续杀人，或者行为人可以杀老人和小孩，但他没有，在这些情况下，也不一定要判死刑立即执行。这是一个问题，可以考虑一下比例性原则。

三、人格尊严

第三个问题，就是人格尊严不受侵犯。

《宪法》第38条明确规定：中华人民共和国公民的人格尊严不受侵犯。那么犯罪行为人的人格尊严也是必须要保障的，这里的犯罪行为人不仅应当包括具有我国国籍的人，还应当包括在我国境内的其他国籍的行为人。

马加爵一案中，其父亲在接受采访时表示，马加爵已伏法，得到了法律的报应。但是不知道他的儿子临刑之前有没有什么遗愿，想不想见家人一面。这给家人留下了一个永久的遗憾。

因此，希望我们的法律在设计与实践时可以尽量满足人性最基本的需求，即使是被判处死刑的行为人也应当有会见亲属的权利。

四、赦免权

死刑犯有没有申请赦免的权利？我国的宪法中关于特赦有明确的文本依据，但是长期没有使用。

宪法第 67 条在规定全国人民代表大会常务委员会的职权时，其第 17 项规定有"决定特赦"的权力；第 80 条在规定中华人民共和国主席的权力时，有根据全国人民代表大会常务委员会的决定"发布特赦令"的权力。

北大一位教授在主张死刑的同时，认为对于几代单传的独生子女可以不判死刑。我认为在法律面前，人人平等。那么这种问题如何解决？可以依靠特赦制度，因为法律与政治是不同的。

如果从法律的角度出发，对行为人判处了死刑，那么同时从政治层面施仁政，应该给他申请特赦的机会。

这些问题也跟我们的宪法相关，值得进一步去研究。

五、生育权

死刑犯能否主张生育权？

这里有一个真实案例：几年前，浙江有位叫郑雪梨的青年妇女，新婚丈夫不慎犯下命案，一审法院判其丈夫死刑。

郑雪梨向当地两级法院提出了一个在传统司法实践看起来荒唐至极的请求——"让我借助人工授精怀上爱人的孩子"。法院说没有先例，拒绝了。那么死刑犯到底有没有生育权？

有的监狱设有宾馆，允许囚犯会见家属、过性生活。但是在不少地方，这也变成了一个变相创收。后来有的监狱怕囚犯逃跑，把宾馆也给关闭了。

我觉得从我们主张权利的角度，还是可以论证一下这个问题，因为死刑犯拥有生育权是符合人性的。但是这个论证要下功夫，因为这也会带来一系列相关的问题。比如死刑犯可以拥有生育权，那被判处有期徒刑、无期徒刑的行为人是不是也可以拥有生育权？

因为实践中有过这样的案例，所以我把这个问题也提出来，跟大家分享一下。

六、替代刑罚

现在我们很多人认为我们国家的死刑过多，应该确定一些死刑的替代措施，比如以不得假释的终身监禁来替代死刑。那么这种做法是否可取？

美国到现在有三十几个州通过不得假释的终身监禁来替代死刑。不过现在激起很多学者的批评。

欧洲最初的时候，也是采取这种做法。但是后来被宪法法院纷纷裁定是无效的。因为经过一个阶段的施行以后，欧洲认为使人看不到释放希望的终身监禁是残忍的，不人道的。

德国学者利普曼的实证研究表明，经过 20 年的关押后，犯罪分子的人格遭到了彻底的破坏，既无力气，也无感情，成了机器和废人，没有回归社会的能力了。但是大家知道，刑法的一个基本理念、特别是废除死刑的理念，正是建立在行为人可以顺利回归社会这个假设的情境上。如果行为人没有回归社会的能力了，那刑罚制度就是非常失败的。

另一个德国学者阿尔布莱希特的实证研究也表明，持续关押 15 年之后，对服刑人员的人格具有损伤作用：长期关押没有意义，只会毁坏服刑人员的社会生活能力。

所以考夫曼说：将终身监禁作为死刑的替代物，是想通过第二个错误来修正第一个错误，这违反了所有的逻辑。

那么他们后来采取的是一种什么措施呢？欧洲国家现在一般是规定一个 15 年到 20 年的刑期，这是一个最低门槛，是对行为人的报应。

在这个时期过了之后，要有一个专家小组对行为人的人身危险性进行评估，如果行为人的人身危险性评估没有通过，那么从理论上来说有可能对行为人进行终身监禁。当然这种情况在实践中少之又少。

我认为这种制度是比较可行的，就是从人权的角度给行为人一个定期接受人身危险性评估的机会。但是同时，我们还要保护社会的安全，如果经过评估认为行为人还存在着人身危险性，那么理论上是可以对其终身监禁的。

结束语

综上，如果我们国家要减少死刑，还是要完善相关的法律制度、要使这个社会的安全感得到加强。

有什么样的犯罪就会有什么样的刑法，有什么样的社会治安形势就会有什么样的刑罚，所以我们要加强公众的安全感。而这个制度的设计，不是靠死刑来达到的，一定要健全相关的制度。

社会公众的安全感加强了，我们废除死刑、废除劳教这些行为，才有意义，才能得到社会公众的支持！

第四编

生杀大权

死刑核准权"回归"的四大好处 *

　　我国 1979 年通过的新中国第一部刑法、刑事诉讼法，基于严格控制死刑、慎用死刑的立法思想，明确规定：死刑除依法由最高人民法院判决以外，都应当报请最高人民法院核准。但后来在 1983 年"严打"中，为从重从快打击犯罪分子，全国人大常委会通过修改《人民法院组织法》，对死刑复核权作了重要修改，即："杀人、强奸、抢劫、爆炸以及其他严重危害公共安全和社会治安判处死刑的案件的核准权，最高人民法院在必要的时候，得授权省、自治区、直辖市高级人民法院行使。"随后，最高人民法院根据这一规定发出了《关于授权高级人民法院核准部分死刑案件的通知》，将上述严重危害公共安全和社会治安判处死刑的案件的核准权，下放给省、自治区、直辖市高级人民法院和解放军军事法院。1991 年和 1993 年，最高人民法院又发出通知，授权云南、广东两省高级人民法院分别行使其毒品犯罪案件的死刑复核权。1996 年，最高人民法院再次发出通知，授权广西、四川、甘肃三省（自治区）的高级人民法院分别对各自的毒品犯罪的死刑案件行使复核权。

　　死刑复核权的下放带来了一系列的问题，引起社会的关注。

---

* 原载《新京报》2004 年 3 月 10 日，特约评论员文章。

据报道，当时正在召开的人代会上，有代表提出了"将死刑复核权收归最高人民法院"的议案[1]。另据报道，最高人民法院院长肖扬也透露："死刑复核权有望收归最高人民法院"。

将死刑复核权收归最高人民法院，有以下几大好处：

第一，有利于实现法律面前，人人平等。法律面前，人人平等，既是我国的一项宪法原则，也是一项刑法原则，但死刑复核权的下放，使得各地的死刑标准不一，同样的犯罪在甲地可能被判处死刑，在乙地则可能不被判处死刑；甚至甲地一个较重的犯罪不判处死刑，而乙地一个较轻的犯罪却反而判处死刑。由此引起死刑犯的不服、死刑犯家属的不满，给社会也造成一些误会。

第二，有利于缩小死刑的适用面。严格限制死刑一直是我国的一项基本刑事政策，早在民主革命时期，毛泽东同志就指出："杀人愈少愈好""主张多杀乱杀的意见是完全错误的，它只会使我们党丧失同情，脱离群众，陷于孤立"。新中国成立后，他又强调："凡介在可杀可不杀之间的人一定不要杀，如果杀了就是犯错误。"实践证明，死刑复核权的下放，不利于从严控制死刑的适用面。

第三，有利于提高死刑案件的办案质量。死刑案件事关人命，自古就是一件十分严肃的事情。即使在封建社会，杀人也要经皇帝批准。我国之所以要设立死刑复核制度，就是为了最大限度地提高死刑案件质量，尽量避免出错。但死刑复核权的下放，使得高级人民法院既是死刑案件的二审法院，又是复核法院，二审和复核合一，实际上等于取消了死刑复核程序。据统计，在最高人

1《南京日报》2004 年 3 月 8 日报道。

民法院每年核准的死刑案件中，有百分之十几到二十几的改判率，试想，如果这些改判的案件不是由最高人民法院来复核，而是由高级人民法院自己复核，将很有可能维持原判而执行死刑，这也从一个侧面反映出死刑复核权的下放所导致的错判后果之可怕。

第四，有利于依法治国。1996 年、1997 年我国修订后的刑事诉讼法、刑法均明确规定：死刑复核权应由最高人民法院来行使。虽然从表面来看，它与 1979 年的刑事诉讼法、刑法的规定在文字上没有发生变化，但实际上它是在原刑法、刑事诉讼法和修改后的《人民法院组织法》之间进行选择，最后选择了原刑法、刑事诉讼法的规定，而没有吸收《人民法院组织法》的相关内容，根据新法优于旧法的原则，从依法治国的要求看，应视为新刑法、刑事诉讼法已经恢复了 1979 年刑法、刑事诉讼法的规定，死刑复核权继续下放已失去法律依据。

如何收回死刑核准权 *

现在，将死刑核准权收回最高人民法院已成定局，但如何收回，存在不同意见。

一种意见认为，应由全国人大常委会通过修改《人民法院组织法》来达到此目的，因为 1983 年全国人大常委会曾通过修改《人民法院组织法》第 13 条，规定："死刑案件除由最高人民法院判决的以外，应当报请最高人民法院核准。杀人、强奸、抢劫、爆炸以及其他严重危害公共安全和社会治安判处死刑的案件的核准权，最高人民法院在必要的时候，得授权省、自治区、直辖市的高级人民法院行使。"正是依据该规定，最高人民法院其后数次发出通知，将大多数死刑案件的核准权下放给高级人民法院。因此，要收回死刑核准权，就必须再次修改《人民法院组织法》，废除第 13 条的后半部分，从而使最高人民法院的授权失去法律依据。

另一种意见认为，最高人民法院可以直接收回死刑核准权，理由是：1996 年、1997 年修订后的刑事诉讼法和刑法都分别规定："死刑除依法由最高人民法院判决的以外，都应当报请最高人民法院核准。"据此，1983 年全国人大常委会的规定已经过时。

笔者同意第二种意见，也就是说，只要最高人民法院做好了收

* 原载《检察日报》"法治纵横谈"专栏，2005 年 4 月 20 日。

回死刑核准权的准备，就可以立即发文，将各高级人民法院的死刑核准权收回，而不用等到立法机关修改《人民法院组织法》。因为，就同一问题而言，新的规定应优于旧的规定，全国人大通过的法律应优于全国人大常委会通过的法律。刑事诉讼法、刑法分别是1996年、1997年修订的，《人民法院组织法》是1983年修订的，虽然新的刑法、刑事诉讼法在死刑核准问题上的规定与1979年的刑法、刑事诉讼法相同，但其实它是对1983年修改后的《人民法院组织法》的否定之否定，应视为新法。另外，刑法、刑事诉讼法的修订是经过全国人大的，而《人民法院组织法》的修订只是经过全国人大常委会。可见，最高人民法院收回死刑案件的核准权已经没有法理上的障碍，《人民法院组织法》第13条后半部分的授权性规定已属于"死亡条款"。当然，在将来修改《人民法院组织法》时，自然要将该"死亡条款"拿掉，但绝不能以《人民法院组织法》的该规定未除为借口，认为最高人民法院不能收回死刑核准权。

至于由全国人大通过的刑法、刑事诉讼法对死刑核准权这样重要问题的规定，能否由全国人大常委会绕过两个基本法典、而采取修改《人民法院组织法》的方式，来达到修改刑法、刑事诉讼法的内容（而且是重要内容）；以及一项本来只准备在1983年"严打"时期实行的刑事政策，为什么会演变成一种一下而不可收的长期和普遍现象；尤其是，1997年新的刑事诉讼法和刑法生效后，最高人民法院本来可以抓住时机将死刑核准权适时收回，却反而采取一纸通知的形式，继续将死刑核准权下放，致使体现人民公意的法律成为"摆设"；而学者呢，有谁对此发出了敏锐的、强有力的批评声？这一箩筐的问题当然不可能在这里一一展开分析，但愿读者诸君共思之。

死刑复核权不应仅仅是收回 *

    虽然死刑复核权的收回大局已定，并成为 2005 年中国十大法制新闻之二的核心内容。[1] 据"中国法院网"介绍，2005 年的"十大法制新闻"系该网站与"新华网"联合评出。其中第二项是"最高法院发布第二个五年改革纲要"，其入选理由主要是"死刑核准权收归最高法院等措施将对落实宪法保障人权发挥重要作用"。但究竟何时收回，目前尚难以预测（是不是等到收回那一年又要被评为十大法制新闻呢？）。有两个方面的数字促使我们深信：死刑复核权的收回越快越好，越快越有利于控制和减少死刑，有利于统一全国死刑适用的标准。一个方面是目前由各省高级法院复核的死刑案件占全部复核案件的近 90%[2]；另一个方面是在最高法院复核的范围内，"枪下留人"的比例不低，例如，最高法院院长肖扬曾在 2004 年 3 月 10 日的《工作报告》中提到，"全年共审结死刑复核案件和死刑再审案件 300 件，同比上升 16.28%，其中，维持原判 182 件、改判 94 件、指令下级法院再审 24 件"，改判和指令再审的案件占全部案件的 39.93%；又如，2005 年最高法院依法改

---

* 原载《检察日报》2006 年 1 月 18 日，发表时有删节。

1 参见中国法院网，最后访问时间：2006 年 1 月 8 日。

2 参见郭光东：《高法拟收回死刑复核权，慎用死刑符合立法精神》，转引自人民网，最后访问时间：2006 年 1 月 8 日。

判死缓或无期徒刑的案件占报请复核的死刑案件的 11.22%。[1]

毫无疑问，即使不对现行的死刑复核程序做出任何修改，最高法院收回死刑复核权也是具有重大意义的，例如，它可以有效地将死刑复核与二审程序剥离开，克服目前各省高级人民法院集死刑复核与二审程序于一体、致使复核徒有虚名的现象。但是，若能抓住这一机会，进一步将现行的死刑复核程序予以完善，形成一些良好的规则，则更好。现就死刑复核谈如下改革意见：

应由内部审批改为公开审理。现行的死刑复核是一种法院内部的秘密审批，带有较强的行政色彩，从提高透明度、增强科学性着眼，我同意对其进行诉讼化改造的意见，那就是合议庭一定要与辩护律师和公诉人三方一起当面交流意见，并征求被告人的意见（可以通过电话），只有在辩护律师、被告人和公诉方均没有分歧意见的前提下（如被告人一审被判处死刑后，就不再上诉）才可以不开庭，否则就得开庭审理。当然，在开庭形式上，可有别于一、二审，简化开庭手续。在开庭地点的选择上，是集中于北京还是采取巡回审理的方式，亟须研究。考虑到复核法官必须提审被告人，并且最好让被告人能出庭，这样全部押解到北京来显然不现实，因此，由最高法院派出复核法官到各地就近开庭不失为一种选择。至于有人提出，为慎重起见，应将死刑复核的合议庭人数由 3 人扩充到 5 人，我认为没有必要，当务之急应是完善合议庭的工作机制，克服"一人审、二人附和"的现象，为此，应将合议庭讨论的意见和他们的表决情况记录在案，并予以公开，接受当事人和公众的检验。

1　参见《新京报》2006 年 1 月 7 日，A15 版。

应让律师和检察机关参与到死刑复核中来。现在，律师介入死刑复核几乎已经成为学界的共识，我本人也一直主张，在死刑复核程序中，被告人不仅应有权聘请律师为其辩护，而且必须获得律师辩护，也就是说，当被告人本人或家属无力或不愿聘请律师时，必须保证有负责法律援助的律师为其辩护；在死刑复核的辩护工作中，律师应享有阅卷权、会见权、充分参与质证、辩论以及提供新证据的权利。至于检察机关是否应介入，有不同意见。有人认为：检察机关在第一、二审中已经充分发表了意见，没有必要再介入；如果由最高人民检察院介入最高人民法院的死刑核准，将出现最高检对最高法复核结果提出抗诉的现象，这就违背了最高法司法权的终局性原则。[1] 我认为，从兼听则明的诉讼规律来看，应当允许检察机关介入。在复核阶段，被害人或其近亲属可以不必介入，以免造成不利于控制死刑的气氛，但为了他们的利益，也需要代表他们的公诉方参与复核。至于检察机关介入后，合议庭没有采纳它的意见，为了维护最高法院的权威性，此时可将该裁决视为终局裁决，最高检不得再按照审判监督程序提起抗诉。还有，就是在死刑复核程序中，不一定要由最高检出面，完全可以由一、二审出庭支持公诉的检察官继续出庭。

发回重审不得由死缓改死刑立即执行。在死刑复核环节能否发回重审，法律没有规定，1998 年最高法院等部门颁布的《关于刑事诉讼法实施中若干问题的决定》允许发回重审，但该《决定》的这一规定是否合理，值得商榷。举例言之：某中级人民法院判处故意伤害致人死亡的被告人甲死缓，判决后，甲没有上诉，检

---

1 参见窦卫华:《死刑复核新热点：最高检应否介入？》，载《新京报》2006 年 1 月 4 日。

察机关也没有抗诉，于是中院依法报请省高院复核，但高院复核后，以原判事实不清等理由发回重审，后中院审委会在讨论该案时，认为是高院嫌他们判得太轻，于是改判死刑立即执行。这样一来，就出现了如下不正常现象：如果此案不属死刑案件，就没有复核这一关，上诉、抗诉期一过，就正式生效；而死刑复核制度（包括死缓复核制度）本来是基于死刑案件事关人命、马虎不得这一认识而增加的一道特殊把关措施，其本意非常清楚，就是要防止错杀，但本案的结果恰恰相反，复核程序反而帮了被告人的倒忙，将其由死缓推入死刑，这显然违背了复核制度设立的初衷。因此，应当确立这样一项制度：即死刑复核原则上不得发回重审，万一要发回重审也不得加重被告人的刑罚。须知，复核法官既不是上诉法官，也不是处于审判监督环节的法官，更不是负责法律监督的检察官，其唯一的任务在于确保不杀错人。如果原审判决（包括像本案的一审判决以及经过上诉或抗诉的二审判决）确实存在重罪轻判的现象，那得靠检察机关的抗诉或法院的审判监督程序来纠正。需要指出的是，此次最高法院计划中的收回死刑复核权，并没有包括死缓的复核，也就是说，死缓的复核权将继续由各省高级人民法院行使，如果这一漏洞不及时堵住，不排除各地在死刑复核权丧失后，利用发回重审这一杀手锏来贯彻自己的重刑思想（对于刑事诉讼中的重审制度，我的基本观点是在实现二审开庭的基础上，对"事实不清"或"证据不足"的一审案件，不能发回重审，而应由二审法院直接审理[1]）。致使下级法院按照相应的潜规则，将发回重审的死缓案件改为死刑立即执行。

---

1 参见刘仁文：《需对发回重审制重新检视》，载《新京报》2004年3月27日。

顺便要说的是，如何在死缓案件中将省高院的二审与复核真正剥离开，也是一个值得研究的问题。

死刑复核不宜设立期限。有人认为，现在由于死刑复核没有规定期限，导致实践中有的死刑案件复核期限过长，影响了诉讼效率，因而建议就此作出规定，具体意见有 3 个月、6 个月或 1 年。[1] 我的意见是，本着"杀人不急"的原则，不必规定具体期限，这也可以使被告人无法准确预料他的最后期限，避免焦躁不安。还要指出的是，对于那些核准执行其死刑的，是否需要立即告知？我觉得应选择一个适当的时机，即离他最后执行死刑的时间已经不长，但又能确保他有留遗言、会见亲属的时间，并且应辅之以心理医生，将其恐慌和痛苦降到最低限度。[2]

最后，最高法院应通过死刑复核，发现各级人民法院在一、二审中所暴露出来的问题，进一步完善一、二审的程序和规则，使一、二审在发现事实真相、准确适用法律方面发挥良好的基础性作用；同时，最高法院也应通过死刑复核，确立一些示范性案例，通过《最高人民法院公报》等加以宣传，逐步引导各地朝从严控制死刑的方向前进。

---

1 参见蒋安杰：《死刑复核程序如何完善》，载《法制日报》2005 年 12 月 1 日。

2 依照现行法律规定，死刑立即执行的判决一旦被核准，死刑执行命令便会紧接着被签发，执行机关将在死刑执行命令送达 7 日内执行（刑事诉讼法第 211 条），如此短的时间使得通过申诉启动再审的程序变得几乎不可能，而这与死刑案件"权利救济手段充分"的国际刑事司法准则相悖，因此，应适当延长执行死刑的时间。

落实死刑案件二审开庭 *

在限制和减少死刑方面，近期有两个积极的信息：一是最高人民法院已经增设三个刑事审判庭，以应对死刑复核权的收回；二是最高人民法院决定逐步实现死刑案件的二审开庭审理。前者虽然正、副庭长已经到位，但究竟何时将死刑复核权从各省高级人民法院收回，现在看来，恐怕还不是最高人民法院一方说了算，还需要中央来做各省的工作，统一全党的认识。相比之下，后者就是最高人民法院自己可以决定的，所以明确了时间表。

2005 年 12 月 7 日，最高人民法院发出《关于进一步做好死刑第二审案件开庭审理工作的通知》(以下简称《通知》)，提出自 2006 年 1 月 1 日起，对案件重要事实和证据问题提出上诉的死刑第二审案件，一律开庭审理，并积极创造条件，在 2006 年下半年对所有死刑第二审案件实行开庭审理。该《通知》实际上点出了又一个"法律白条"现象：本来按照刑事诉讼法第 187 条的规定，第二审人民法院原则上对所有的刑事案件（而不光是死刑案件）都应当开庭审理（刑事诉讼法第 187 条规定："第二审人民法院对上诉案件，应当组成合议庭，开庭审理。合议庭经过阅卷，讯问被告人，听取其他当事人、辩护人、诉讼代理人的意见，对事实

---

* 原载《新京报》2005 年 12 月 17 日，发表时有删节。

清楚的，可以不开庭审理。对人民检察院抗诉的案件，第二审人民法院应当开庭审理"）。但实践中，谁都不能否认，二审案件原则上成了不开庭审理（有学者认为目前有 90% 以上的刑事案件二审不开庭[1]）。被告方缺乏与二审法官、证人等面对面交流的机会，律师也缺乏当庭辩护的机会，这无疑对确保刑事案件的质量极为有害。现在最高法院抓住死刑这一刑事领域最重要的方面，先期落实二审开庭的规定，从策略上来说应是对的，这也说明最高法院对实践中二审开庭没有得到落实的问题是清楚的，因此希望接下来能看到最高法院就其他刑事案件的二审开庭问题也拿出切实可行的方案来。（ 方案宜朝着两方面努力：一是要在现有基础上大幅度扩大二审案件的开庭率，这里面当然也包括《通知》中所涉及的有关内容："各高级法院要在当地党委的领导下[2]，积极争取政府及有关部门的支持，切实解决开庭审理死刑第二审案件所涉人、财、物保障及相关问题。要加强与检察机关、司法行政部门的协调，争取支持和配合，保证公诉人和律师出庭，确保死刑第二审案件开庭审理工作顺利进行。"二是要对不开庭审理的案件的决定程序和此类案件审理中的操作技术做出进一步明确规定，如不能认为被告人上诉中没有提到"事实不清"就认为是事实清楚，而要确实在"阅卷"和"讯问被告人，听取其他当事人、辩护人、诉讼代理人的意见"后才决定事实是否清楚，进而决定是否开庭审理；即使对不开庭审理的案件，也一定要给予被告人和辩护律师充分的表达意见的机会，而不能像现在，有的二审案件连律师何时介入、以何种方式介入、到哪里去见主审法官都不明确，有

---

1 参见中国刑事律师网，最后访问时间：2006 年 1 月 8 日。
2 普通刑事案件二审还涉及中级人民法院。

的等到律师找到法官时，可能二审意见已经形成。）

正如《通知》所指出的：死刑案件二审开庭审理"是完善死刑案件审判程序、保证死刑案件质量的必然要求，有利于加强司法人权保障，有利于从制度上保证死刑案件的公正和慎重"。由于死刑的无法挽回性，对死刑案件给予特别的程序保护是那些尚未废除死刑的国家的通例。死刑案件中的冤假错案比例之高其实可能出乎我们绝大多数人的预料，例如，即使在美国这样严格限制死刑、科技高度发达、对程序正义十分重视的国家，在最近 20 年间，仍然错杀了 102 名无辜被告。[1] 因此，相比起说服一个国家的政府和人民接受废除死刑的观念，说服大家接受对死刑案件要不惜代价来确保不杀错人，就要容易得多。

现在的问题是，《通知》中涉及的有些内容亟须进一步落实：

首先，根据《通知》，在 2006 年上半年，只对案件重要事实和证据问题提出上诉的死刑二审案才开庭审理。什么叫"重要事实"？对此，取决于受理二审的法官的自由裁量权，应从"人命关天"的角度尽可能多地采用开庭的形式。如何理解"重要事实和证据问题"，是不是上诉理由要同时包括二者，才开庭审，不然，应是只要具备其中之一，就要开庭审，这里的"和"字显然属"或"字的误用，因为"重要事实"和"证据"两者之中的任何一种都要靠开庭审理才能更便于查明。[当然，从解释学的角度，如果硬要说规范文本是"重要事实和证据问题"，而不是"重要事实或证据问题"，也可将"重要事实"与"证据"解释为二者不可分，也就是说，重要事实必然牵涉到证据，证据必然牵涉到

1　转引自陈泽宪：《严格限制死刑适用：废除死刑的必由之路》，载《死刑：中外关注的焦点》，中国人民公安大学出版社 2005 年版。

重要事实（在死刑案件中再小的事实也是重要事实），故此，凡对其中之一提出上诉者，均应开庭审理。] 还有，有的被告在一审被判处死刑后，当法官送达判决书时问他是否要上诉，他只简单说要上诉，这时能不能以他没有具体提出"重要事实和证据问题"就不开庭审理呢？我认为二审法官应在问明其上诉理由后，根据不同情形来决定开庭与否。

其次，二审如何开庭？一要避免走过场，克服"先定后审"。由于二审法官不像一审法官那样只接触到检察机关移送过来的有限的案卷材料，而是一审后的全部材料，为了避免先入为主，可考虑将事先受理一审卷宗的法官和最后开庭的法官分开。二是在二审时，检察机关以何名义出庭？一审检察机关是公诉机关，与被告及其辩护人相对立，但二审时，情形则有所不同：在抗诉案件的二审中，检察机关仍然可以公诉机关的名义出庭；但在上诉案件的二审中，法庭审理的是被告方对一审法院的上诉，而不再是检察机关的指控，此时检察机关是仍然以公诉人的身份还是以法律监督人的身份出庭，或者检察机关可以视情况不同而决定是否出庭，需要明确，否则各地的开庭形式就会不统一。三是要在重点审与全面审之间找好平衡，既要针对上诉、抗诉理由重点审理，又不能局限于上诉、抗诉理由，而要对一审判决认定的事实和适用法律进行全面审查。

再次，要强化相关制度的建设。例如，《通知》提到要保证有关的证人、鉴定人出庭，但当前刑事诉讼包括死刑案件中的一个突出问题是绝大多数证人、鉴定人都不出庭，而是靠一纸无法对质的书面材料，这极大地妨碍了庭审的深入。为了确保证人、鉴定人的出庭，要建立起对证人、鉴定人的保护制度，包括在一些特殊案件中，让证人、鉴定人到庭，但不面对公众，而是采取相应的隔离措施［《新京报》2005 年 12 月 7 日在报道审判萨达姆一案时，曾用图文显示：为了确保一位女证人的安全，伊拉克特别法庭花费了 10 分钟的时间对女证人的声音做了技术处理，并允许她坐在一面绿色窗帘做成的屏风后面，周围有很多警卫守护。我在前南斯拉夫国际刑庭旁听时，也遇到过旁听席上的耳机关闭、转播电视停止转播的情形，据说那也是因为里面的审判内容涉及被告的隐私或证人的保护（旁听席与法庭之间有透明玻璃隔开）。虽然我国目前的主要问题是证人出庭率太低，但在推进这个问题的改革时也要防止矫枉过正，让证人出庭并不是简单地将一切证人暴露于光天化日之下，对那些人身安全受到威胁或有其他隐情的证人（后者如强奸案件中的受害人，若非要她作为证人出庭，她可能受不了法庭上面对强奸犯甚至还要与其对质的现实），应考虑到其顾虑并经过适当的评估，如有必要，可采取相应的"遮掩"和技术处理措施］。与此同时，对证人、鉴定人的误工费、交通住宿费等都要有相应的补偿措施，还要建立证人、鉴定人的宣誓制度。再如，现在许多死刑案件最后都要由合议庭报审判委员会讨论决定，但审委会并没有当面聆听案件的机会，势必造成"审者不判、判者不审"的局面，因此一方面要尽可能地将案件决定权下放给合议庭，另一方面，对那些确需审委会讨论的，一定要使审委会的委员有当场聆听案件的机会（可考虑由专司刑事案件审理的资深法官组成比目前规模小的审委会）。

"留有余地"与"疑罪从无" *

  "留有余地"是指对于罪该处死但在证据上还达不到"办成铁案"程度的，改判死缓，以留有余地，它是我国死刑司法实践中经常提及的一项刑事政策。"疑罪从无"是指根据我国刑事诉讼法第 162 条第 3 项的规定，对于证据不足，不能认定被告人有罪的，应当做出证据不足、指控的犯罪不能成立的无罪判决，它是现代法治国家在处理疑案时所普遍采用的一项司法原则。"留有余地"与"疑罪从无"是什么关系，这两类案件有无区别，有何区别，被司法实际部门的同志称为"长期困扰"他们的一个实际问题。据有的同志披露："实践中有相当数量的疑案被留有余地判处死缓"。[1]

  在理论界，近年来随着甘肃武威杨文礼、杨黎明、张文静冤案，云南昆明杜培武冤案，辽宁营口李化伟冤案等案件的披露，对此问题亦有越来越多的学者予以重视和关注，大体出现了以下三种意见：一是认为"留有余地"的政策与"疑罪从无"的原则相悖，不符合"依法治国"的要求，应当废止这一提法，既然证据上还达不到"办成铁案"的要求，就说明是疑案，应遵照"疑

---

* 原载《检察日报》2002 年 8 月 21 日。

1 参见胡常龙：《论留有余地判处死缓案件》，《诉讼法学研究》（第二卷），中国检察出版社 2002 年版。

罪从无"的原则，依法宣布无罪；二是认为虽然我国刑事诉讼法对定案证明标准的要求是"事实清楚，证据确凿、充分"，但对于什么是"事实清楚"，何为"证据确凿、充分"，也就是说，疑案的标准是什么，在一定程度上取决于法官的自由心证，从实际看，不仅人们的认识会有分歧，而且各地的做法也不一样，在此情况下，强调对判处死刑立即执行的案件要慎之又慎，留有余地，有其现实意义，因此应当继续保留这一提法；三是认为，留有余地判处死缓的案件与疑案是两类不同性质的案件，前者是指定罪事实清楚，证据确凿、充分，足以判定是"谁实施了犯罪行为"，但在量刑情节上存在瑕疵，既有应从重处刑的证据，又有应从轻处刑的证据，根据"疑义有利被告人"的原则，留有余地判处死缓，而后者则在定罪上也还存在事实不清、证据不足的问题，不足以判定是"谁实施了犯罪行为"。这样，就把留有余地判处死缓的案件与疑案区分开来，将前者的范围严格限定在定性无疑、量刑存疑的范围，既坚持了"疑罪从无"的原则，又很好地贯彻了"留有余地"的政策。

以上三种意见，虽然各自的角度不同，但有一点却是共同的，那就是如何最大限度地防止错杀。笔者认为，第一种意见从理论上来讲是对的，但就目前我国司法实际而言，有些过于理想和简单化。许多的事实证明，要在我国真正贯彻落实"疑罪从无"的原则，还有诸多制度上和观念上的障碍。试以前述杜培武案为例，由于公安机关刑讯逼供，违法取证，加上我国在证据采信与排除等规则方面还存在诸多漏洞，致使杜案表面看来"证据已形成锁链"，一审法院正是据此判处杜培武死刑立即执行，二审法院以"根据本案的具体情节和辩护人所提其他辩护意见有可采纳之处"

为由，根据"留有余地"的政策，改判死缓。后来真凶发现，杜培武得以无罪释放。如果没有"留有余地"的政策，一定要在杀与放之间做出选择，很难想象二审法院会在当时条件下做出放的选择。第三种意见可谓用心良苦，试图通过限制"留有余地"案件的范围来协调"留有余地"与"疑罪从无"的关系，但这种解释人为地缩小了"留有余地"政策的本来含义和人们平时对这项政策的理解内容，也难以达到在定罪环节上防止错杀的目的。因此，笔者原则上倾向于第二种意见，即在目前形势下，对死刑案件强调要慎之又慎，办成铁案，对没有百分之百把握的死刑案件要留有余地，有利于提高各地审判人员对死刑案件的重视程度，对防止因错杀以致造成无可挽回的后果具有积极的现实意义。但与此同时，应加强对该政策在执行上的指导和监督，防止不恰当地扩大该政策的适用范围。具体而言，要做好以下几方面的工作：

首先，要正确理解"留有余地"的政策含义。"留有余地"是从确保死刑案件万无一失的角度提出来的，其出发点是有利于被告人。如果说对我国刑事诉讼法规定的证明标准"事实清楚，证据确凿、充分"到底要达到何种程度还缺乏可操作性的要求，以致有的审判人员把它理解为只要达到"清楚而使人确信"的证据程度即可定罪的话，那么对于判处死刑立即执行这种"人头一旦落地即无法再接起来"的案件，则必须牢固树立起"排除一切怀疑"的标准，也就是说，即使已经达到"清楚而使人确信"的证据程度，但只要辩方提出的任一怀疑没有得到排除，就不能判处死刑立即执行，而要留有余地判处死缓。

其次，不能把疑罪当作留有余地判处死缓来处理，否则就是走向了政策的反面，造成不利于被告人的后果。目前这一政策在实践中最突出的问题就是把疑案当成留有余地判处死缓来处理了，其中有的是因为审判人员传统的有罪推定思想作祟，有的是因为公安机关的破案有功人员在法院判决之前已经记功授奖，几家协调所致，还有的则是因为害怕疑案的无罪判决引起刑事司法赔偿，造成司法机关的经费紧张和影响司法机关的权威，等等。所有这一切，都不能成为"留有余地"的借口和理由，要坚定不移地捍卫刑事诉讼法的"疑罪从无"原则。

最后，要加强相关制度的建设。现在，"疑罪从无"原则之所以难以贯彻，一个原因是有的本来可以不成为"疑案"的，由于公安机关的办案人员在现场勘验等方面存在严重的失误，该提取的指纹没有提取，该留存的物证没有留存，致使事后无法排除辩方的合理怀疑，成为"疑案"，这样的"疑案"如果要严格按照刑事诉讼法"疑罪从无"的原则来处理，势必得不到群众（包括受害方）的理解。另一方面，许多本来应当是有重大疑点的案件，经过办案人员的刑讯逼供和种种"加工"，端到法庭上的已经是"生米煮成熟饭"，加上目前的庭审又过多倚重书证，而种种对刑讯逼供的监督又难以奏效，致使"疑案"成为"铁案"。此外，有的地方政法委不适当地强调协调而不注意保证审判人员的独立，以及目前的国家赔偿法将因"疑罪从无"而宣布无罪的案件也不加区别地纳入普通刑事冤案的赔偿范围，都促成了"疑罪从无"难以从纸面走入现实的局面。因此，应从制度设计上强化公安机关的办案能力和水平，加强对刑讯逼供现象的预防和救济，改进庭审方式，以及建立健全其他相关的制度和规则，只有这样，"疑罪从无"才有望最终得到落实。

寄望最高法院审慎复核吴英案 *

据最高法院新闻发言人 2012 年 2 月 14 日透露，最高法院注意到社会对吴英集资诈骗一案的广泛关注，在死刑复核审理过程中，将依法审慎处理好这个案件。

印象中，最高法院在死刑复核的结果出来之前，专门就一个案件做出回应，并不多见。尽管最后结果还不得而知，但最高法院的这种做法值得肯定。

自 2007 年 1 月 1 日最高法院收回死刑核准权以来，少杀慎杀的死刑政策得到了进一步的贯彻，在国内外产生了良好的效果。众所周知，死刑核准权下放到省一级的高级法院后，死刑案件的二审和复核两道程序等于合二为一。正是从这个意义上，我们说最高法院收回死刑核准权对于程序正义的实现具有重要的意义。

应当看到，死刑核准权收回来以后，虽然已经在统一死刑标准、限制死刑适用等方面取得了积极成效，但死刑复核阶段的一些具体制度仍然处于完善的过程之中，如何增强死刑复核工作的透明度，如何让律师能够进得去最高法院、见得着复核法官、有机会陈述辩护意见，如何使当事人各方乃至社会知悉最高法院核

---

* 原载《新京报》2012 年 2 月 15 日，标题为《以"依法""审慎"让民众信服吴英案》。上述内容曾以"寄望最高法院刀下留人，好对历史有所交代"为题参加中国刑法学研究会的内部研讨，并作为附件报送中国法学会。后最高人民法院没有核准吴英的死刑。

准或不核准死刑的理由，等等，这些制度的完善，对于保证死刑复核质量、防止司法腐败、增强最高法院的权威，都是有好处的。特别希望最高法院能以吴英案的死刑复核为契机，进一步推动死刑复核工作各个环节的完善。

具体到本案，目前社会上有许多质疑需要最高法院在死刑复核过程中加以查明，不少来自法学界的意见也需要最高法院予以考虑。归纳起来，大致有以下四点：

首先，关于本案的罪与非罪。集资诈骗罪的前提是构成非法吸收公众存款罪，而构成非法吸收公众存款罪的条件之一是向社会公众即社会不特定对象吸收资金。本案二审审判长在接受《法制日报》记者采访时说："尽管认定的集资直接对象仅十余人，但下线人员众多、涉及面广。"这里有一个重要问题需要澄清，那就是那些做"资金生意"的众多下线人员与吴英有没有预谋和分工，因为刑法上的因果关系不能无限扩展。从有关报道来看，很可能吴英与这些下线人员没有预谋和分工，如果是这样的话，那就真的连本案是否构成非法吸收公众存款罪都要存疑了，因为这十余人连检察机关也不否认他们与吴英在借款之前就已经是朋友关系，根据最高人民法院的司法解释，在亲友间针对特定对象吸收资金的，不属于非法吸收公众存款。由此造成的债权债务关系应属于民事法律关系。不能因为吴英明知所借的钱是对方非法吸收公众存款得来的，就认为吴英的借款行为也是非法吸收公众存款。

其次，关于集资诈骗的故意。退一步，假设吴英构成非法吸收公众存款罪，那么她是否构成集资诈骗罪呢？关键就要看她有没有非法占有的目的。从有关报道看，吴英有自己的厂房、固定资产和具体的经营活动，恐怕很难说她一开始就想诈骗。即使能证明吴英后来在资金链断裂的时候转变了犯意，也不能以结果论，不能回溯到她一开始就有集资诈骗的故意，而要分阶段论，从有证据证明她产生了非法占有的目的开始算起。笔者注意到，一、二审法院都认为吴英肆意挥霍集资款，致使集资款不能返还，而这正是最高人民法院的司法解释所要求的"以非法占有为目的"的情形之一。但根据律师的介绍，吴英的所谓"挥霍"其实只占整个款项的很小比例，绝大多数还是用于经营活动，如果这个属实，那么根据最高人民法院的有关精神，行为人将大部分资金用于投资或生产经营活动，而将少量资金用于个人消费或挥霍的，不应仅以此便认定具有非法占有的目的。更重要的是，吴英被指控的某些"挥霍"行为，据称本质上还是基于经营的需要和公司发展的目的，如600万元的请客吃饭，辩方认为是为了拉关系、找门路，不能算个人肆意挥霍。这些都有待查明。

再次，关于本案量刑应当考虑的几个因素。再退一步，即便吴英构成集资诈骗罪，是否就一定要判处死刑立即执行呢？我的观点是：否！理由是：1. 吴英集资的直接对象是做"资金生意"的人，据说有的人还是在向吴英放高利贷。如果属实，则那些放高利贷的人本身就是违法者，他们的"受害"，自身负有严重的过错。在这种受害人有过错的案件中，判处犯罪人死刑立即执行无疑是让犯罪人承担百分之百的责任，不公平。2. 刑法第192条"集资诈骗罪"并没有直接规定死刑，只是在第199条特别规定：集资诈骗数额特别巨大并且给国家和人民利益造成特别重大损失的，才处无期徒刑或者死刑。这说明，对集资诈骗罪一般是不考虑适用死刑的，只有在极其例外的情况下才考虑死刑。本案的直接受害人仅十余人，谈不上"给国家和人民利益造成特别重大损失"，更不能以"严重破坏国家金融管理秩序"这类大词来夸大被告人行为的社会危害性。3. 本案从一审到二审，中间间隔两年之久，我推测二审法院必是看到了案情的复杂。对于这样一个重大疑难案件，又没有民愤，为什么非要判处死刑立即执行呢？不仅没有民愤，相反，社会上同情之声骤起。

最后，我要说的是，现行刑法上的非法集资犯罪在立法上是很值得检讨的。从未来的发展趋势看，非法吸收公众存款罪这个罪名应当取消，自愿的民间融资应当允许；集资诈骗罪罪名需要保留，因为任何形式的诈骗都是不能允许的，但必须废除该罪的死刑。刑法并没有对普通诈骗罪设死刑，因为考虑到被害人有贪便宜的心理，要负一定的责任。本来这一理由也应当完全适用于集资诈骗罪，只不过在特定的社会背景下，才对集资诈骗罪设立了死刑。《刑法修正案（八）》在废止13个非暴力犯罪的死刑时，曾经考虑过要把集资诈骗罪的死刑也取消，虽然最后没有成功，但下一步立法上减少死刑时，该罪名或许会首当其冲。在这种形势下，即便是货真价实的集资诈骗罪，也最好不要判死刑立即执行，哪怕改判个死缓，也好对历史有所交代。

上述情节和学理，事关人命。最高法院已经表示复核此案的原则是"依法"和"审慎"，我理解这里的"依法"，就是要严格按法律办事，不受案外因素的影响，真正做到不枉不纵；"审慎"就是要充分关切和考虑到社会上针对此案提出的种种疑问。相信最高法院定能在该案的死刑复核过程中，落实好这两个原则，使复核结果让民众信服。

对最高检死刑复核检察厅的三点期待 *

早在最高人民法院收回死刑核准权的当年，即 2007 年，最高人民检察院便成立了临时性的内设厅级机构死刑复核检察工作办公室。2012 年新通过的刑事诉讼法明确规定："在复核死刑案件过程中，最高人民检察院可以向最高人民法院提出意见。最高人民法院应当将死刑复核结果通报最高人民检察院。"以此为契机，最高人民检察院在原来的死刑复核检察工作办公室的基础上正式成立了死刑复核检察厅。

对于最高检是否需要设立这样一个机构，之前是存在争议的。存疑一方的主要理由有二：一是检察机关作为代表国家指控犯罪的机关，其角色决定了它很可能从打击犯罪的角度出发，要求法院多判死刑，这不利于国家严格控制和减少死刑的政策目标的实现；二是世界上鲜有对最高法院的工作设置这样专门的监督机构的机制。

不过主张设立这一机构的理由显然占了上风：一是根据我国宪法，检察机关是国家的法律监督机关，最高检有权监督最高法的工作；二是最高检也要贯彻落实国家严格限制死刑和宽严相济的刑事政策，死刑复核检察监督绝不是为了多判死刑，而是为了

* 原载《方圆律政》2013 年 3 月号，发表时编辑改题为"刀下留人的制度魅力"。

防止司法腐败和造成冤假错案，提高死刑案件的复核质量。

我个人在这个问题上也经历过纠结，最初对最高检是否应介入最高法的死刑复核、刑诉法修订是否应把最高检有权介入最高法的死刑复核写进去表示怀疑，但后来在与最高检的有关部门接触后，经过慎重思考，我改变了最初的观点，转而支持最高检介入死刑复核，主要考虑是，虽然近年来我国死刑判决和执行显著下降，但短期内死刑案件的绝对数还将保持在一个较高的水平，由此决定了复核死刑的法官人数多，而目前最高法复核死刑的程序还带有相当的封闭性，万一哪一天最高法在复核死刑的过程中出现了冤假错案，或者司法腐败，甚至因司法腐败而酿成冤假错案，那就是灾难性的后果，将会对最高法的权威、死刑核准权收回的积极作用形成巨大挑战，因此只要是有利于加大对死刑复核工作的监督、提高死刑复核质量的举措，就应该支持。

对于死刑复核检察厅这一新机构的成立及其运作，我有以下三点期待：

一是要明确目标。我以为，防止司法腐败和冤假错案是死刑复核检察厅的两个最主要目标。防止司法腐败就要推动死刑复核工作的公开化，"阳光是最好的防腐剂，灯泡是最有效的警察"。防止冤假错案就要推动死刑复核工作的规范化，按司法规律办事。例如，过去在死刑复核工作中，律师介入很难，有的律师甚至连最高法的门都进不去，进去了也不知找谁，人为地增加了成本、影响了效率，连打听某个死刑案子在哪个庭哪个承办法官手上都要找关系，这就是不规范、不公开的结果。死刑复核检察厅投入运行后，我希望能把死刑复核程序改造为一个法官公开听证的程序，使检察官和律师以及死刑犯本人能够有一个向法官表达意见、而且彼此之间也能够交换看法的平台，法官也可以借此核实、询问双方一些问题，这有助于兼听则明，也有助于提高效率，还能增加复核结论的公信力。在实现这两个最主要目标的同时，还有一些目标也需要顾及，如国家已经确立了严格限制死刑的政策，那么在对死刑复核进行监督时，就不应一味地追求多核准死刑的结果，相反，对于最高检认为不该核准死刑而最高法却核准了死刑的案件，也要依法提出监督意见。

二是要健全工作机制。从横向看，最高检应在前期工作的基础上，进一步与最高法做好沟通协调工作，尽快确定死刑复核法律监督的范围和方式，规范办案活动和工作程序，统一对死刑政策的理解和死刑案件办理标准的掌握。新刑诉法的规定比较原则，到底哪些案件最高人民检察院可以向最高人民法院提出意见？以何种方式提出？最高人民法院应当将哪些案件的死刑复核结果通报最高人民检察院？何时通报？比如，最高法现在的死刑复核法官多达几百人，但最高检死刑复核检察厅目前只有办公室、业务一处、业务二处和业务三处四个处级单位，显然不可能对所有死刑案件都进行监督。另外，检察机关以何种监督方式来介入死刑复核，其监督效力怎样？如何既保证监督到位，又避免过度监督，以维护最高法的权威和形象？这些都需要认真研究。横向方面，还涉及最高检与全国律协的沟通，一方面双方要共同促进检察官、律师在最高法死刑复核中的有效参与，另一方面，还要探讨律师直接向死刑复核检察厅反映情况的工作机制。从纵向看，最高检的死刑复核工作应与省一级检察机关的死刑案件二审办理工作衔接好，既要加强和规范最高检对省一级检察机关死刑案件二审办理工作的业务指导，又要发挥省一级检察机关对最高检死刑复核工作的辅助作用。

三是要带动相关司法体制改革。将死刑复核检察工作办公室改为死刑复核检察厅，是经过中央编制委员会办公室批准的，最高检政治部等部门应加快编制到位，做好增编进人工作。在充实死刑复核检察队伍时，除了从地方检察官中物色人才，还应加大从优秀律师和专家学者中选拔人才的力度。另外，根据刑诉法的规定，最高法判决或核准死刑，并由最高人民法院院长签发执行死刑的命令后，7日以内就要交付执行。这种"快速处决"的执行模式导致被判死刑的被告人几乎不再可能去寻求任何法律救济，也无法行使申诉权等其他被告人能够享有的诉讼权利，同时，执行期限过短还会使检察机关面对已经核准、将要执行的死刑裁判"来不及"监督，故要以此为契机，改变中国死刑制度中"杀人太急"的局面。最后，还要未雨绸缪，抓好死刑复核检察队伍的廉政建设。打铁还需自身硬，本来死刑复核检察厅的成立就是要防止最高法死刑复核中的司法腐败，如果自身反而出问题，那将是莫大的讽刺。

加强检察机关对死刑二审案件的法律监督 *

目前，在死刑案件的二审阶段，检察机关的法律监督还存在一些盲区，需要加以完善。

一、存在的问题

一是检察机关尚未对死缓案件的复核进行有效的法律监督。2007 年 1 月 1 日，最高人民法院收回了死刑复核权，但对死刑缓期两年执行的案件的核准权并未收回，仍由各省高级人民法院行使（从未来国家法治的发展走向看，死缓案件的核准权最终也应当收回到最高人民法院，因为死缓只是死刑的一种执行方式，而且《刑法修正案（八）》又增加了对死缓犯可以限制减刑的制度，这就更需要慎重行事）。在司法实践中，各高级人民法院对于被告人上诉的死缓案件一般实行审核一体制度，即以审代核、将二审与死缓的复核合二为一，二审的合议庭既是审理的合议庭又是复核的合议庭；对于被告人未上诉的死缓案件，高级人民法院直接复核。但无论被告人是否上诉，死缓案件一般都采取书面审（核），并且不通知同级人民检察院。这在很大程度上弱化了死缓复核的

＊ 原载《检察日报》2014 年 4 月 16 日。

程序保障，死缓案件的二审和复核也因此游离于检察机关的监督范围之外。

二是对最高人民法院裁定发回重审的案件，检察机关尚缺乏有效参与。最高人民法院对裁定不核准死刑的案件，目前的做法一般是发回重审（二审法院或一审法院重审）。其中由二审法院重审的，实践中一般不开庭审理而直接改判。但改判时，法院并未听取检察机关的意见。对于此种情况下检察机关如何参与、如何有效监督，尚缺乏具体操作规范。

三是检察机关对法院内部决议机制的参与和监督不够。实践中，死刑案件的最终裁决并不是由参与案件审理的合议庭确定，而是由法院内部的审判委员会来讨论决定。在重大案件交法院审判委员会讨论决定的机制暂时不能进行较大改革的现有条件下，检察机关有必要加强对审判委员会内部讨论的监督（有人担心，检察官列席审委会，会不会加剧控辩双方的不平等，我们认为，强化对审委会的外部监督是首要的，如果能在检察官列席审委会的同时也邀请辩护律师列席审委会当然最好，若做不到这一点，那就要强调检察官的客观义务和法律监督职能，也就是说，列席审委会的检察长或其代表，不只是代表控方，更是以法律监督者的身份来出现，其中也包括对被告人一方的合法权益的维护）。《人民法院组织法》第 10 条第 3 款规定："各级人民法院审判委员会会议由院长主持，本级人民检察院检察长可以列席"，但使用的是"可以"而非"应当"，而且这里只规定检察长可以列席，这就意味着死刑案件是否邀请检察长列席审判委员会完全取决于法院的单方决定，由此也决定了检察长并不必然以列席方式对审委会讨论死刑二审案件进行法律监督，加之检察长工作忙，要求每次由他本人亲自去列席审委会，也勉为其难（1998 年最高人民法院《关于执行〈中华人民共和国刑事诉讼法〉若干问题的解释》规定：人民法院审理人民检察院提出抗诉的案件，应当通知同级人民检察院派员出庭，对接到开庭通知后人民检察院不派员出庭的抗诉案件，人民法院应当裁定按人民检察院撤回抗诉处理。2006 年最高人民法院和最高人民检察院联合发布的《关于死刑第二审案件开庭审理工作有关问题的会谈纪要》要求："各高级人民法院要严格按照有关规定，落实人民检察院派员列席审判委员会制度，并以书面形式及时通知检察机关。"目前，实践中检察机关抗诉的死刑二审案件法院均通知了检察机关列席审委会，检察机关也均派员列席，但对于被告人上诉的死刑二审案件，法院并没有完全做到及时通知检察机关派员列席审委会，甚至大多数都没有通知到检察机关，当然，之所以出现这种局面，与检察机关参与列席审委会的积极性不高也有很大关系。据说《关于死刑第二审案件开庭审理工作有关问题的会谈纪要》刚下发的时候，这项工作还是做得不错的，但后来检察机关在接到法院通知后往往以工作忙为理由而不派员出庭，这样反过来又影响法院通知检察机关的积极性）。

二、对策建议

首先，要实现死缓案件的二审开庭审理。2006 年最高人民法院、最高人民检察院发布的《关于死刑第二审案件开庭审理程序若干问题的规定（试行）》只要求对一审判处死刑立即执行的上诉案件开庭审理，而对一审判处死缓的上诉案件则不要求一律开庭审理，只在"被告人或者辩护人提出影响定罪量刑的新证据，需要开庭审理"等情况下才要求开庭审理，但 2012 年的新刑诉法已经明确规定被告人被判处死刑的上诉案件和人民检察院抗诉的案件都要开庭审理（第 223 条）。在中国的法律语境里，除非特别说明，否则死刑是包括死缓的。在全国人大常委会法工委副主任郎胜、全国人大常委会法工委刑法室主任王尚新等人合著的新刑诉法解释著作中，也明确指出："这里的'死刑案件'，既包括被判处死刑立即执行的案件，也包括被判处死刑缓期二年执行的案件。"[1] 尽管最高人民法院在新刑诉法颁布后通过的《关于适用〈中华人民共和国刑事诉讼法〉的解释》对这个问题的规定又有所倒退，即只规定被告人被判处死刑立即执行的上诉案件应当开庭审理，而对被告人被判处死刑缓期执行的上诉案件，又不属于对第一审认定的事实和证据提出异议、可能影响定罪量刑的情形的，则只要求"有条件的，也应当开庭审理"。但我们认为，最高人民法院的这种解释显然是不恰当地限缩了死刑案件二审开庭的范围，还得回归到立法文本上来，对所有的死缓案件都实行二审开庭审理，相应地，检察机关也应派员出庭，这是严格执行新刑诉法的要求。

有人担心，死刑立即执行的二审案件一律开庭审理都是在各方面做出巨大努力、人财物方面做出巨大投入才得以落实的，目前死缓案件已经多于死刑立即执行案件，再将死缓二审案件纳入二审开庭范围，只怕现实条件不具备。我们认为，既然新刑诉法已经作了规定，就应当严格落实，而且立法时应当已经考虑到这

---

1 参见郎胜主编：《中华人民共和国刑事诉讼法修改与适用》，新华出版社 2012 年版，第 391 页。

样做是现实可行的。为了加强人权保障，在人财物方面加大投入是完全应该的。

另有人认为，如果被告人仅就法律适用、量刑问题上诉的，则开庭审理并无必要，不开庭审理也不会影响案件的公正处理，这种看法我们同样是不能接受的，就像当年逐步推动死刑立即执行二审开庭一样（先要求2006年上半年对案件事实和证据问题提出上诉的死刑二审开庭，再到2006年下半年对所有死刑二审开庭），现在该是对所有死缓二审都开庭审理的时候了。事实上，正如立法机关的同志所言：从1996年修订后的刑事诉讼法到2012年新修订的刑事诉讼法，精神都是一致的，那就是二审案件原则上都要开庭，不开庭只是例外。司法实践中有些地方大多数二审通过书面审，原则上不开庭，这是与刑事诉讼法的精神不符的。所以这次新刑诉法明确增加了二审应当开庭的几个内容。"被判处死刑的案件，都是案情重大，也是人命关天的大事，需要慎之又慎，只要被告人提出上诉，就应开庭审理。"[1] 我们在调研中也了解到，实践中死缓上诉案件的被告人、辩护人大多会对事实、证据提出异议并坚决要求开庭审理，有的律师甚至到省级检察院申诉，要求对法院不开庭审理某起死缓上诉案件的决定进行监督。可以说，"新刑诉法实施以来，死缓二审案件开庭审理已成为总体趋势，死刑二审案件法律监督体系大体上已全面建立。完善相关工作机制，进一步发挥法律监督功能，是省级检察机关死刑二审办案部门下一阶段的工作要点"。[2]

1　参见郎胜主编：《中华人民共和国刑事诉讼法修改与适用》，新华出版社2012年版，第390—391页。

2　参见王小兰、李崇涛：《死刑二审案件法律监督问题研究》，载《刑事诉讼监督与刑事司法公正研讨会论文集》，最高人民检察院检察理论研究所编，2013年9月。

二是要将死缓案件的二审和复核进行程序分离。在高级人民法院内部设立独立的死缓复核机构；同时，在死缓复核中，也要借鉴最高人民法院死刑案件复核的经验和做法，朝着公开化的方向推进。在目前暂时还做不到复核开庭审理的情况下，至少应使检察机关和辩护律师有介入死缓复核的渠道和反映意见的机会，这既是提高死缓案件复核质量的需要，也是防止司法腐败的必要之举。建议由最高人民检察院和最高人民法院联合发文，将检察机关对死缓案件二审与复核的监督内容和监督程序等加以完善，并规定死缓案件的二审判决或裁定应送达同级检察机关，以便检察机关对其进行监督。

三是要确保省级检察院及时收到省高院二审和最高人民法院死刑复核的裁判文书，并解决死刑复核后发回重审案件的检察机关介入问题。无法及时收到省高院二审和最高人民法院死刑复核的裁判文书已经成为当前制约死刑二审案件法律监督的突出问题。实践中法院往往不及时送达裁判文书，甚至在文书生效、刑罚执行后，经检察机关催告才予以送达。据某省检察院公诉三处披露，该处办结的死刑二审案件中，仅有约三分之二的案件收到省高院的二审裁判文书，其中建议维持原审死刑判决的案件，最终收到最高人民法院死刑核准文书的更少。大量案件由于未能及时收到裁判文书，检察机关无法获悉判决结果，监督也就无从谈起，如我们在调研中了解到的熊某抢劫案，一审法院判处熊某死刑，二审阶段省检察院明确提出"依法改判被告人死缓"的意见，但二审开庭审理后始终未收到裁判文书，直到后来检察人员向承办案件的法官了解情况时才被告知该案早已审理终结，省高院维持原判并经最高人民法院核准，已对被告人执行死刑。因此，确保检察机关及时获知二审及死刑复核结果已成为当务之急，建议最高人民法院和最高人民检察院就切实保障死刑二审案件裁判文书送达问题做出明确要求，并建立省高院向省检察院通报复核结果、移送复核文书的机制。在此基础上，还要针对复核后发回二审法院重审的死刑案件，解决省级检察机关出席法庭或专门发表意见的工作机制，以消除监督盲区和死角。

四是要进一步完善检察机关列席法院审判委员会讨论死刑案件的制度。凡法院审委会讨论死刑案件，必须以书面形式提前通知检察机关，检察机关必须派员参加。如果是检察长或检察长委托的副检察长去参加审委会，那应当允许带承办案件的检察官一起参加，以免检察长或检察长委托的副检察长因不熟悉案情而走过场；同时，还要研究检察机关派员参加审委会讨论死刑案件的程序和方法，增强监督实效。

死刑的温度

最高法院死刑复核结果应当直接通知律师 *

　　从 2007 年最高法院收回死刑复核权，迄今已经十年了。十年来，最高法院通过正确行使死刑复核权，不仅有效减少了我国司法实践中的死刑适用，而且为从立法上持续减少死刑罪名创造了良好的条件。毫无疑问，死刑复核权收归最高法院将在我国的死刑改革史上留下重要的一笔。

　　死刑复核收回最高法院十年来，最高法院一直在不断完善死刑复核的各项制度，如律师的介入变得更容易、更规范了，律师与复核法官的见面和沟通机制也变得更顺畅了。但应当看到的是，目前死刑复核程序还有不少需要完善的地方，如之前笔者建议过的死刑犯在最高法院复核阶段应有法律援助的权利和机会，以及本文要提出的另一个建议，即最高法院的死刑复核结果不应由下级法院转告，而应由最高法院直接通知参与复核的律师。

　　目前在核准死刑的案件中，实践中的做法是，最高法院不直接将核准死刑的结果通知参与复核的律师，而是通知负责二审的省级法院，由省级法院再通知负责一审的中级法院，中级法院在将死刑犯执行完死刑后，再来通知参与复核的律师，并将最高法院关于核准其当事人死刑的裁定书寄给律师，让律师填写回执单

*　原载《南方周末》2017 年 9 月 7 日。

并寄回最高法院。这种做法弊端很多，亟须改革。

首先，严重破坏死刑犯及其家属对律师的信任关系，损害律师的职业形象。死刑犯在复核阶段，律师会依法会见并深度交流，对于复核结果，死刑犯本人及其亲属高度关注，特别希望律师作为法律职业共同体中的一员，能第一时间告诉他们结果。但现实却是，死刑犯到死也没从自己的律师那里听到结果，被执行死刑前自己的律师甚至根本就不知道这个结果，因此也无法在执行死刑前与自己的律师再次见面并沟通有关情况，处理有关事宜。这让死刑犯及其亲属如何能对律师的工作满意？人都死了，而律师却还蒙在鼓里，作为付了律师费的死刑犯及其亲属，对律师有抱怨，或者说难免怀疑其是否做了该做的工作，也是人之常情。而这，对于那些认真履职的律师来说，既不公平，也有苦难言。总之，这一做法对律师树立良好的社会形象带来极大的困扰和被动，而律师又会迁怒于最高法院，造成法律职业共同体的分裂。

其次，不利于律师规范化地开展工作，无法实现优质高效的法律服务。律师在死刑犯被执行死刑前，无法知道复核结果，一方面，他可能在最高法院已经核准死刑的情况下还去做许多无用功，如应亲属的要求去调查取证或联系复核法官进一步反映辩护意见，另一方面又基于家属的压力，需要不断去打探复核消息。而既然最高法院规定不能将核准与否的消息直接告诉律师，于是这里要么徒增复核法官与律师之间的沟通成本，要么滋生律师与法官之间的不规范行为。另外，我们知道，死刑犯及其亲属往往高度依赖律师，如果律师事先获得死刑犯被核准死刑的消息，他就可以在死刑犯及其亲属之间多做一些沟通工作，尽可能地帮助死刑犯处理一些法律允许范围内的个人事项，甚至有时律师的会见和倾听本身就是死刑犯行刑前所渴求的，这对于凸显一个国家对死刑犯的人道主义待遇也是有必要的。但我们现在的这种做法却无法让律师去有计划地安排这方面的工作，可能在很多情况下会造成律师和死刑犯彼此间的终身遗憾。

再次，由中级法院送达最高法院的法律文书，与死刑复核的严肃性不相称。明明是最高法院核准的死刑，其裁判文书所盖的是最高法院的公章，却由负责一审的中级法院来寄送，不仅存在送达主体资格不符的问题，而且也显得很不严肃，有时律师接到中级法院的陌生电话，听说死刑犯已被执行死刑，自己首先想到的是怎么向死刑犯的亲属解释和交差，气愤之余，他可能并不配合告诉送达地址和在回执单上签字寄回最高法院的要求。从法律关系来说，律师介入死刑复核案件，他所提的辩护意见是针对最高法院的，最高法院最后却并不直接答复律师，而是让下级法院在执行完死刑后再告诉律师，这显得对律师也不够尊重。

最后要说的是，法院系统之所以采取这一做法，可能是基于安全的考虑，即担心提前把最高法院核准死刑的消息告诉律师后，律师再告诉死刑犯及其亲属，会不会造成死刑犯本人的情绪不稳定、死刑犯亲属到法院来闹事等情形，笔者认为，这种担心不必要，因为法院即使不通知律师，最后也要通知死刑犯本人及其亲属，也要面对和解决他们的情绪问题。相反，提前通知到律师，律师还可以在安抚死刑犯及其亲属的情绪、帮助其正确面对既成事实等方面发挥积极的作用。

第五编

执行的风度

废除"死刑立即执行"的提法 *

"死刑立即执行"片面强调快，缺乏必要和充分的救济时间，存在误杀无辜者的巨大风险。

建议废除"死刑立即执行的判决"的称谓，将死刑判决区分为"死刑的判决"和"死刑缓期执行的判决"。

《刑事讼诉法》规定，最高人民法院判处和核准的死刑立即执行的判决，应在7日以内交付执行。这一规定存在以下缺陷：

首先，死刑立即执行与死刑变更程序存在冲突，不利于纠错和死刑犯权利的救济。

按照《刑事诉讼法》的规定，死刑变更包括，在执行前发现判决可能有错误、在执行前罪犯揭发重大犯罪事实，或者有其他重大立功表现可能需要改判等情形。

问题是，死刑案件在前面一审、二审和复核的较长审判期间内都没有发现的错误，怎么会轻易在7天之内忽然发现？对于在执行前罪犯揭发重大犯罪事实或者有其他重大立功表现的，审判机关又如何在如此短的时间里去初步查实以便判断是否有可能需要改判？即使临刑前突然发现判决可能有错误，要在7天内进行审查并将请求停止执行死刑的报告及相关材料呈报最高人民法院

* 原载《南方周末》2015 年 4 月 3 日。

审批，时间也显然不够。

其次，死刑立即执行与审判监督程序存在冲突，无法保障罪犯的申诉权利。

虽然申诉可适用于经过核准的死刑立即执行判决，但法律忽视了死刑判决的特殊性。法院收到申诉材料后，先要进行审查，对于符合法定条件的才能决定予以受理。由于申诉期间不能停止死刑裁判的执行，从死刑命令下达到交付执行最多只有7天，被告人很可能在法院申诉审查决定做出之前就已经被执行了死刑。

再次，不利于检察院发挥执行监督的作用。

根据法律规定，法院将罪犯交付执行死刑应当在交付3日前通知同级检察院派员临场监督。据此，检察院只有最短4日最长7日的准备时间。检察院既要监督死刑执行的时间、地点、方法、停止行刑等程序性的问题是否合法，也要考察执行前后罪犯权利的保障问题。时间太短，未免流于形式，难以真正履行执行监督的职责。

死刑立即执行片面强调快速执行死刑，死刑犯缺乏必要和充分的救济时间，损害了其正当的程序权利，存在误杀无辜者的巨大风险。

因此，建议对死刑判决的交付执行时间进行改革和完善，具体设想是：

在维持死刑缓期执行制度不变的前提下，应废除"死刑立即执行的判决"的称谓，将死刑判决区分为"死刑的判决"和"死刑缓期执行的判决"。

将死刑交付执行的时间延长为至少1年。如果交付执行的时间从7日内延长到至少1年，在时间上基本可以满足死刑变更程序、审判监督程序及检察院执行监督的程序启动和推进的需求。死刑犯将有机会采取各种法律手段寻求辩护人的帮助，寻找新的证据，提出申诉及等待处理结果。

增设死刑判决的特别申诉制度。针对死刑一旦执行难以挽回的特殊性，建议死刑判决的申诉应当区别于其他判决，在申诉期间应当中止死刑的执行。

完善并细化死刑变更程序。建议赋予审判员、陪审员、执行人员、被告人及其法定代理人、近亲属、辩护人等提出停止或暂停死刑执行申请的权利，由接受申请的法院决定是否受理。如果在死刑执行前提出过停止或暂停执行死刑的申请，但未被依法受理或决定不予受理，事后有证据证明是冤假错案的，应当追究相关人员的法律责任。

检察院提前介入执行监督。检察院死刑执行监督的时间应当至少提前至交付执行前的 3 个月。提前介入执行监督可以为法律监督的具体实施提供时间保障，有助于扩大检察监督的内容和范围，让执行监督走向实质化。

死刑执行的方法及相关问题 *

　　虽然对于一个死刑废除论者而言，讨论死刑的执行方法并不是一件愉快的事情，但作为一个生活在保留死刑且并不罕见地执行死刑的国家的学者，对这个问题给予关注却是有现实意义的。

　　从文献记载来看，"死刑（执行）的方法划分成普通方法和高度专业的方法两类。前者的任务是剥夺人的生命，而后者的主要目的是，在剥夺人命的同时使被处决者备受痛苦和煎熬"。[1] 在当今世界，除极个别国家还保留后一种死刑执行方法外，绝大多数尚未废除死刑的国家都采用了尽可能不给死刑犯带来过分痛苦的死刑执行方法。[2] 联合国经社理事会在 1984 年通过的《保护面临死刑者权利的保障措施》中也要求：在未废除死刑的国家，执行死刑"应以尽量减轻痛苦的方式执行"。（第 9 条）

　　中国古代的死刑执行也是五花八门，到清末还有凌迟、枭首、戮尸等多种野蛮方式。清末法律改革时，当时负责修律的开明大臣沈家本、伍廷芳向清廷上《删除律例内重法折》，并得允准，此后，"凡死罪至斩决而止，凌迟及枭首、戮尸三项，着即永远删

---

* 本文为作者在 2005 年 6 月 20 日至 21 日召开的第十三次"中国—欧盟人权对话研讨会"的发言摘要，原载《检察日报》2005 年 8 月 17 日，发表时有删节。

1 （俄）米赫林：《执行死刑的方法：历史与现实》，《国家与法》1997 年第 1 期。

2 死刑执行从野蛮方式走向文明方式，至少可以给我们以如下信心：既然人类执行死刑的方式可以从野蛮走向文明，那么最终废除死刑这种不文明的刑罚就是可能的。

除"。[1]1911年颁行的《大清新刑律》规定，"死刑用绞，于狱内执行之"，但对谋反大逆及谋杀祖父母、父母等罪犯仍用斩刑。北洋军阀统治时期，于1912年将《大清新刑律》改名为《暂行新刑律》，死刑的执行方式沿袭不改。南京国民政府于1927年公布的《惩治盗匪暂行条例》中规定死刑"执行得用枪毙"，随后1928年颁布的《中华民国刑法》也沿用了此种死刑执行方式。[2]

新中国成立后，相继颁布了一系列单行刑事法规，其中有的如1950年的《关于镇压反革命活动的指示》、1952年的《惩治贪污条例》等都规定了死刑，但未规定死刑的执行方式，实践中一般采用枪决的方式。1979年，我国颁布了第一部《刑法》，其中明确规定："死刑用枪决的方法执行。"1996年，我国通过了修订后的《刑事诉讼法》，该法规定："死刑采用枪决或者注射等方法执行。"这一规定的基本背景如下[3]：

首先，为什么要改革枪决的执行方式？除了人道方面的考虑外，还有一个因素，那就是采用枪决的方法须到野外找一个执行场地，这在农村土地承包后日益成为一个问题。执行机关到农民的土地上执行死刑，常常会受到农民的阻拦，有时一连联系几个地方都碰壁，甚至出钱农民也不答应。因为有些农民受迷信思想的影响，认为在自己承包的土地上执行死刑不吉利，这样就增加了枪决执行的困难。

其次，为什么选择注射？因为大家公认，用注射的方法执行死刑，即用配置好的含有高度镇静成分的液体药剂，由执行

1　参见李贵连：《沈家本传》，法律出版社2000年版，第213—214页。

2　参见刘冰等：《我国死刑执行方式演变考》，《河北法学》2004年12月。

3　参见侯国云、侯艳：《论死刑执行方法的改革》，《云南法学》1999年第2期。

人员注射进受刑人的静脉血管中，使受刑人在短时间内无痛苦地由昏睡转入死亡，要更为文明和人道，也更为安全（无须到野外去找场地）。

再次，为什么不立即废除枪决的方式？因为担心有些仓促，怕有的地方还不具备注射执行死刑的条件，如药物的来源和配置、注射执行人员的培训等，一时还来不及，因此采取了枪决和注射并列规定的形式。

1997 年 3 月 28 日，昆明市中级人民法院执行了新的《刑事诉讼法》实施以来的第一例注射死刑。其后，最高人民法院陆续采取措施，研究部署如何在全国推广注射药物执行死刑的方式。先是委托中国医学科学院药物研究所研制用于执行死刑的药物，然后在一些城市就药物的注射效果进行试点工作。2001 年 9 月，最高人民法院在一个会议上要求全国各地法院推进以注射执行死刑。现在，有的省据说已经全部采用了注射执行死刑的方法。

现时的死亡注射是通过一次或两次静脉注射，向犯人注射能迅速产生麻痹效果的巴比妥酸药剂。其针剂由三部分组成，首先是让意识丧失的硫喷妥酸；二是通过放松肌肉达到麻痹心脏和中止肺部活动的溴化双哌雄双酯；第三是导致心脏停止跳动的氰化钾。这种药剂由最高人民法院统一掌握，各地方法院需到最高人民法院来购买，一般每剂为 600 元人民币。

由于法律同时规定了枪决和注射两种死刑执行方式，加上注射在各地的适用面宽窄不一，使人们产生了一种死刑执行方式的不平等印象。例如，有人就认为，一些被判处死刑的贪官，均被执行注射死刑，而普通犯罪分子则多被枪决，这违背了"死刑方式面前人人平等"的原则。[1] 实际上，造成这种局面的一个重要原因是因为这些贪官被羁押的地方大多是高级法院和中级法院所在地，这些地方更容易具备注射执行死刑的条件，而那些普通的刑事犯罪分子则多是被羁押在县一级的看守所，这些地方往往还不具备注射执行死刑的条件。

我个人主张，要尽快实现死刑执行的"方法唯一"，即取消枪决执行法，统一适用注射执行法。有人担心，注射执行死刑会污染器官，使那些想捐献器官的死刑犯无法遂愿，经调查，这种担心是不必要的，现行注射执行死刑并不会造成死刑犯的器官污染。[2]

为达此目标，目前要抓紧做好以下几项工作：

一是各地要尽快建立起正式的注射执行死刑的刑场。现在不少地方还没有，有的是在车上执行注射，有的在床上，还有的就在火葬场附近设立执行场所，很不规范。

二是国家和地方政府要拿出专款来解决有关费用。注射执行死刑之所以不能普及，一个原因在于刚开始时投资较大，例如一台注射用的小泵需要一万多元人民币，一张床需要两万多元人民币。有人估算，要建一个固定刑场，总的下来需要上百万元人民币，这种投资不应当由某个具体执行机关来承担。

三是要加强对相关人员的培训。注射不同于枪决，需要不同的技术，应对法医、法警等执行人员进行专门培训。同时，要加强对药剂等设备的管理，防止流入社会。

---

1 参见徐林生：《贪官死囚为何都"享受"注射死刑》，载《中国青年报》2003 年 2 月 20 日。
2 在死刑犯存在的现实情况下，社会又有需求，因而只要是其自愿捐献或自愿卖器官，应当鼓励和允许。关键是，一要保证其自愿、而不是被迫；二要采取切实监督措施，防止执行机关与医院相互勾结，买卖死刑犯的器官；三是对于那些愿意将有关器官卖给医院的死刑犯，要确保钱能如数到其家人手中。

需要指出的是，采用注射执行死刑的方法并不必然意味着死刑犯的痛苦就会降低到最低限度，这方面仍然有些问题值得关注，如更好的药物的研制，不同的死刑犯对不同量的药物的反应，以及具体操作上的改进。事实上，在美国就不断有"拙劣"的注射执行被报道出来。[1]

此外，还有几个与死刑执行相关的问题：

一是死刑执行能否公开。关于这个问题，在理论上有争议，少数人认为：如果公众可以目睹那些以他们的名义干的事情：司法机关无情地、有意地处死一名罪犯，可以加速废除死刑的进程。当然，也有一些人相信：公开执行死刑能够"杀鸡给猴看"。但大多数人认为：将死刑执行"戏剧化"而公众却不会被"残忍化"，这几乎不可能。实际上，在大多数国家，废除死刑的过程是以死刑淡出公众的视线，成为刑事司法机关秘密的、最后予以排斥的活动。[2]联合国人权事务委员会对公开执行持批评态度，认为它"与人类的尊严格格不入"。过去，中国有不少死刑执行是以公审大会、公判大会的形式来进行的，即使在去刑场的途中乃至刑场，也有不少人追逐着看热闹。随着注射执行死刑方法的推广，可以比较好地保证死刑执行在相对秘密的状态下进行。同时，我认为，今后最好能彻底取消那种对死刑犯五花大绑的公审大会、公判大会及随后的游行，因为此种方式受到国际社会的批评，也确实对死刑犯的人格构成了一定程度的侮辱。

二是是否要向死刑犯宣布确切的处死日期？有的国家在直接

---

1 参见罗吉尔·胡德：《死刑的全球考察》，刘仁文、周振杰译，中国人民公安大学出版社 2005 年版，第 184—185 页。
2 同上书，第 190—191 页。

处死犯人前才对犯人宣布，另一些国家则预先宣布，还有的国家一般不事先通知。如日本，向犯人宣布处死日期不得早于 1 到 2 天；在美国佛罗里达州，向犯人宣布执行判决的确切日期是在四星期以前。"前一种情况缩短了已经没有希望的特别困难的日子，但在后一种情况下，犯人有机会做他认为对结束自己生活道路所需要做的事情（写信、立遗嘱、跟神职人员会面等）。"[1] 我国刑诉法规定：下级人民法院在接到上级人民法院执行死刑的命令后，应当在 7 日内交付执行。实践中可根据具体情况，来决定何时告知死刑犯，如其亲属在外地，行刑前希望见一面，则需要早些通知，反之则可晚点通知，以免其过于焦虑。另外，学界不少人认为，目前的 7 日内交付执行太显仓促，应规定一个较长的时期，供死囚犯寻求其他救济，如根据《公民权利和政治权利国际公约》的规定："任何被判处死刑的人均应有权要求赦免或减刑。"我也是同意这一观点的。若如是，则告知其最后执行死刑的时间应相应后延。

三是死刑犯可否在刑前会见亲属？过去，中国不允许死刑犯刑前会见亲属，但近年随着"执法人性化"理念的铺开，已经有一些地方允许死刑犯在会见亲属后"带着感激上路"，我认为这是完全应该的，因为它既是人性使然，又不会带来什么消极后果。

1（俄）米赫林：《执行死刑的方法：历史与现实》，《国家与法》1997 年第 1 期。

解密注射死刑执行车 *

6月15日，原本是一个高兴的日子——遵义市中级人民法院院长李祖良，即将升任贵州省高级人民法院副院长，这是他中院院长任期的最后一天。

但一则外电搅坏了他的心情，6月15日，美国发行量最大的报纸《今日美国》（*USA Today*）发表题为《中国制造注射死刑执行车》的报道，文章称，中国使用注射死刑执行车，"是为了更便捷、更完整、更有效地摘取、买卖死刑犯的器官"。

这个指责不知有什么根据，但和李祖良有关的是，李在中院院长任内对死刑执行方式进行了改变。

"遵义中院绝对不存在这个情况。"李反驳说，通过死刑执行车来摘取犯人器官是不可能的，"执行注射死刑后，死者尸体要接受殡仪馆、家属和法院三道环节的监督，不可能出现违反人权、买卖人体器官的情况"。

李领导的遵义中院是国内首家使用大型注射死刑执行车的司法机构，李本人是这种致命而神秘机器的主要创意者和设计者。

中国注射死刑执行车的真实情况如何？这一神秘的"杀人机器"在中国运行得如何？相比其他执行死刑方式有何不同？

---

* 原载《南方周末》2006年7月20日，记者：成功。

"死刑执行车"首度试水

在遵义，这个偏僻而独特城市的中级法院，李祖良极力推动注射死刑执行车的使用。

全球实行注射死刑的国家只有三个，除美国、新加坡外，只有中国拥有注射死刑执行车，遵义中院又是国内"第一个吃螃蟹者"。

"第一个被执行者是张仕强。"李祖良回忆。外号"九指狂魔"的张仕强，因被指控杀死卖淫女和杂货店老板、强奸妇女并且预谋杀害狱警，2004年年初被核准执行死刑。

2004年2月20日，临刑的当天早上，张仕强依然不知道，一种新的死刑执行方式正在等着他。

上午8点半，张仕强吃完"最后的早餐"，民警让他换上他最喜爱的暗红色圆领夹克衫，张仕强明白，死期到了。根据惯例，法院一般不通知死刑犯执行日期。

在押出监区的路上，法警告诉张仕强，将对他采取全新的死刑执行方式——注射死刑。期待死得"干脆"的张仕强回答很平静："这种方法不痛苦。"

在遵义市殡仪馆旁的刑场上，停靠着一辆由客车改装的死刑执行车。从外表上看，这辆死刑执行车和普通警车没两样，蓝白相间的车身上标注着"遵义市中级人民法院执行车"。

秘密藏在车内，并不宽敞的车内空间用挡板分隔成执行区、监控区和驾驶区三个部分，执行区中间是一张执行床，旁边见缝插针地布置了冲洗、存尸柜、注射泵等设备，监控区的心电图、脑电图机和监视器用来监控死刑的执行过程。

上午9点50分，李祖良站在这辆造价45万元的"死亡之车"前，对着刚被押出囚车的张仕强说："希望你配合采用注射方式执行死刑。"

10点整，法警用4条蓝色安全带，依次把张仕强的肩、胸、膝等部位固定在执行床上，他的脸部表情很平静。法医陈小志开始死刑执行过程中唯一的人工操作——"打通道"，即在张仕强的左臂静脉血管插上注射针头，"和平常打点滴时的静脉扎针一样"。随后，法警拿了一块黑布盖住张仕强的脸，"以免脸上表情太难看"。

10点06分，法警轻轻按下注射泵启动开关，两支装有深度麻醉和抑制呼吸、心脏跳动的化学药剂，沿着透明的导管缓缓流进张仕强的体内。

"只用50秒，药剂就推完了，显示屏显示心跳波动也由急渐缓。"现场观摩的一位叫唐正平的记者两眼一直盯着监视屏。

10点08分10秒，显示屏上的脑电波变成平行的直线，"仪器显示心跳和脉搏同时停止"。经检查，法医陈小志宣布张仕强死亡，"整个过程用时130秒，张仕强平静地死去"。

设计行刑车

使用注射死刑执行车被李祖良当作任内着力推动的一项工作。2002年8月30日，最高人民法院下发《关于推进采用注射方法执行死刑工作的通知》，李祖良觉得时机成熟了。

2003年年初，遵义市中院向市政府申请购买死刑执行车获得批准。李祖良派人到处"取经"，均无功而返，于是他下决心和重庆金冠汽车制造公司，联合研制改装注射死刑执行车。

"院长亲自参与设计。"遵义中院办公室主任张宗刚说。

"为了让执行床能够360度旋转，方便死刑犯对准自动门出入，我们几次派人到重庆商讨技术细节。"李祖良说。而重庆厂家也两次来遵义征求意见，根据法官要求，在执行车内加装冲洗设备，"考虑到死刑犯因为紧张大小便失禁，弄脏执行床"。

死刑执行车初次亮相，李祖良就招致外界的质疑。在经济欠发达的遵义，购买如此昂贵的东西，到底有多高使用率？

李祖良迅速做出回应。他认为，不能简单算经济账，"要说成本，砍头最廉价最划算，但是那种野蛮的行刑方式已经被现代文明所不容"。

据了解，在遵义建一个固定刑场要200万元，而中院辖区很大，包括14个县（区、市），"如果把各地死刑犯都押解到市区执行，无论从安全上，还是从程序上都不可行"。李祖良说，死刑执行车作为一种"流动刑场"，到当地执行死刑，不但节省成本，还有利于宣传和威慑犯罪。

让死亡变得更舒服些

"相比枪决，注射死刑方式更文明、更人道，能减少死刑犯的痛苦。"李祖良说，注射死刑方式也更容易得到死者家属的认可。

"相比注射死刑，枪决的场面阴森恐怖，充满血腥味，死刑犯和家属的痛苦都比较大。"重庆律师邱兴盛说，他曾在重庆市高级人民法院工作6年。

邱兴盛回忆枪决场景时说，法院一般在行刑前一天，派人到交通方便的郊区马路旁找一块空地作为秘密、临时的刑场。执行当天，包括开道车、警车、囚车等在内的庞大车队浩浩荡荡向刑场进发，沿途都要戒严。"执行死刑人数多时，还要调武警。"

为了保证命中率，枪决时法警与犯人的距离必须很近。"考虑到中国人有一种保全尸的观念，给死刑犯保存一个完整的面部，法警会叫犯人张开嘴巴，以便让子弹从他的嘴里穿出。"邱兴盛说。

对于那些担任"现代刽子手"的法警来说，每次执行任务，都要承受巨大的心理恐惧。

"执行枪决前，法院一般都要请法警们大吃大喝一顿以'壮胆'。执行完了，回来还要再吃喝一顿，来给自己'压惊'。"

中国社会科学院法学研究所研究员、死刑研究专家刘仁文说："注射死刑带来的压力则要小得多。"刘以前在基层法院挂职，遇到过执行死刑的场景。

"从枪决到注射的死刑执行方式变革，是推进刑罚人道化的一个国际趋势。"刘仁文估计目前采用注射方法执行死刑在我国还很少。

"注射死刑符合联合国在 1984 年通过的《保护面临死刑者权利的保障措施》的要求，即在未废除死刑的国家，执行死刑'应以尽量减轻痛苦的方式执行'。"刘仁文说。

死刑在中国

"死刑的方法主要分为普通方法和专业方法两类。前者是剥夺人的生命，而后者是在剥夺生命的同时使罪犯备受痛苦和煎熬。"刘仁文说，过去为了强化死刑威慑效果，常常通过游街、示众等方式。

和枪决、注射相比，传统死刑方法追求极致的专业方法来折磨和杀死罪犯。一般来说，在古代应用广泛的"斩刑"带来的痛苦较轻，但"身首异处"却让习惯于"死后全尸"的国人感到更为屈辱和恐惧。绞刑给死刑犯带来的痛苦更大。在死刑方式中，让死刑犯最为痛苦的莫过于凌迟。到了近代，中国的死刑开始从重刑主义走向轻刑主义，死刑的执行方式开始变革。1905 年，清末修律大臣沈家本力主废除凌迟等酷刑，并意图统一死刑的执行方式。

1910 年 5 月 15 日，清政府颁布《大清现行刑律》，规定死刑分为斩、绞两种。次年，颁布《大清新刑律》，规定仅用绞刑一种，但保留"侵犯皇室罪""内乱罪"等仍用"斩"刑。

根本废除斩刑，是在民国以后。1914 年 11 月 27 日，民国政府颁布《惩治盗匪法》，规定"死刑得用枪毙"。

新中国成立后，一直沿用枪决的方式。1979 年，新颁布的刑法规定："死刑用枪决的方法执行。"

1996 年修订刑事诉讼法时，规定死刑"采用枪决或者注射等方法执行"。

此后，最高人民法院开始积极推动地方中院死刑执行方法改革的试点工作。1997 年 3 月 28 日，昆明市中院作为试点单位，执行了第一例注射死刑。

"可以说，100 年前，清朝修律大臣沈家本行刑方式人道化和统一死刑方法的改革思路在今天仍然在延续。"刘仁文说，目前，云南、浙江、湖南等省宣布要全面推广注射执行死刑。

何去何从

伴随着注射死刑方式的缓慢推广，另一种质疑也开始出现，被注射死刑者往往是"贪官、有钱人",从沈阳的刘涌到副省长王怀忠,从成克杰到亿万富翁袁宝璟,注射死刑似乎成为一种"待遇",而普通刑事犯只能"挨枪子儿"。

"选择枪决或注射,不由罪犯本人选择,而由法院决定。"一位遵义刑庭法官透露,但是法院并没有具体明确的标准。

"一般来说,法院会对职务犯罪的高级官员和其他社会影响大的死刑犯选择注射死刑,而一般人则采用枪决。"律师邱兴盛说,当然,客观上这样很容易让人们产生一种死刑执行方式不平等的印象。

"由于法律同时规定有枪决和注射两种死刑执行方式,而注射方法在各地的适用面宽窄不一引起争议。"刘仁文说,他期待实现死刑执行的"方法唯一",即取消枪决,统一适用注射执行法,而对许多偏远地区来说,"注射死刑执行车是一种选择"。

而在遵义中院,李祖良已经基本上消除了这种差距,除了"6·26"禁毒日因贩毒判死刑的采用枪决外,"其他死刑犯不分年龄、身份和财富,都采用注射死刑的方式。"李祖良说。

遵义中院购买注射死刑执行车后,还遭遇到不少烦恼。因为"个头"大,车进不了法院车库,只好"暂住"在一家宾馆的停车场里,后来宾馆觉得晦气将它拒之门外。

一度无处栖身的死刑执行车最后将家安在了殡仪馆内,加上执行死刑数量比较少,注射执行车"现在已很少使用"。

为了提高资源利用率,李祖良又想出一招,他承诺,如果省内其他地区中院需要,遵义市中院可以无偿将死刑执行车提供给他们使用。

"我们已经一年多没有生产死刑执行车了。"重庆金冠集团总工程师康中文告诉本报记者。

而全国最大的注射死刑执行车制造商南京卫富特种汽车厂也陷入销售困境，"我们过去曾有销售100多辆的佳绩，但现在几乎卖不动。"销售代理杨远骥解释说，因为注射死刑成本高，"买车要花40多万，而且每次执行注射价格高昂，因此很多地区无力承担。"

尽管生产死刑执行车的重庆金冠集团离重庆一中院很近，但该法院仍然没有购买计划。"主要从经济上考虑。"重庆一中院宣传科科长方剑磊说，迄今为止，重庆市仅有两个人通过注射方式执行死刑，"都是安排在固定刑场的执行室内执行"。

"虽然每次执行注射死刑的药价仅300元，但注射死刑的延伸成本却很高。"一位高院法官说。

根据最高人民法院有关规定，注射死刑的药物和一次性器材必须由最高人民法院统一发放。同时为确保药物安全，每一次执行注射死刑，地方法院必须单独向最高人民法院提出申请，"还要派两名法官坐飞机去北京领药"。

"以重庆为例，除了买药品要用去300元外，到北京的往返机票以及住宿费用至少6000元。"一位法官说，"对很多地方法院来说，这是一笔不小的开支。"

遵义中院为了节省注射死刑的成本，院长李祖良想了很多变通办法，"比如，让法官去北京时坐火车，回来再坐飞机，或者利用到北京出差的机会领药"。

这样的局面显然不利于扩大注射死刑——这一更人性的死法——的推广。

死刑执行权应从法院剥离出来 *

2007 年年初，在就最高法院收回死刑复核权一事接受香港凤凰卫视的记者采访时，对方问我现在中国有没有考虑将死刑执行权从法院系统分离出来，我当时实事求是地回答，你的这个问题对我们很有启发，但就我所知，目前中国不但实务界无此想法，就是理论界对此也缺乏研究。

仔细一想，这个记者的提问可能与 2006 年年底邱兴华的被"斩立决"有关，当时许多学界人士都对陕西高院在最高法院即将收回死刑核准权之际匆匆二审并迅速执行邱兴华的死刑提出批评。其实，这种批评在几年前沈阳黑社会头子刘涌被最高法院改判死刑并立即执行后就有过。

讨论死刑的执行主体可否与宣判主体相分离，在当前严格控制死刑的语境下具有特别的意义，因为如果死刑的宣判是一回事，执行是另一回事，那就可以改变我国目前凡是被判处死刑（不包括死缓）的就一律将在短期内被执行死刑的局面，这对减少死刑实际执行数是有好处的。

事实上，刑罚判决和刑罚执行本来就是两码事，前者属司法权，后者属行政权，我国的有期徒刑、无期徒刑都是在经法院宣

---

* 原载《南方周末》2007 年 7 月 12 日。

判后，交由司法行政部门去执行的，具体而言就是监狱等服刑机构。但对死刑，我们长期以来似乎已经习惯了由法院自己判决自己执行的体制，这种体制导致死刑在一经确定后就立即无拖延地被执行，这与其他一些死刑保留国的做法显著不同，后者往往在法院宣判死刑后，由司法部长来签署死刑执行令，只要该命令没有下发，死刑就不得执行，所以我们常常看到这样的报道，说某某国家某一年度判处了多少人的死刑，实际执行了多少人的死刑，两者是不一致的，实际执行的比判处的要少。

日本早稻田大学的田口守一教授与我同在马普所做访问学者，当我就日本的有关死刑执行问题向他求证时，他告诉我，日本现在虽然还没有废除死刑，但死刑已经成为一种名副其实的"象征性刑罚"，每年执行的死刑人数也就 1 至 2 人，有时一年一个都没有。促成这种局面的一个重要原因就是日本将死刑执行权赋予了法务部长，从而使死刑宣判和死刑执行成为两个分立的事实。日本现在的死囚牢里大概关有 100 个虽然已经被判处死刑但仍然没有被执行死刑的人，之所以如此，原因如下：

首先，按照日本法律，即使法院最后宣判某人为死刑，他还拥有申请再审、特别上告、申请赦免等一系列救济措施。任何死刑犯，只要他提出此类权利主张，法务部长就得暂停死刑执行令的签发。

其次，法务部长在签发死刑执行令之前，他还有一个内部审查程序，该审查程序先由一个小组负责对某个死刑案子进行把关，然后汇报到上一级，再次把关后认为没有问题才报到法务部长那里，此程序常常持续很长时间。

再次，如果一个案子是共同犯罪，或者某个被告与其他被告的案子有牵连，则在其他被告的审判结束前，法务部长不能签发死刑执行令。

最后，有的法务部长基于信仰等原因，无论如何也不签发死刑执行令。如海部内阁时期的佐藤惠在 1990 年至 1991 年任法务部长期间以及小泉内阁时期的杉浦正健在 2005 年至 2006 年任法务部长期间，均没有签发过一件死刑执行令，其中的一个重要原因是这两人都是佛教徒，他们虽然没有明说，但许多人相信他们的佛教信仰对他们做出的选择起了作用。

特别值得一提的是，根据日本刑事诉讼法第 475 条的规定，法务部长应当在法院做出生效的死刑判决后 6 个月内签发死刑执行令，但随着对死刑犯人权保障的日益重视，如今该条款已经名存实亡，实践中几乎不存在在如此短的时间内完成签发死刑执行令的有关审查工作。因此，在 1998 年的一个著名判决中，当一个死囚犯状告政府不在 6 个月内执行他的死刑时，法院能动地将刑诉法第 475 条解释为"在可能的情况下应在 6 个月内签发死刑执行令"，但现在证明 6 个月属"不可能"，据此驳回了原告的主张。

废止枪决统一注射死刑的条件已经成熟 [*]

注射死刑被普遍认为较为人道

《新京报》： 从 1997 年昆明市在全国率先采用注射方式执行死刑，到 2007 年 12 月 7 日西宁市中院也开始启用注射死刑，整整过去了 10 年。这 10 年间，注射死刑在我国哪些地方逐渐普及？有何特点？

刘仁文： 注射死刑 10 年来，汇总公开报道，先后开始采用这种行刑方式的地方大致有以下这些：昆明、长沙、成都、北京、上海、广州、南京、重庆、杭州、沈阳、陕西渭南、兰州、合肥、河南平顶山、焦作、武汉、青岛、黑龙江、乌鲁木齐、吉林延边、厦门、贵阳、呼和浩特、江西南昌、西宁。

从地域上看，这个普及的路线大体还是体现出了从中心城市逐渐到边远城市，从发达地区到欠发达地区的特点。当前，就全国而言，枪决仍然是占大多数，但在一些省会城市，已基本实现了注射为主。

《新京报》： 从公开报道上看，采用注射死刑的大多是地方中

---

[*] 原载《新京报》2007 年 12 月 26 日"对话"栏目，记者吴珊；发表时有删节。

级人民法院？

刘仁文：按照刑事诉讼法的规定，凡是可能判处死刑的案件，一审法院必须是中级人民法院，当然，省高级人民法院可以一审在全省有重大影响的案子，最高人民法院可以一审在全国有重大影响的案子，但绝大多数死刑案子的一审法院还是各中级人民法院。这样死刑的执行最后绝大多数也就落到了中级法院身上。但实践中由于死刑犯大多关押在区县一级看守所，出于司法成本和安全的考虑，往往是中级法院的主审法官到当地去，再在当地找两个人民陪审员，借区县法院来开庭。执行时往往也是中级法院的法官和法警到当地去，在当地公安机关和人民法院的配合下完成。

目前区县一级绝大多数还没有固定的注射执行死刑的刑场或流动执行车，主要原因是造价昂贵。

这就造成一种印象，好像关在城市里的贪官更容易被注射执行死刑，而关在农村地区的普通刑事犯罪分子更容易被枪决，于是有人质疑法律面前是否人人平等。但其实造成这种局面的主要原因还是因其被羁押的场所不同。当然，我也确实听说过某省会城市在对大部分死刑犯实行注射执行的同时，对少数犯罪手段残忍、民愤大的死刑犯采取枪决执行的方式，这种"区别对待"我是不赞成的，我认为在可能的情况下，对所有死刑犯均应一视同仁地适用注射执行。

《新京报》：从全世界范围来看，执行注射死刑的国家有几个？

刘仁文：目前全世界大多数国家已经废除死刑，还有些国家虽然法律上还有死刑，但实践中已经长期不用，成为事实上废除死刑的国家，如韩国和俄罗斯。据最新资料，现在还在适用死刑的国家是 64 个，这其中又有不少国家将死刑视为一种"象征性的刑罚"（而不是常规性的刑罚），像日本，每年执行死刑的人数也就几个，在过去 30 年中没有一年超过 10 个的。

在保留死刑的国家中，大多数国家采取绞刑或枪决的方式来执行，自从 1977 年美国俄克拉荷马州使用注射执行死刑的方法以来，该方法在减少死刑犯的痛苦方面获得了普遍的认同，现在，美国还保留死刑的州几乎都相继采取了此种执行方法，新加坡、菲律宾、泰国、中国，还有我国台湾地区，都接受了这一方法。

值得注意的是，注射执行死刑并非就不给死刑犯带来任何痛苦，美国有研究表明，有些"拙劣"的执行如执行人员花很长时间才将注射器扎进被执行人的静脉血管，还有不同的人对不同量的药物的反应等，都值得关注和改进。

《新京报》：中国为什么在 1996 年修订《中华人民共和国刑事诉讼法》时，把注射执行死刑列入？

刘仁文：注射执行死刑符合联合国在 1984 年通过的《关于保护面临死刑的人的权利的保障措施》的要求，即在未废除死刑的国家，执行死刑"应以尽量减轻痛苦的方式执行"。

为什么没有废除"枪决"的方式而是把两种都列入？就是怕有些地方还不具备条件。

《新京报》：您是否到过注射死刑的执行现场？据您的了解，过程大致是怎样的？需要哪些人参与？

刘仁文：我十多年前在基层法院锻炼时曾全程跟踪过在露天刑场枪决执行死刑，但现在的注射死刑现场还没有去过，不过向一些在法院工作的朋友打听过，他们比我想象的开明，说欢迎我随时去参观他们的刑场，只是不能拍照。

大致过程是：死刑犯被带进执行室或执行车，执行法警将死刑犯固定在注射床上，连接好心率测量仪器。专业人员将针头扎入，然后启动注射泵将药物注射进死刑犯体内。几秒钟后，电脑显示屏上的脑电波会从有规律的波动变成几条平行的直线。法医根据心跳、呼吸等来确认罪犯死亡。

参与的人员有法官、法警、法医，还有"监斩"的检察官。这里有个有争议的问题是，法医也是医生，而医生是救死扶伤的，他们的职业伦理不允许参与"杀人"，即使是罪犯，因此有的地方法医只是最后鉴定死刑犯是否已死，而执行由经过专门培训的法警来负责。也有的地方是法医和法警集于一身，他们多是军队的转业医生，到地方来法医不需要这么多，于是当法警。

《新京报》：注射药品的主要成分是什么？怎样达到致命的效果？

刘仁文：现时的死亡注射针剂由三部分组成，首先是让意识丧失的硫喷妥酸；其次是通过放松肌肉达到麻痹心脏和中止肺部活动的溴化双哌雄双酯；最后是导致心脏停止跳动的氯化钾。

《新京报》：注射的药物、药量，各地曾经没有统一标准，各地自行配药进行动物实验；各人身体素质和性别用药的差异也在探索，现在的情况呢？

刘仁文：现在这种药剂由最高人民法院统一掌握，各地方法院需到最高人民法院去统一购买，一般每剂为 300 元人民币。据说大约一两个月前，最高人民法院开始免费向各地法院提供这种药剂。

1997 年昆明市中院执行了第一例注射死刑之后，最高人民法院先是委托中国医学科学院药物研究所研制用于执行死刑的药物，然后在一些城市就药物的注射效果进行了试点。

2001 年 9 月，最高人民法院在一个会议上要求全国各地法院推广以注射执行死刑。

《新京报》：关于申报注射执行死刑的具体程序是怎样的呢？

刘仁文：刚开始，最高人民法院对药品要求"逐人逐对"，中级人民法院要将注射死刑的罪犯人数报省高院审批，省高院批准后再报请最高人民法院，最高人民法院根据报请人数发放药品，注射药品由中级人民法院派至少两名法官坐飞机去领取，距离近一些的则由专车押送，并有法警随同。

但现在，据说各中级人民法院可以直接去最高人民法院一次性地领取一批药剂回来，自己保管。

我觉得，为降低成本，在药剂的发送方面还可以继续改进，如由各省高级人民法院统一向最高人民法院领取，再在省内分发。

陪执行任务的法警喝酒壮行

《新京报》：您曾经在一个基层人民法院锻炼过，据您观察，注射死刑和枪决相比，有哪些优缺点？您更倾向于哪一种方式？

刘仁文：我本人是反对死刑的，但在死刑还是一种无奈的现实之下，我个人更倾向于采用注射执行死刑。

我在基层法院锻炼是十几年之前的事了，那时还只有枪决一种死刑执行方法。而且当时法院还没有专门的法警队，是由武警来执行的。我记得为减轻武警的心理压力，还是异地执行的，即这个县的武警到另一个县去执行死刑。那时，枪决犯人往往和公判大会联系在一起，由中级人民法院派员到羁押犯人所在地的县里去，在当地政法委的组织下，公检法互相配合来完成这样一种"广场式的执法"和法制宣传。当时的死刑犯被五花大绑，画着押，公判大会开完后即用卡车押去刑场，刑场是露天的，围追看热闹的群众很多。死刑犯人跪在地上，武警在后面向他的后脑勺开枪，有一个犯人一枪没有致死，又补了一枪，脑浆迸裂，令人触目惊心。这对犯人来说显然是极大的痛苦；执行死刑的人也承受了巨大的心理压力。注射执行死刑，至少可以给犯人保留一个完整的尸体，而且在减少死刑犯的痛苦和减轻执行死刑的人的心理压力方面也有好处。

顺便说一下，现在我们即使是枪决犯人，也越来越采取在固定的刑场这样一种规限的空间内执法，这种"剧场化"的执法模式更加人道，也可让社会与暴力文化保持一种距离，还能使死刑逐渐退出公众视野，这样公众就会慢慢摆脱对死刑的依赖，为其变为一种象征性刑罚乃至最后被废除奠定基础。

现在，频繁的公审大会、公判大会已经不多见了，这应当承认是一种进步，但我认为，应当彻底禁止公审大会、公判大会。

《新京报》：执行枪决的法警也会害怕？

刘仁文：肯定有一定的心理压力。记得执行枪决的前一天，县政法委书记就找到我，说当晚有聚餐，我无论如何也要去陪第二天执行任务的武警喝几杯，要让他们尽兴，但又不能喝醉。

从刑场回来的那天晚上，我一个人住在法院的宿舍里，风吹得门吱吱响，我也觉得怕，起来几次用桌子、椅子抵住那门。枪决现场看到脑浆迸裂的场面，后来几天都不敢喝汤。

《新京报》：那注射死刑是否就能避免这些问题呢？

刘仁文：注射死刑的行刑室，犯人看不到法警，法警也看不到犯人，中间是隔开的。有的刑场是这样设计的：犯人通过一个洞把手伸过去接受注射。据说有的流动执行车也能做到隔离这一步，但我个人认为采取这种方法还是有点不严肃，我在国外看到他们拍摄的照片，攻击我们这种做法，而且安全也是一个问题。

有意思的是，我看到报道说：有的地方采用注射执行死刑时，用4支液体量及颜色完全相同的针剂，由4名行刑法警随机取用，其中只有一针是致死性药物，一针为辅助性药物，另两针为生理盐水。如此，行刑时法警并不知晓是谁推入了致死性药物。这种做法是很好的，有利于减轻执行死刑的人的心理压力。日本就采取类似这样的做法，他们执行死刑是用绞刑，只有一个按钮是管用的，其他按钮都不管用，同时几个人按下去，谁也不知道是哪个按钮起了作用。就这样，日本还有一个"刽子手"在退休后写出了一本著名的"忏悔录"，表示自己坚决反对死刑。记得我曾看过一本书，提到西方某法官反对死刑的一个理由：当他要判某个罪犯的死刑时，他就想：判了就得有人去执行，如果让他去执行，他愿意吗？结论是不愿意，于是他反对死刑。

我说这些，意思是不要忽视那些执行死刑的人的心理问题，特别是民间还有一些迷信的说法，说执行死刑对他们未来的命运不利。对他们，能否事先和事后请心理医生予以适当干预，值得考虑。

建一个刑场需要上百万元人民币

《新京报》：目前我国执行注射死刑的方式分为车载式和在固定刑场执行两种，哪种的选用率较高？

刘仁文：注射执行死刑之所以不能普及，一个原因在于刚开始时投资较大。一台注射用的小泵需要1万多元人民币，一张床需要2万多元人民币。有人估算，要建一个固定刑场，总共需要上百万元人民币。还有人告诉我，不止这些，比如说在一个省会城市，要征几亩地，就很贵。在有的地方，是将原来的枪决执行死刑的刑场改建而成。还有的地方，将原来的枪决刑场一分为二，一边建成封闭式的注射执行刑场，另一边还保留露天的枪决刑场，在这种地方，法院对某些犯罪手段残忍、民愤大的犯人仍然采取枪决的方式来执行。

一台执行车的造价也在70万元左右，这应该是我们国家的独创，与方便到区县法院去执行死刑和普法宣传的需要有关，因为在一些中西部地区从区县到市区路途遥远，也促发了执行车的诞生。

据我所知，早几年执行车曾经比较流行，但近年来在逐步减少，因为法院觉得与其买车，还不如建刑场，车得维修，过一段时间就会报废。加上他们也觉得执行车存在安全隐患等问题，所以即使买了也很少用。有报道说：一些研制和生产这类执行车的厂家生意日渐萧条，可能与此有关，当然也与死刑核准权收归最高人民法院后死刑执行数大幅下降有关。

《新京报》：就是说注射死刑现在推广起来还比较困难？

刘仁文：其实我问过一些法官，如果采取过去那种"公判大会"的形式，肯定枪决执行死刑的成本还要更高。但现在如果都采取在固定的刑场来执行，成本差不多，因为药剂免费了，而且可以成批地领取，执行人数也都是那么几个人，执行完后给予执行人员的补助也差不多。所以关键是刑场，枪决好办，即使在县一级，不搞公判大会，也可在看守所之类的场所就地取材，找一个执行枪决的地方，但要建一个正规的注射刑场，投入就大了，这可能是在广大农村地区注射还远未推广的一个原因。

把执行方式统一为注射的条件已经成熟

《新京报》：您是否了解过，死刑犯人是否真的大多愿意选择注射死刑？

刘仁文：最高法院在试点时曾征求死刑犯的意见，选择枪决还是注射，没有一个死刑犯要求枪决，全部选择注射。

《新京报》：从刘涌到王怀忠，从成克杰到亿万富翁袁宝璟，注射死刑的推广曾经伴随着贪官、有钱人的特殊"待遇"的质疑，您似乎并不这么看？

刘仁文：我个人不相信会有特殊待遇，出现这种情况的主要原因是注射刑场一般设在城市里，而贪官、有钱人大多也羁押在城市，所以他们比较方便执行注射死刑。

不过这个质疑的产生，也不是一点道理没有，毕竟是枪决还是注射，全由法院来自由裁量。在司法腐败比较严重、一些司法机关的公信力还不高的情况下，公众容易产生这种质疑。根源在于立法上对执行方法没有统一，这也不利于贯彻法律面前，人人平等的原则。经过 10 年的摸索，已经可以证明犯人在面对死刑时绝大部分选择注射刑，注射的执行效果也比枪决要好，那么下一步，就是尽快统一方法，避免争议。

《新京报》：用什么办法可以改变这个状况呢？

刘仁文：我觉得在死刑复核权已经收归最高法院，死刑数量明显下降的情况下，把枪决、注射死刑统一为注射死刑的条件已经成熟。国家应当拿出专款，在各地建立规范的注射执行刑场。

至于实现死刑执行方法统一的途径，我觉得最好是修改刑法和刑诉法，废止枪决的方法，只保留注射；在此前也可以由最高法院以司法解释的形式，规定统一用注射来执行死刑。

从美国经验看注射执行死刑的改进 [*]

我在 2007 年年底接受《新京报》记者采访时，曾用一个整版的篇幅来阐述我关于尽快废止枪决、将死刑执行方法统一到注射上来的主张。在准备这个采访稿时，我就死刑注射是否比枪决更人道与牛津大学的罗吉尔·胡德教授通过电子邮件进行讨论，他曾经是联合国秘书长死刑问题报告的起草人，其著作《死刑的全球考察》也在我国出版了中译本。作为一个长期生活在没有死刑的国度的英国人，加之其废除死刑的坚定信念，他当然不会同意我赞成注射执行死刑的观点，因为在他看来，死刑本身就不该存在。他还告诉我，注射执行死刑远不像我想象的那么人道和无痛苦，美国最高法院最近已经受理了注射执行死刑是否违宪的案子，很快就会有结果。

注射执行死刑违宪？这多少有点让我们中国人感到费解。因为在我们这里，相比起枪决来，注射正受到普遍的肯定和赞扬。带着这样的心情，我自然想弄清楚这次美国最高法院关于注射执行死刑是否违宪的来龙去脉。

美国最高法院曾在 1972 年的福尔曼诉佐治亚一案中裁决死刑违宪，当时许多人以为死刑在美国已经寿终正寝。但实际上，最

---

[*] 原载《法制日报》2008 年 5 月 18 日 "法律行者" 专栏，发表时标题为《注射死刑：人道还是残忍》。

高法院并没有持死刑本身是违宪的观点，而是从死刑被任意地运用、死刑反复无常、死刑适用中存在歧视的角度来宣布它违反了美国宪法修正案第八条规定的"不得施加残忍的和异常的刑罚"。这样，还保留死刑的三十几个州相继重新起草法律，进一步完善和严格程序，更加小心和细致地定义适用死刑的谋杀罪的分类，从而避免死刑的任意性。这些新的法案随后在 1976 年被最高法院在格瑞格诉佐治亚一案以及其他几个案件的裁决中宣布为合宪。于是，美国在 1977 年结束了 10 年间没有执行死刑的历史，又重新恢复了死刑的执行，但自此以后，美国一是将死刑的适用有效地限制在严重的谋杀罪上，二是几乎所有保留死刑的州都陆续将死刑执行方法改成了注射。

但事情还没有完，有关注射的"拙劣"执行被不断报道出来：某个案件中执行人员花了足足 40 分钟不断地用注射器扎死刑犯的静脉血管，其间注射器脱离了静脉，化学物质朝着观刑者的方向喷射出来，之所以如此，是因为医生和护士大都不想接这单活儿，因为这有违他们的天职，于是这事得由狱警或监狱中的其他人员来干，而他们由于没有接受过医护训练，找血管和扎针就不那么容易；在另一个案件中，注射药物后，死刑犯反胃呕吐、下颌颤抖并扭曲，被捆绑的身体抽搐不停，令狱警和在场者大为吃惊，他们认为，可能是药物剂量没算准，也可能是这个死囚的生命力太强。

在这种情况下，美国最高法院改变了过去认为就死刑执行方法提起诉讼是无意义的看法，于 2007 年 9 月受理了肯塔基州两名死囚提起的诉讼：他们认为，注射死刑方法可能使死囚极度痛苦，因而属于"残忍的和异常的刑罚"，要求予以禁止。自那时起，保留死刑的各州司法部门纷纷中止死刑的执行，等待最高法院的裁决结果。到 2008 年 4 月 16 日，美国最高法院终于裁定，注射死刑不具有产生巨大疼痛的风险，不属于宪法禁止的残忍的和异常的刑罚，因而没有违宪。

美国最高法院的上述裁决其实应属意料之中，因为虽然美国已有十几个州废除了死刑，但毕竟还有三十几个州保留有死刑，而注射死刑虽然遇到不少问题，但总的来说目前仍然是痛苦最小的一种死刑执行方法。如果最高法院宣布注射死刑违宪，则其实就等于宣布美国废除了死刑。而这在当前的美国还不现实，尽管近年来美国执行死刑的人数呈显著下降趋势，并且从各州到最高法院分别取得了一些废除和限制死刑的成绩，如新泽西州 2007 年年底废除了死刑，最高法院在 2002 年做出判决：弱智罪犯不能判死刑。不过，值得注意的是，美国最高法院的这一裁决只是笼统地说注射死刑不违宪，对于那些"拙劣"的个案注射并没有持肯定态度，相反，通过最高法院对该案的受理，说明注射死刑确实有不少问题值得关注，这对下一步改进死刑的注射一定能起到积极的作用。

他山之石，可以攻玉。我国当前正在推广注射执行死刑，相比枪决，这无疑是一种进步。但美国的经验也许能告诉我们，注射绝不是如我们所想象的那般美好。在死刑短期内还不能彻底废除的情形下，注射作为一种相对文明的死刑执行方法，我们也必须在推广中注意它可能存在的问题，例如，由谁来执行注射？目前各地并不统一，有的地方是法警，有的地方是法医，还有的地方是从别的医疗机构雇请，但法医和医疗机构的人员同样存在一个职业伦理的问题，而法警如果不经过很好的训练，其操作不当就有可能带给死刑犯额外的痛苦。再如，研究表明，药量不够会加大死刑犯的痛苦，被执行死刑的人要么感到窒息，要么感到被烧灼，让人极其不舒服，好像是被放在火上烤一样；还有的情况是，有些药物注射到最后并不管用，而要再注射一次，这既可能是不同人的体质所致，也可能是药物失效。而如果我们不加区分地每次每人只用一剂药，也会给某些死刑犯平添痛苦。

刑法的人道化历程 *

最近，关于北京将在 2009 年年底全面实施以注射方式执行死刑的消息引起国内外关注。我对这个问题的思考结论是：这与中国最终走向废除死刑的方向是一致的。

中国政府历来指出：从长远看，我们最终要废除死刑，只是目前条件还不具备。对于这个"最终"究竟要到何时，以往谁心里也没底。但如果我们结合这十几年来中国在死刑制度上的变革及取得的成绩，也许对这一前景可以增添几分乐观。

1996 年修订后的刑事诉讼法，增设了注射执行死刑的方式，这一立法背景是考虑到联合国经社理事会在 1984 年通过的《关于保护面临死刑的人的权利的保障措施》中曾要求，对于那些尚未废除死刑的国家，执行死刑"应以尽量减轻痛苦的方式执行"。经过研究，立法者认为注射执行死刑较之枪决更能减轻死刑犯痛苦，更能保全死刑犯的尸体，可以防止出现枪决所导致的脑浆迸裂等残忍场面。由于注射执行死刑的药物研制、场所建设、人员培训等都还需要一个过程，所以当时仍然保留了枪决这一传统的死刑执行方式。

从 1997 年昆明实行第一例注射死刑起，注射死刑在全国各地

* 原载《南方周末》2009 年 6 月 18 日 "法眼" 专栏。

不同程度地得以推广，最高人民法院也从 2008 年起，免费向地方法院提供注射死刑的药剂，表明了其逐步以注射取代枪决来执行死刑的态度。在 2009 年《国家人权行动计划》发布后的不久，首都北京提速实施以注射方式执行死刑的姿态，让人对早日结束死刑执行方式的不统一、在全国范围内以注射取代枪决来执行死刑充满期待。

死刑执行方式的变革，不是一件孤立的事情。首先，这是刑罚和刑罚执行人道化的体现。在历史上，死刑执行方法曾经分为"剥夺人的生命"和"在剥夺人的生命的同时使被处决者备受痛苦和煎熬"两类方法，后者包括了凌迟、枭首、戮尸等，清末沈家本主持修律时，就力主死刑执行方式统一，废除凌迟等"使被处决者备受痛苦和煎熬"的方法。新中国成立后，我们长期对死刑采用枪决的方式来执行，枪决虽然本身在当时的历史条件下不能算是一种"使被处决者备受痛苦和煎熬"的方法，但如果将其与声势浩大的公审大会、游街示威以及在露天的行刑场所伴之以像过节赶集一样看热闹的群众场面联系起来，对于死刑犯及其家人而言，想来仍然有不顾其尊严和感受之残忍，更重要的是，这种做法有助长社会暴力文化、强化死刑乃社会治理之惯常工具甚至大众日常生活之一部分的流弊。现在，注射执行死刑均在专门的场所执行，有利于慢慢消除社会对死刑的依赖。

其次，注射执行死刑之所以现在能有逐步取代枪决之局面，还与我国实践中死刑执行大幅度下降的现状有关。我国在 2007 年 1 月 1 日开始将死刑核准权收归最高人民法院，以这一标志性事件为契机，中国死刑的判处和执行急剧下降。2007 年，最高人民法院复核的死刑案件中，有 15% 被否决，而且全国判处死缓的数量多年来首次超过判处死刑立即执行的数量。在死刑减少的情况下，该年度的爆炸、杀人、放火等恶性案件的发案率却反而比2006年有明显下降，这说明我们完全可以不过分依赖死刑而将社会治理得很好甚至更好。正因为死刑数字有如此大幅度的下降，各地才可以比较快地在场所建设、人员配置等问题上满足注射死刑的要求。从报道看，北京也就一个注射执行死刑的场所，试想如果要执行死刑的人数较多，这显然是不够的。

放眼世界，在已经没有死刑的欧洲，以及其他许多废除死刑的国家，我们可以发现一个大致的规律，那就是这些国家都曾经走过这样一条道路：从死刑罪名众多到后来被限制在严重谋杀罪再到最后彻底废除死刑，从死刑被广泛适用到死刑逐渐被作为一种"象征性的刑罚"很少适用再到后来彻底不用，从死刑执行手段的多样化、对不同的死刑犯要采取痛苦和羞辱程度不同的方法到死刑执行手段的单一化、对所有的死刑犯都要采取痛苦程度最低的方法，从死刑执行的兴师动众到死刑执行逐渐退出公众视野。回首中国死刑及其执行所走过的道路，我认为是符合最终废除死刑的逻辑和经验的。

注射死刑：12 年的静止与变化 [*]

从 1997 年 1 月 1 日修订后的《刑事诉讼法》第一次为注射死刑确立合法地位，到 2009 年 6 月北京宣布年底全面实行注射死刑，时间已经过去了 12 年。萦绕于这 12 年间的背景声，是 2001 年 9 月，最高人民法院在一次会议上要求，全国各地法院推广注射执行死刑。中国加速普及注射死刑，全面废止枪决条件已成熟。

12 年，这本该意味着一个轮回的结束，然而对注射死刑而言，一座城市对它的倾斜仍然可以引发如此热烈的舆论关注度，其中缘故，耐人寻味。

从椅子到小楼

从 2009 年 6 月开始，北京市第一看守所附近开始总有些陌生面孔出现。他们的视线集中在一栋灰黑色两层小楼上，这座刚刚完工、看上去风格略显沉闷的建筑，便是即将承担起整个北京城注射死刑任务的"死刑注射室"。

路旁的建筑工人们一眼就看出了陌生面孔们的记者身份。"这两天来这儿的记者可多了。"看守小院的老师傅在记者的提问面前

---

* 原载《人民公安》2009 年第 15 期，记者：周琼。

更是显得应对自如，"没错，这里就是死刑注射室"。

据介绍，整座死刑注射室包括行刑室、受刑室、停尸间、观察室等，注射死刑专用的执行床、注射泵和消毒器械等设备都已到位。所选用的注射药物组方已经通过了国家药品监督管理局的正式审核批准。针对注射死刑的相关人员培训也将在近期开展。培训内容对象主要涉及司法警察和专职法医，司法警察负责提押、固定罪犯和执行死刑工作，专职法医负责监督、指导执行死刑药物的使用，监测、确认罪犯死亡工作。

如此缜密而细致的前期准备工作，与当年昆明市中级人民法院摸着石头过河打出注射死刑第一针的情形早已不可同日而语。

1997年3月28日，昆明市中级人民法院在国内首次采用药物注射的方法执行死刑。

当时刑场的简陋程度如今可能难以想象。刑场上摆放着一把带扶手的椅子，端坐着的犯人，双手被绑在扶手上，防止因为乱动影响注射效果。犯人与执行者之间的隔绝不过是一个黑色纸袋制成的头套。

在亲手打下第一针的昆明法医院院长汪军的记忆里，打完针后最大的感觉则是昏沉。因为当时选用的试剂是挥发性极强的剧毒药品氰化钾，他打下这一针用的时间不过30秒，之后的头昏状态却持续了差不多一天一夜。

之所以需要法医院院长亲自出马，主要是出于谨慎。其实，在研制注射死刑制剂的过程中，昆明当地已经选拔了16名法警来秘密进行注射方法培训。16个小伙子以前都是负责执行枪决的，教他们打针的法医打了个比方，让他们学注射"简直是李逵绣花，太为难他们了"。被他们拿来练手的兔子被打得满地乱跳，彼此之间注射生理盐水的过程也持续了差不多两个月。

如今，一把椅子就可以进行注射死刑的日子已成过去，氰化钾也早已远离了注射死刑的针筒，注射死刑更不再是昆明一地的孤军奋战。据统计，中国已经有昆明、长沙、成都、北京、上海、广州、南京、重庆、杭州、沈阳、平顶山、焦作、武汉、黑龙江、乌鲁木齐等地先后开始采用注射死刑，大部分省会城市和直辖市都已经迈入或即将迈入注射死刑的行列，上海更是早在2002年的时候就表示，以后不会再用枪决去执行死刑，而是完全注射执行死刑。

时间的流逝，一方面让注射死刑不知不觉间实现了在整个中国的广泛覆盖；然而另一方面，有些困扰却并没有随着时间的流逝而彻底消散。

一笔账的各种算法

"一剂注射死刑的药物300元，须由最高法院统一发放，须专取专用，每次领取须由地方法院两名执行法官乘飞机往返。"

"一座固定注射行刑场需投资上百万元。"

"成套注射死刑执行设备造价数十万元。"

这是最高法院刚刚要求全国各地法院推广注射执行死刑的那些年头，有人为注射死刑所需费用算的一笔账。

相对而言，枪决所需的成本则要低得多。中国社科院法学研究所胡云腾博士曾直言，枪决的执行成本在诸多死刑执行方式中是最低的。它不需要高超技术和复杂器械，对场地要求也不高。一支枪、一堵墙或一棵树、一名罪犯就足以进行。相关数据则显示，国家财政每年拨给一个死刑犯的费用仅为 700 元，主要用于四个方面：运灵费、火化费和抬尸费、射手费、布告费。这甚至顶不上法官们领取注射药剂往返路费的一个零头。

无可讳言，经济成本是当初抑制注射死刑推广的重要因素之一。不过时隔十数年之后，一切是否仍是如此？

在中国社会科学院法学所研究员刘仁文看来，成本对比的变化可以从 2006 年算起。2006 年年底，最高人民法院出台《最高人民法院关于统一行使死刑案件核准权有关问题的决定》，决定自 2007 年 1 月 1 日起，死刑除依法由最高人民法院判决的以外，各高级人民法院和解放军军事法院依法判决和裁定的死刑立即执行案件，应当报请最高人民法院核准。决定一出，随之而来的是死刑判决数量的大幅度下降，仅以 2007 年一年为例，死缓判决首次超过死刑判决，上半年全国死刑数量已比去年同期下降三分之一，某些省份的下降幅度甚至超过了 50%。"处决数量少了，注射死刑的硬件成本就会降低很多，以前可能需要购置七八台执行床，现在可能买一两台就够了。"

在注射药剂方面，2008 年年初，最高法院下发通知要求各地结合自身条件推广注射执行方式，并开始向各中院免费提供注射药剂。刘仁文更坦言，希望在不久的将来，最高法院可以将注射药剂的发放权下放到各省高级法院，降低各中级法院领取药剂的路上成本。

而随着科学技术的发展，与注射死刑相关的各类专业设备的价格也在逐渐降低。2009 年，刘仁文调研了数个进行注射死刑的省份，发现以前造价需数十万元的一套设备，现在十几万元就可购得。

与此同时，枪决的成本却开始提高。随着各级中院的固定刑场修建被陆续提上议程，刘仁文坦言，当枪决也需要承担修建刑场这一成本的时候，枪决与注射死刑在经济成本上的距离便大大缩小了。

而且，枪决需要耗费的人力成本远非注射死刑可比。有担任过多次死刑执行任务的老法警回忆，早些年要枪毙一个人是一个浩大工程：要组织设置刑场，要戒严，要……仅戒严一项，"没有百十来人不行"。而从监狱到刑场，一路上开道车、警车、囚车，光一个车队就得有数十号人。"这样算下来，成本就高了。"

正是在这样的变化之下，刘仁文坦言，随着各地经济水平的提高，他觉得中国全面推行注射死刑、废止枪决的时间已经到了。

不过，不可忽视的一个现实是，对于不同地区而言，人力成本与经济成本之间的转化标准并不一样。对于部分经费紧张而人力相对充裕的贫困地区，可能宁愿多花费些人力成本执行枪决，而非选择经济成本较高的注射方式。

对此，《南方周末》评论总监郭光东的批判相当激烈。他对法国影片《圣皮埃尔的寡妇》（*La Veuve de Saint-Pierre*）中的一处情节印象极深，推崇备至。"1849 年在法属加拿大群岛一个荒凉的圣皮埃尔岛上，一位水手被判死刑，根据法国法律，必须用断头台执行。但岛上没有断头台，于是法国当局不惜耗费巨资，千里迢迢将断头台从法国本土运来。"他直言，贵州遵义市中级法院同样算得上地处偏僻，经费紧张，可是早在几年前就以购置注射死刑执行车的方式全面推行注射执行。执行车不过区区数十万元，再加上些许车费、油费，各市中级法院当真承担不起？更何况，金钱本就不应该与生命尊严、司法公正相提并论。

刘仁文对此的态度则相对温和得多。在他看来，某些贫困地区确实经费紧张，考虑经济因素并非不可理解。事实上，就是在国外，注射死刑的推广中，财政因素也确实是原因之一。中国政法大学刑法研究中心博士生导师宋英辉查阅的资料显示，在美国，电椅的费用昂贵，1966年为3万美元。而建造一间毒气室的费用比电椅还要高4倍。有美国专家因此表示，应从纳税人的角度考虑，在同等痛苦的前提下选择花费较少的执行方式。

刘仁文指出，在某些贫困地区确实经费紧张的前提下，更应该倡导的是各级政府尤其是中央加大推广力度，尽力降低相关环节的成本，在相关设备的采购和相关场所的修建上，采取不同程度的倾斜政策，国家应当拿出专款，在各地建立规范的注射执行刑场。

对于郭光东提出的使用"死刑执行车"这一方式，刘仁文则坦言，这种死刑执行方式显得很不严肃，一些国外媒体将这些流动执行死刑的车和人拍照后放到互联网上广为传播，造成不好的影响。而且执行车需要维修，有的几年之后就会报废，很多法院因此觉得与其买车，还不如建刑场。而随着死刑数量的迅速下降，对于生产死刑执行车的商家而言，生产执行车的利润空间也变得相当有限。不少商家在接受媒体采访时称，"已经好些年没有生产死刑执行车了"。

"贪官特权"与"血债血偿"之间

有两个调查问卷的结果，在此次注射死刑引发的舆论关注热潮中往往被同时提及。

当被问及是否赞成中国全面推进注射死刑时，近七成网友投了赞成票。

可是在怎样执行注射死刑的问卷下面，有 56% 的网友的选择是，对于罪大恶极、民愤极大的还是应该执行枪决。

与此同时，注射死刑引发的巨大争议之一，便是它成了落马高官们的最后一项"特权"。可是，且不说接受注射死刑的高官们很多确实身处具备执行注射死刑条件的地区，与官员身份无涉；单就高官们的犯罪性质而言，高官们落马大多是经济犯罪，暴力气息相对较弱，并不在公众认定的"血债血偿"的范围之内。

一方面反对执行方式的某一类双重标准，另一方面却又主动强化着另一类双重标准，公众面对注射死刑时的矛盾心理，不言自明。

作为坚定的"废除死刑"观念的支持者，刘仁文对他亲历的第一次完整的死刑执行现场，一直印象深刻。

那还是 20 世纪 90 年代中期，他被下派到河北省某基层法院，当时法院还没有专门的法警队，枪决都是由武警来执行的。执行枪决的前一天，县政法委书记找到他，让他无论如何也要去陪第二天执行任务的武警喝几杯，"要让他们尽兴，但又不能喝醉"。

而等真正到了第二天，刘仁文发现，其实更受不了的是他自己。"被五花大绑的死刑犯人跪在地上，武警在后面向犯人的后脑勺开枪，有一个犯人一枪没有致死，又补了一枪，脑浆迸裂，我之后几天都不敢喝汤。"

十余年过去了，他没有机缘再回旧地，不过在得知河北的注射死刑推广力度走在全国前列的时候，仍是忍不住感到欣慰。在他看来，实施注射死刑的好处是一目了然的。

注射死刑的快速与安全，使得死刑犯们不必在临死前还遭受不必要的生理折磨。与枪决相比，注射死刑的死亡过程一般不会超过一分半钟，一般也不会出现一次不成功需要再打一针的情况。而注射死刑对尸体的完整保留，也符合"死留全尸"的中国传统道德。在汪军的印象中，过去的女囚们，往往会在行刑前往自己的胸口垫一小团棉花，"她们不想自己死得太难看，血流得到处都是。现在，她们不用缝了"。

有一份调查问卷可以清晰显现出死刑犯们对于注射死刑的共同态度。最高法院在试点时曾征求死刑犯的意见，选择枪决还是注射，结果没有一个死刑犯要求枪决，全部选择注射。

对死刑犯们而言如此，对死刑执行者们而言又如何？

据介绍，在注射死刑的行刑室里，犯人看不到法警，法警也看不到犯人，中间是隔开的。犯人大多是通过一个洞把手伸过去接受注射。有的地方考虑到执行者的心理压力，在注射执行死刑时，用4支液体量及颜色完全相同的针剂，由4名行刑法警随机取用，其中只有一针是致死性药物，一针为辅助性药物，另两针为生理盐水。"法警们都愿意相信不是自己推入了致死性药物。"

然而，令刘仁文感慨的是，即便是深受死刑执行心理压力之苦的法警们，同样有一部分并不赞同全面推广注射死刑。"他们说如果为了自己着想，当然是愿意注射行刑的，可又总觉得有些杀人犯，不枪决不足以震慑社会，预防犯罪。"深受其苦的法警们尚且如此担心，社会公众对全面推广注射死刑的不理解，也就可想而知了。

不过，对于此类担心注射死刑会让社会成本"此起彼伏"的议论，也有人对其背后的潜在逻辑提出了异议。著名节目主持人白岩松就在其节目中表示："我觉得长期以来，我们有这样一种可能是感性的感受，既然他那么糟糕，民愤极大，那就应该罪加一等，恨不得枪毙两次、三次，就把他执行死刑时候的痛苦程度跟他的犯罪程度画上一个等号，其实这两者从今天的这个角度来看不应该画等号，为什么呢？因为对一个人极致的惩罚就是剥夺他的生命，而没有说在极致惩罚之后，再赋予一些惩罚的色彩，比如说让他痛苦，让他恐惧，让他一枪死不了，等等，在这背后好像有一种以暴制暴、以怨报怨这样一种长期的心理。"更有评论直言，如果因为枪决比注射更残酷而获拥戴，那么更残酷的凌迟车裂为何不能保留；如果必须死亡加残酷才足以惩罚犯罪，那么临刑前的殴打与折磨是否也该接受？

刘仁文则从宏观角度强调，很多国家的数据都清楚显示，死刑执行方式的不同，对犯罪率的变化并无明显影响。甚至死刑的存废也并不对犯罪率产生多大的影响，一个明显的例子是当今废除死刑的国家其社会治安并不比保留死刑的国家差。所谓注射死刑虽保证了对犯人的人道，却可能失去社会安定的推断，并无明显依据。

热盼标准出场

2009 年年初，英国著名医学杂志《柳叶刀》（*The Lancet*）发表了一篇美国学者的学术论文。文章指出，注射死刑远非像许多人所设想的那样是无痛的。研究人员检查了注射死刑犯在行刑后血液中麻醉剂的含量，他们相信，在 90% 的情形下，死刑犯能够感觉到痛苦，而且有 40% 的情况，在行刑的过程中，死刑犯实际上是有意识的。

注射死刑的文明程度究竟有多高，再一次成为坊间议论的话题。

事实上，这早已不是注射死刑引起的第一次争议。2007年9月，美国最高法院受理了肯塔基州两名死囚提起的诉讼：他们认为，注射死刑方法可能使死囚极度痛苦，因而属于"残忍的和异常的刑罚"，要求予以禁止。

事情的起因源于2007年的一次注射死刑过程中发生的意外。当执行者把药物注射到罪犯牛顿的手部静脉后，犯人持续了16分钟才死亡。而在此过程中，因为静脉难以找到，罪犯至少被针头扎过10次。同时由于药物作用，罪犯反胃呕吐，下颌颤抖并扭曲，在捆绑下，两次发生中等程度的抽搐。有当地医生指出，所有的经历都提示，"药物没有适当地流入犯人体内，或者说是剂量不恰当"。很显然，犯人6英尺（约1.83米）高，265磅（约120.2公斤）的体重和药物比例之间存在问题。

而最高法院对诉讼的受理，也让保留死刑的美国各州司法部门纷纷中止死刑的执行，等待最高法院的裁决结果。直到2008年4月16日，美国最高法院终于裁定，注射死刑不具有产生巨大疼痛的风险，不属于宪法禁止的残忍的和异常的刑罚，因而没有违宪。

刘仁文坦言，这场诉讼对他的震动很大。一方面是感慨——注射死刑作为公认的最为人道的死刑执行方式，美国仍然会因为它的残酷可能性不断地提起诉讼；而另一方面则是联想到，"美国的经验也许能告诉我们，注射绝不是如我们所想象的那般美好。在死刑短期内还不能彻底废除的情形下，注射作为一种相对文明的死刑执行方法，我们也必须在推广中注意它可能存在的问题"。

事实上，中国的注射死刑从诞生的那一刻起，便缺乏明确的执行标准。

《中华人民共和国刑事诉讼法》第212条的明文规定是："死刑采用枪决或者注射等方式执行。"然而究竟是枪决还是注射，全由法院来自由裁量。有评论家直言，这种充分的自由裁量权，在司法腐败现象仍然存在、一些司法机关公信力还不高的情况下，很难避免公众的质疑。注射死刑被不少公众认为是贪官们的最后一项特权，死囚们主动提出的注射申请被拒绝……诸如此类的争议话题层出不穷，其法律根源正是在此。

除此之外，注射设备的技术标准、药物的针对性、执行人员的基本素质等等，都缺乏一个全国统一的标准。

刘仁文在前往全国各地的调研中发现，各地在注射死刑的执行上存在较大差异。某些省份的行刑室里，行刑者不仅与死囚彻底隔绝，而且也无法确定是谁的注射针剂导致罪犯的死亡，充分降低了执行者的心理压力。而另外一些省份的行刑室则要简陋得多，甚至连彻底的隔绝都没有做到。

在执行人员的构成上，各省更是千差万别。有的是法医执行，有的是法警，还有的地方是直接从别的医疗机构雇请。刘仁文坦言，对于法医和医疗机构的人员而言，他们都存在一个职业伦理的问题——救死扶伤的职业道德与致人死亡的实际行为之间的严重冲突。而法警如果不经过很好的训练，其操作不当就有可能带给死刑犯额外的痛苦。《南方周末》就曾报道说，由于执行人员过于紧张，浑身直冒虚汗，双手颤抖，以致无法进行人工注射。但针对这些非专业人士的培训应该如何进行，目前全国也并无一个统一规定，各省市都是摸着石头过河。

另一方面，最高法院统一发放的药剂是否能够全面适应不同犯人的体质，也同样有人抱有疑问。有学者援引美国的相关案例指出，美国在执行注射死刑的过程中，曾出现多起药量不够或者药剂与体质不符的情况。"执行死刑的人要么感到窒息，要么感到被烧灼，让人极其不舒服，好像是被放在火上烤一样。"

为此，不少法学界人士提出，应尽快明确注射死刑全面取代枪决的具体时间，对注射死刑涉及的多个层面，也应尽快出台相关的统一标准，"枪决是有一套实施细则的"，注射死刑的药物选择、执行人员选择等等，同样需要类似的实施细则。

用注射取代枪决，实现死刑执行方法的统一*

1996 年我国修改了刑事诉讼法，在原来枪决执行死刑的基础上增设了注射执行死刑的方式。1997 年，云南省昆明市在全国实施了第一例注射执行死刑，从此我国出现了枪决和注射两种执行死刑的方式。

汇总公开报道，目前采用注射执行死刑的地方越来越多，如昆明、长沙、成都、北京、上海、广州、南京、重庆、杭州、沈阳、陕西渭南、兰州、合肥、河南洛阳、平顶山和焦作、河北石家庄、太原、武汉、青岛、乌鲁木齐、吉林延边、厦门、贵州贵阳和遵义、呼和浩特、南昌、西宁等。但就在这些采用注射执行死刑的地方中，发展也不平衡，有的地方已经基本全面推行注射执行死刑，有的省市则只对少数贪官采用注射执行死刑，而对大部分刑事犯罪分子仍然采用枪决执行死刑的方式。

联合国经社理事会在 1984 年通过的《保护面临死刑者权利的保障措施》中要求，对于那些尚未废除死刑的国家，执行死刑"应以尽量减轻痛苦的方式执行"。我国过去对执行死刑的方式只规定了枪决一种，但 1996 年刑事诉讼法修改时，基于对注射执行死刑较之枪决更能减轻死刑犯痛苦的认识，以及考虑到注射执行

---

* 原载《法制日报》2012 年 9 月 30 日。

死刑能够更好地保全死刑犯的尸体、防止出现枪决所导致的脑浆迸裂的残忍场面等因素，规定"死刑采用枪决或者注射等方法执行"。当时之所以保留枪决执行死刑的方法，是因为注射执行死刑的药物研制、场所建设、人员培训等都还需要一个过程。经过十多年的摸索和试点，废止枪决、统一用注射来执行死刑的时机和条件已经成熟。

一、统一死刑执行方式的理论依据和现实基础

1. 枪决、注射两者并用不利于树立法律面前，人人平等的形象。现在死刑执行是用枪决还是注射，不由死刑犯本人选择，而是由法院决定。但到底谁用注射，谁用枪决，法院并没有一个明确的标准。在那些已经具备注射执行死刑条件但又还用得不多的地方，法院往往会对职务犯罪的高级官员和其他社会影响大的死刑犯选择注射执行死刑。从沈阳的刘涌到副省长王怀忠，从成克杰到亿万富翁袁宝璟，注射执行死刑似乎成为一种"待遇"，而普通刑事犯则只能"挨枪子儿"，以致社会上发出"为什么贪官和有钱人多用注射来执行死刑"的质疑，这显然不利于树立法律面前，人人平等的形象。事实上，如果没有一个明确的标准，也确实容易给执法的随意性带来可乘之机。

2. 实践中有些城市地区虽然已经具备了全面推行注射执行死刑的条件，但仍然以犯罪分子的民愤大小来决定采用何种方式执行死刑，如对毒品犯罪分子、黑社会犯罪分子以及其他民愤大的刑事犯罪分子采用枪决的方式，而不用注射执行死刑，这是不符合立法原意的。立法原意就是要推进死刑执行的人道化，只不过

在注射执行死刑条件还不成熟的时候，将枪决作为一种过渡措施。在历史上，清末沈家本主持修律，力主死刑执行方式统一，废除凌迟、枭首、戮尸等"使被处决者备受痛苦和煎熬"的方法，并最后得到清廷的允准。今天我们的死刑执行方式当然不能跟封建社会的酷刑同日而语，但沈氏关于统一死刑执行方式的主张却值得我们借鉴。毕竟当今世界废除和严格限制死刑已成趋势，我们即使暂时还保留死刑，也不能在已经解决了更加人道化的死刑执行方式后，仍然去选择性地使用一种使死刑犯更加痛苦的执行方式。

3. 过去在一些偏远地区注射执行死刑的成本太高的障碍正在消除。据了解，现在的死亡注射药剂是由最高人民法院委托中国医学科学院药物研究所研制，后经试点推广的。这种药剂由最高人民法院统一掌握，最初要由各地方人民法院到最高人民法院购买，每剂药要600元，后来降为300元，现已改为免费提供。另外，自从2007年最高人民法院收回死刑核准权以来，我国死刑判决和执行的数量显著下降（下降数量至少在一半以上），这样注射执行死刑的场所、器材和人员需求也就相应地大幅减少。

二、统一死刑执行方式的顶层设计

为改变各地注射执行死刑发展的不平衡，更好地规范注射执行死刑，当前亟须树立对所有死刑犯一视同仁地采用注射、不再在死刑的执行方法上进行区分的观念，改变各地注射执行死刑各自为政的局面，从中央层面统一规划，尽快废止枪决，统一用注射来执行死刑。建议组织专题调研，摸清目前实践中死刑执行的基本情况，看哪些是观念和惯性使然（如有的城市地区已具备注射执行的条件，但由于想区别对待仍然采用不同的死刑执行方法），哪些是因为还存在一些现实困难使注射执行死刑难以推行（如农村地区还没有封闭式的刑场或专门的死刑执行车等），然后制定一个废止枪决、统一用注射来执行死刑的时间表，争取在一至两年内实现统一死刑执行方式的目标。

三、统一执行死刑需解决的实际问题

1. 关于药剂的领取。虽然最高人民法院已经免费提供注射执行死刑的药剂，但由于在不少地方，每次执行死刑时仍然要由两名法官专程坐飞机到北京领取药剂，这样往返的机票费加住宿费等，使得注射执行死刑的成本仍然很高，所以在一些经济比较落后的地方，他们仍然倾向于成本更低的枪决。为解决这个问题，建议最高人民法院与各省高级人民法院协商沟通好，每年根据当地的需求量，由各省高级人民法院派人到最高人民法院分批领取，就地保管，这样省内各中级人民法院执行死刑时，就可以就近到省高级人民法院领取，从而大大降低注射执行死刑的成本。

2. 关于刑场和注射死刑执行车。现在大多数地方即使采用枪决执行死刑也都不像过去那样露天行刑了，而是在封闭的刑场进行，在这些地方，只需根据注射执行死刑的需要把刑场稍加改造即可，此时需要增加的成本大概是 3 万多元（目前一台注射用的小泵需要 1 万多元，一张供死刑犯躺上去注射执行死刑的床需要 2 万多元，当然这个价格应当也还能降下来）。但在有些农村地区尤其是大多数偏远地区，还没有专门的封闭式刑场，这些地方执行枪决往往找一块荒郊野外的空地就行（这当然很不好，不仅会造成安全问题，而且也显得不人道，还因现在土地承包后容易引起与当地居民的矛盾）。对于这些地方，要改用注射执行死刑，就必须解决行刑的场所问题。据估算，建一个固定的刑场需要上百万元，这个问题如何解决？我认为，为了推进死刑执行方式的人道化和统一化，应当解决建刑场的经费。当然，具体到实践中，一般应以中级人民法院所在市为单位来建刑场，当辖区内的各县看守所的死刑犯需要执行死刑时，可以押送到市里的刑场来执行。与此相关的一个问题是，在有的偏远地区，由于中级人民法院辖区很大，要把各县的死刑犯都押解到市区的专门刑场来执行，从安全到程序上都面临一些困难，于是这些地方购买一种专门的注射执行死刑车来做"流动刑场"，到死刑犯被关押的当地执行死刑。据了解，这种车市场价为四十余万元。我不反对在那些暂时还建不起固定刑场或者确实因辖区原因需要此种流动执行车的地方，使用这种注射执行死刑车，但必须提醒的是，现在有的地方在使用这种注射执行死刑车时，比较随意，如就在路边或露天场合执行，致使网上甚至国外都流传这些图片，造成很不好的影响。因此，即使使用注射执行死刑车来执行死刑，也必须在封闭的场所进行。总之，不管是固定刑场还是注射执行死刑车，都必须由法院系统和当地党委、政府密切配合，解决相关的经费，否则在一些农村地区，就很难在短期内推行注射执行死刑，而必须看到的是，大多数所谓的"贪官和有钱人"死刑犯都是关押在城里的看守所，而关押在农村地区看守所的死刑犯大多数是普通的刑事犯罪分子和穷人罪犯，于是，只要死刑执行方式一天不统一，就会导致社会上对"贪官和有钱人"多用注射、而对老百姓和穷人却用枪决的质疑和不满。

3. 关于注射执行死刑的技能和人员培训。最高人民法院应当根据各地死刑判决和执行的规模，分别配置适当人数的注射执行死刑的司法警察和专职法医，并对这些人进行统一的业务和心理培训。需要指出的是，执行死刑的人的心理压力是很大的，在推行注射执行死刑时，我们可以借鉴日本等国的做法，把死刑犯与行刑者隔离开来，而行刑者可以多设立几个，其中只有一个人的药剂是能致死的，其他药剂都是以假乱真的，这样谁也不知道是哪一个真正执行了死刑，可以起到一种分担压力的作用。

此外，随着注射执行死刑的全面推广，最高人民法院应抓紧出台规范注射执行死刑的文件，进一步完善程序保障，包括死刑犯行刑前应有权会见其家属或亲属，死刑犯本人对其器官捐赠和经济补偿方面的意见，死刑犯在被注射执行死刑前应接受必要的心理咨询和医疗检测，等等。这里尤其需要指出的是，现在我们都认为注射比枪决要更人道，但这只是就一般意义而言，实际上，从美国等国的经验来看，注射执行死刑也常常因发生种种"拙劣表演"而造成死刑犯痛苦的现象。据笔者调查了解到，我国实践中也已经出现了一些值得注意的苗头，如有的行刑者基于对毒品犯罪分子等的愤恨，在注射执行死刑时故意放慢推进针管的速度，致使死刑犯憋得难受又死不了；还有的死刑犯因个人体质的差异，同一剂量的药剂不足以在规定时间内致死，以致有的行刑者告诉笔者，与其这样拖着不死，还不如枪毙很快死掉来得人道。对于这些问题，最高人民法院必须协同各地人民法院，及时跟踪和总结，并不断加以改进。

第六编

死刑的温度

加强对死刑案件的辩护 *

首先应当指出的是，目前我国整个刑事辩护所面临的一些共性问题同样存在于死刑辩护当中，例如，证人出庭率极低，使辩护律师无法当庭质证；律师在侦查阶段还只能以法律帮助者的身份介入，不能对侦查活动形成有效的制约，如侦查机关讯问犯罪嫌疑人时，律师不能在场，相反，律师会见犯罪嫌疑人时，侦查机关会派员在场监督，并在会见次数上予以限制，有的侦查机关还对律师会见犯罪嫌疑人层层设阻；律师的阅卷权、调查取证权和职业豁免权等都得不到充分保障；等等。对于这些问题，自然应在死刑案件中予以优先解决。这里，我尤其关注的是：

如何保证死刑案件的被告人和犯罪嫌疑人获得法律援助。在许多死刑案件中，犯罪嫌疑人和被告人均处于社会地位低、经济状况差的状态，无力自己聘请律师，因而国家提供的法律援助就显得十分重要。1996年修订的刑事诉讼法首次规定了针对死刑案件实行法定援助的制度："被告人可能被判处死刑而没有委托辩护人的，人民法院应当为其指定承担法律援助义务的律师为其辩护。"（第34条）据此，现在至少在形式上，死刑案件的被告人在审判阶段可以获得律师的帮助（至于这种帮助到底能起多大作用，

* 原载《检察日报》2006年2月8日，发表时有删节。

且看下文）。问题是，在侦查阶段和审查起诉阶段，死刑案件的犯罪嫌疑人有无可能获得法律援助呢？ 2003 年国务院颁布的《法律援助条例》第 11 条规定："犯罪嫌疑人在被侦查机关第一次讯问后或者采取强制措施之日起，因经济困难没有聘请律师的"，"可以向法律援助机构申请法律援助"，这就是说，《条例》将法律援助的范围扩大到了侦查阶段和审查起诉阶段，但在实践中，由于犯罪嫌疑人得通过侦查机关、审查起诉机关来申请获得法律援助（而事实上许多侦查机关、审查起诉机关并不告知犯罪嫌疑人这项权利，即使犯罪嫌疑人提出申请，也不转达），并须经过法律援助机构审查批准（这样做的一种极有可能的后果是，等到法律援助机构最终做出给予法律援助的决定并指派律师时，提供法律援助、介入侦查阶段的最佳时机可能已经丧失。因此，有学者不无道理地指出：对于法庭辩护，由于需要较高的专业技能和较长的时间准备，可以对申请法庭辩护法律援助的当事人采取经济困难和司法利益审查的办法，以控制法律援助成本；但对于一般程序性的法律咨询，则完全可以向所有涉嫌重罪的当事人免费开放[1]）。加上《条例》使用的是公民"可以"申请法律援助，而并没有说符合条件的就一定要提供法律援助，致使包括死刑案件在内的犯罪嫌疑人"在侦查阶段和审查起诉阶段获得法律援助的可能性很小"。[2]秉承死刑案件从一开始就要慎之又慎的理念，建议最高检察院联合公安部、司法部尽快出台相关文件，将法律援助作为一项不得克减的义务，推广到所有有死刑可能的刑事案件的侦查和审查起诉

366
—
死
刑
的
温
度

---

[1] 参见贾午光、蒋建峰：《英国刑事法律援助制度对中国的启示》，2006 年 1 月"加强死刑案件辩护"国际研讨会提交论文。

[2] 参见徐卉：《中国的法律援助与死刑》，2005 年 12 月北京死刑国际研讨会提交论文。

阶段。[一些死刑冤假错案（包括其他冤假错案）的披露表明，侦查阶段的刑讯逼供是导致屈打成招、最终酿成冤假错案的根源，因此要借鉴国际通行做法，从犯罪嫌疑人被警察拘捕后的第一次讯问（无论是在警察局还是在拘留所）起，就必须有律师在场，否则讯问内容无效。为此，应建立公职律师值班制度，保证 24 小时随时接案、随时有律师出场。]当然，这样一来势必牵涉到国家法律援助市场的扩大，但这种投资是值得的。

如何使法律援助真正发挥作用？与被告人聘请的律师相比，法律援助律师的办案质量普遍不高。其原因主要有三：一是面向社会的法律援助办案补贴太低（据司法部法律援助中心主任贾午光向笔者透露，目前承担法律援助的主力是私人律师，而不是公职律师）。以北京为例，一个案子只有 500—800 元，这导致有经验的律师一般不愿办理此类案件，即使接手，也无法进行充分的调查取证活动，因此，死刑案件的法律援助，往往是由缺乏经验、没有案源的年轻律师来办理；[1]二是各地法律援助中心的公职律师领取固定薪水，辩护效果与其经济收益没有直接联系，而法律援助中心又往往对公职律师单位年度内承担法律援助任务的数量有考核要求，于是在缺乏经济利益制约的机制下，公职律师多会注重办案数量而较少注重办案质量；[2]三是根据《法律援助条例》的规定，由人民法院指定辩护的案件，法院应在开庭 10 天前将指定辩护通知书和起诉书副本送交其所在地的法律援助机构，对于死

---

1 参见熊秋红：《从实证调查看死刑案件的辩护》，载陈泽宪主编：《死刑：中外关注的焦点》，中国人民公安大学出版社 2005 年版。

2 参见张绍彦、谭淦：《死刑辩护的实践形态分析》，载陈泽宪主编：《死刑：中外关注的焦点》，中国人民公安大学出版社 2005 年版。

刑案件的法律援助而言，仅有 10 天的准备时间——更何况有的学者还指出，很多还不到 10 天[1]。显然是无法保证其办案质量和辩护效果的。因此，对于死刑案件，应当给予法律援助律师更多的准备时间，而且要提高办案补贴，设置辩护质量监督体系，从而提高法律援助律师的服务质量，使其从现有的"阅卷式办案"转向积极地去搜集证据、寻找证人的办案方式。

如何提高死刑案件辩护律师的执业素质和辩护技能？基于死刑案件特殊性的考虑，一些国家对死刑案件承办律师设置了更高的门槛，如美国，对于承办死刑案件辩护的律师，全美律师协会提出了具体的任职资格，并且从各方面提供相应的保障和条件，此外，还对死刑案件的辩护律师从多方面提出了任职义务和职责，并为此制定了《死刑案件辩护律师的指派与职责纲要》。[2] 受此启发，我们也可考虑采取两方面的措施：一是对死刑案件辩护律师设置必要的门槛，即对于那些初出茅庐的律师，要经过一定的期限（如至少两年）或办理一定数量的刑事案件（如至少 5 件）之后才能办理死刑案件。当然，对这一期限或数量的要求不能太长（高），因为还要考虑到我国律师总人数还不太多的现实，如果限制过严，会使这方面出现紧缺现象。（正是基于此点考虑，我不太同意有的学者提出"建立严格的辩护律师准入制度"的观点，即"彻底改变当前凡是取得律师职业资格的人员无论执业时间之长短、执业水平之高低均可从事刑事辩护的不正常状况"[3]，我认

1 参见前引徐卉文。
2 参见顾永忠：《关于加强死刑案件辩护的若干问题》，2006 年 1 月"加强死刑案件辩护"国际研讨会提交论文。
3 参见冀祥德：《有效辩护及其制度保障》，2006 年 1 月"加强死刑案件辩护"国际研讨会提交论文。

为，对于一般的刑事辩护，不宜在律师职业资格之外再添加新的门槛。）二是加强对死刑辩护律师的培训和死刑案件辩护的规范指导。可以由全国律协组织编写培训教材和拟订《死刑案件辩护指导意见》，将一般刑事案件的共性与死刑案件的个性结合起来，对死刑案件的辩护策略和程序等进行专门阐述。

法官为何会不耐烦？一位中国律师在谈到为死刑犯辩护的苦恼时曾说："如果律师在法庭上说得太多，法官经常会不耐烦。"[1] 确实，我们似乎已经习惯了按照传统的开庭模式和辩护思路来行事，一旦辩护律师扯远点，法官就会以与本案无关来制止。但当我们看过法国前司法部部长巴丹戴尔《为废除死刑而战》一书中所介绍的他出庭辩护过的一些案例后，我们就难免有点惊讶：原来死刑辩护还可以这样展开！从他在法庭上的辩护策略来看，大多是从被告人的人生经历来着手论证其人格形成，最后以此成功地说服法官免除被告人一死。[2] 因此，我主张在死刑案件的辩护中，律师应不断创新，开掘更广阔的辩护空间，而法官也应耐心倾听，勇于采纳适当的辩护意见。例如，按照我国关于刑事责任的主流刑法理论，前述特殊人格减轻责任的观点尚不被认可，还有弱智减轻责任的观点也未曾在司法实践中出现过，但它们在死刑案件中应当可以成为辩护理由，就像在别的国家那样。再如，我国刑法对 68 个死刑罪名的规定采取了不同的刑罚选择模式，有的规定"处 10 年以上有期徒刑、无期徒刑或者死刑"，有的规定"处 15 年以上有期徒刑、无期徒刑或者死刑"，有的规定"处无期徒刑或者死刑"，还有的规定处"死刑、无期徒刑或者 10 年以上有期

---

1 参见正义网对汤路明律师的访谈。
2 参见刘仁文：《善辩的律师与善听的法官》，载《检察日报》2005 年 6 月 15 日。

徒刑"，等等，[1] 在这样的模式中，前三种相比第四种而言，是将死刑作为最后一种选择的，而在三者之内，又应是越往前越不要判处死刑，因为越往前其起刑点越低，表示其社会危害性相对要小，如果其死刑比例反倒高出后者，则不能说是正当的。这样的思路应当可以成为辩护思路，并且应当可以被法院采纳。说到这里，就又不得不回到审判委员会来：如果辩护律师好不容易当庭感染了合议庭的法官，但最后定案的是律师无缘向其面陈的审委会委员，那又有何用？岂不前功尽弃！

1 参见祁胜辉：《中国死刑案件中的量刑》，2005 年 12 月北京死刑国际研讨会提交论文。

死刑复核被告人应有法律援助权 *

2012 年新修订的《刑事诉讼法》第 34 条第 3 款规定:"犯罪嫌疑人、被告人可能被判处无期徒刑、死刑,没有委托辩护人的,人民法院、人民检察院和公安机关应当通知法律援助机构指派律师为其提供辩护。"据此,可能被判处死刑的犯罪嫌疑人、被告人,在公安、检察和法院一、二审阶段,如果没有委托辩护人的,都有获得法律援助的权利。但目前在最高人民法院复核死刑阶段,如果死刑被告人由于经济困难等原因,没有委托辩护律师的,最高人民法院并没有为其指定律师提供法律援助。笔者认为,为确保每一个死刑复核案件的质量,应当改变这一做法,尽快赋予死刑复核被告人的法律援助权。

尽管死刑复核的案件已经在一审、二审或高级法院的复核程序中做出了死刑判决,但由于诉讼程序尚未终了,因而结论仍然处于不确定状态。只有在最高人民法院做出核准或者不核准死刑的裁定后,才能有最终结果。也就是说,在最高人民法院的复核结果出来之前,被告人仍然有生与死两种可能,故仍然属于"可能被判处死刑"。

有人可能会说,刑诉法第 34 条第 3 款只适用于"可能被判处

---

* 原载《法制日报》2014 年 3 月 26 日。

死刑"的人，而死刑复核案件是"已经判处死刑的案件"，因此，应不属于第34条第3款关于指定辩护的强制性规定。这种说法把第34条第3款的"判处"作了过于狭隘的理解。实际上，就死刑案件而言，最高人民法院的复核也是一种"判处"，因为只有最高人民法院核准的死刑判决或裁定才是发生法律效力的判决或裁定。

需要指出的是，最高人民法院《关于适用〈中华人民共和国刑事诉讼法〉的解释》第42条明确指出："高级人民法院复核死刑案件，被告人没有委托辩护人的，应当通知法律援助机构指派律师为其提供辩护。"根据刑诉法规定，目前高级人民法院复核的死刑案件包括两类：一类是中级人民法院判处死刑（立即执行）的一审案件，如果被告人没有上诉，应当先由高级人民法院复核，再报请最高人民法院核准；另一类是死刑缓期两年执行的案件。由此引出的问题是，同为死刑复核，高级人民法院适用第34条的法律援助规定，为何最高人民法院就不适用？可能判处死缓的案件在（高级人民法院）复核时都要提供法律援助，为什么可能判处死刑立即执行的案件在（最高人民法院）复核时反而不提供法律援助？这从逻辑上讲不通，从现实看也不利于最高人民法院在复核死刑时兼听则明。

死刑案件关乎人的生死，在任何一个环节都要慎之又慎。最高人民法院收回死刑复核权的一个重要原因就是为了把死刑案件办成铁案，防止出现冤假错案。也正是基于此，新《刑事诉讼法》第240条规定："最高人民法院复核死刑案件……辩护律师提出要求的，应当听取辩护律师的意见。"如果死刑复核被告人因经济困难等原因没有聘请律师，法院又没有为其指定辩护，那么所谓"听取辩护律师的意见"就是一句空话，这无疑对确保死刑案件的质量不利。

综上，建议最高人民法院借鉴前述《关于适用〈中华人民共和国刑事诉讼法〉的解释》第42条的规定，颁布一个《关于在死刑复核中为被告人提供法律援助的通知》，规定"最高人民法院复核死刑案件，被告人没有委托辩护人的，应当通知法律援助机构指派律师为其提供辩护"。与此同时，最高人民法院还应协商司法部，由司法部法律援助工作司负责落实死刑复核的法律援助，也就是说，最高人民法院在发现死刑复核案件的被告人没有聘请律师时，要立即通知司法部法律援助工作司，由其指派承担法律援助义务的律师介入死刑复核。当然，还应就承担法律援助的律师的职责（如会见死刑犯、提交律师意见）、介入死刑复核的方式（最好是能与复核法官和参与复核的检察官当面沟通）、报酬等分别做出具体规定。

死刑案件不应排除和解 [*]

目前，轻微刑事案件的和解在我国理论和实务上均已达成共识，但重案、命案是否可适用和解却存在激烈的争论。争论的背后，既有人道主义者对生命权的力挺，也有百姓对"花钱买命"的担忧。

我认为，作为一种精神，刑事和解应当在处理所有的刑事案件中得到提倡，也就是说，不仅在轻罪案件的处理中我们应当提倡刑事和解，在重罪案件乃至死罪案件中我们也不能排除刑事和解的适用。这主要是基于以下考虑：

首先，和解比对立好。刑事诉讼中犯罪人与被害人往往是矛盾和对立的两方，这种矛盾和对立如果能通过一定的渠道和方法换来犯罪人一方的忏悔和道歉（有时这种忏悔和道歉可以表现为物质上的积极赔偿或补偿）、被害人一方一定程度的谅解，最后的法律适用效果肯定会好些。

其次，我国目前的刑罚总的来说还是很严厉的，死刑条款太多也是没有争议的，在这种情况下，要想把刑罚的严厉性降下来，减少死刑的适用，就必须充分发挥刑事和解的作用。因为在中国，法院特别在乎被害人是否会不服、是否会上访，如果通过

* 原载《法治周末》2010 年 7 月 29 日。

和解，被害人同意不判处对方死刑，那么法院就可以解除这方面的后顾之忧。

世界上任何一个国家的刑事司法制度都是鼓励犯罪人忏悔和道歉、鼓励被害人宽恕和谅解犯罪人的，从某种意义上来说这也就是鼓励双方朝着和解的方向努力。在美国、加拿大等国，旨在促进犯罪人和被害人和解的"恢复性司法"就不仅适用于轻罪，也可以适用于重罪，当然，后者不是无原则，而是要受到严格的规范。

法国现在已经废除死刑，但在它还没有废除死刑的时候，被告人有无忏悔和道歉会影响到是否判死刑。前司法部部长巴丹戴尔在其《为废除死刑而战》中就说到，他当律师时，曾为一个死刑犯辩护，最初被告人的态度很不好，毫无悔意，后来在他的开导下，终于说出了道歉的话，结果法庭免他一死。

2009年《法制日报》连续报道了一组最高人民法院依法不核准死刑的案件，我仔细研究了这些案例，发现这些案子之所以能最后把死刑立即执行改为死刑缓期两年执行，都是核准法官做了大量的调解等工作的结果，如果不前往被害人家里，深入细致地做好安抚和补偿工作，是不可能起到这样的效果的。法律人应当尊重事实，这里的事实就告诉我们：如果我们否定死刑案件可以适用和解，那么就只能导致更多的死刑犯被执行死刑。

当然，在死刑案件中引入刑事和解，需要在制度上严加规范，绝不能给社会和当事人造成"花钱就可以买命"的错误印象。由于我国对犯罪被害人的物质补偿制度还没有到位，西方的"恢复性司法"理念在我国就变成了过于重视被告人对被害人的物质补偿。在此情形下，我们不否认物质补偿对取得被害人谅解的重要性，但须注意：一是并非只要有钱就能买命，而要综合考虑犯罪的性质和后果、犯罪人的主观恶性和人格背景、犯罪人的忏悔程度等；二是也不能说只要这个人没有钱，即便再真诚忏悔也无法活命。对于后者，我认为如果被告人确实通过实际行动表明了其忏悔，但就是拿不出足够的钱来，而被害人也愿意在满足一定的补偿条件下同意不判处被告人死刑，此时国家应通过基金会或政府渠道来支付这样一笔合理的费用，以达到既帮助被害人又挽救一名死刑犯的目的。

死刑案件非同小可，因此如果说轻微刑事案件可以在刑事诉讼的任何一个阶段进行和解的话，那么死刑案件的刑事和解只能等到了法院这个阶段才可以，这样既可以防止前面一些环节和稀泥，确保在查明事实真相的基础上进行和解，同时也由于死刑案件再和解也不会出现不判刑的结果，因而决定了在前期阶段和解不好操作。再有就是，由于死刑案件的犯罪性质和后果都很严重，因而和解绝不会是一件轻而易举的事，这就要求我们的法官要有耐心，有技巧，有心理学等方面的知识，以高度的责任感去从事这方面的工作，尽最大努力去促成当事双方的和解。

死刑案件特别赦免程序之构想 *

　　死刑犯申请特赦或减刑已经成为一项国际公认的权利，许多全球或区域的国际公约都对此加以确认，如联合国《公民权利和政治权利国际公约》第 6 条第 4 项就规定："任何被判处死刑的人应有权要求赦免或减刑。对一切判处死刑的案件，均得给予大赦、特赦或减刑的机会。"联合国经社理事会《关于保护死刑犯权利的保障措施》第 7 条也规定：任何被判死刑的人"均有权寻求赦免或减刑"。《美洲人权公约》第 4 条亦规定：任何一个被处死刑者"都有权请求赦免、特赦或者减刑"。

　　我国已经签署了《公民权利和政治权利国际公约》，并正在为批准该公约做准备。鉴于我国短期内还不可能彻底废除死刑，因此需要在死刑案件中增设特别赦免程序，赋予被判处死刑者申请赦免或减刑的权利，以满足《公民权利和政治权利国际公约》在这方面的要求。

　　增设申请特别赦免程序也是完善办理死刑案件刑事诉讼制度的需要。我国《刑事诉讼法》第 251 条规定：下级人民法院收到最高人民法院执行死刑的命令后，若发现下列情形之一的，应当停止执行并立即报告最高人民法院，由最高人民法院做出裁定：

* 原载《法制日报》2013 年 2 月 20 日。

1. 在执行前发现判决可能错误的；2. 在执行前罪犯揭发重大犯罪事实或者有其他重大立功表现，可能需要改判的；3. 罪犯正处孕期。最高人民法院在 1999 年《关于对在执行死刑前发现重大情况需要改判的案件如何适用程序问题的批复》中指出：对上述需要改判的案件，由有死刑核准权的人民法院适用审判监督程序依法改判或者指令下级人民法院再审。但问题是，根据我国刑事诉讼法的规定，刑事案件再审的理由是原生效判决"确有错误"，而刑事诉讼法第 251 条规定的第二种情形，即死刑犯在死刑执行前揭发重大犯罪事实或者有其他重大立功表现的，其改判理由并不是因为原判决在认定事实和适用法律上有错误；第三种情形的改判理由也不一定是原判决在认定事实和适用法律上有错误，因为该妇女可能不是"审判时正在怀孕的"，而是在审判后才受孕，甚至是判决生效后才受孕。有人可能会说，审判后或判决生效后犯人被关在看守所里，怎么可能怀孕呢？但这种可能性在现实中确实存在，如有的女死刑犯勾引看守所的干警与其发生性关系致其怀孕，还有的女死刑犯被看守所所长等人强奸致其怀孕，结果本应处以死刑的只好被改判无期徒刑。对在审判后才受孕的女死刑犯进行改判，是基于人道主义和避免株连另一无辜生命的考虑，也是《公民权利和政治权利国际公约》第 6 条第 5 项规定的"怀胎妇女被判死刑，不得执行其刑"的要求。因此，笔者同意对这两种情形构建一个新的程序即死刑赦免程序来加以解决。

虽然我国的死刑案件已经有了一套普通刑事案件所没有的复核程序，体现了对死刑案件的特别重视，但该复核程序并不能充当前述特别赦免程序的功能。理由是：首先，死刑复核程序是一套司法程序，而特别赦免程序是独立于司法机关之外的另一套程序。在死刑核准之前，死刑判决仍然是未生效的判决，但特别赦免程序则是在判决已经生效的情况下才提起。其次，死刑复核并不能代行特别赦免的功能，如对独生子女犯死罪的，在死刑复核环节必须坚持法律面前，人人平等，但从国家施仁政的角度来看，也许在赦免上就可以找到理由。又如，对被判死刑后患精神病或绝症的罪犯，可以赦免，但复核就不一定能从法律上找到免死的依据（除非在立法上明确规定此种情形下不可以核准死刑）。再次，在一审、二审和复核之外再加一套特别赦免程序，一点都不算多。许多教训表明，经过三级司法审查后仍然不能发现死刑案件的全部错误。即便像美国这样死刑案件诉讼程序近乎漫长的国家，近年来仍不断报道死刑案件中有冤假错案的消息。

在具体设计死刑特别赦免程序时，有以下问题需要注意：

1. 关于死刑特别赦免机关。我不认为死刑特别赦免的机关应是最高人民法院，因为在死刑核准权统一收回最高人民法院后，最高人民法院目前已经行使全部死刑案件的核准权了，如果再将赦免权赋予它，在实际工作中核准权和赦免权就将由同一机构来行使，这样可能会带来机制上的不顺，导致效果不佳，例如，最高人民法院先核准死刑，再赦免死刑，即使是由最高人民法院内部的不同部门来决定，也难免对最高人民法院的权威性产生一定的冲击。因此，对于死刑案件的特别赦免机关，我认为可以作如下设计：单个案件的特别赦免由国家主席直接决定并颁发特别赦免令，多个案件的特别赦免则由全国人大常委会决定后再由国家主席以特别赦免令的形式颁行。

2. 关于死刑特别赦免类型。赦免可分为赦免性减刑、赦免性免刑和赦免性复权三种。免刑，即免除死刑犯的刑罚，在经过了一审、二审和死刑复核后，再在赦免环节对死刑犯彻底免刑恐怕是社会公众难以接受的，故不宜免刑。复权，是指国家对因受到有罪判决而丧失或者停止某些权利或资格者，经过法定的程序恢复其权利或资格的一种制度。由于赦免性复权以刑罚执行终了或刑罚执行免除为前提，而死刑案件还没有达到这一步，所以也不存在赦免性复权。因此，死刑犯申请的特别赦免类型应是赦免性减刑，且这里的赦免性减刑不应无限制地减刑，一般减为死刑缓期两年执行即可。

3. 关于死刑特别赦免对象。主要包括：一是前面所说的刑事诉讼法第251条规定的两种情形，即死刑犯在死刑执行前揭发重大犯罪事实或者有其他重大立功表现的，以及死刑犯在审判后怀孕的。二是对被判死刑后患精神病或绝症的罪犯，应准予减刑。三是对于年老或青少年罪犯。我国刑法虽然规定对犯罪的时候已满18周岁的人可以判处死刑，但如果被处死刑者仍然是青少年，还是应当在其申请赦免时给予考虑。另外，《刑法修正案（八）》虽然增加规定了对审判的时候已满75周岁的人一般不适用死刑，但如果老年罪犯还没到75周岁，因而被判处死刑的，仍然有视个案通过特别赦免来减刑之必要。四是弱智罪犯和新生婴儿母亲等。美国最高法院早几年有一个判决，认为处决弱智罪犯违反了美国宪法第八条规定的"不得施加残忍的和异常的惩罚"，从此禁止对弱智犯执行死刑。罪犯的智商问题，现在科学上已经能够得到解决，因而我认为对弱智罪犯不执行死刑也是人道主义的体现。同样出于人道主义的考虑，对新生婴儿的母亲也应不执行死刑。五是出于外交等因素考虑的，如我国2009年判处英国毒贩阿克毛死刑并随后处决，不仅在英国，甚至在欧盟都引起强烈"地震"，因为包括英国在内的欧盟早已废除死刑,但依据我国法律,似乎不判其死刑又没有法律根据,类似案件如果有特别赦免程序,则可先由法院判处其死刑,然后再借助特别赦免这一渠道,将其减刑。六是对于独生子女,如果被判处死刑,应当尽量考虑通过赦免途径来免其一死。七是出于其他国际、国内因素的考虑,或者案件本身的特殊情况需要用赦免来调节法律的刚性的。

4. 关于延长死刑执行期限。与死刑特别赦免制度相关的一个问题是,按照目前我国刑事诉讼法的规定,死刑一旦核准,就将在 7 天内执行,这一间隔早已被学界批评为太短,若从构建死刑特别赦免制度而言,必须延长死刑执行的期限,否则可能还没来得及启动特别赦免程序,死刑就已经执行了。笔者认为,把死刑执行期限由现在的 7 天改为 6 个月比较适宜,当然,如果在这期间死刑犯提出特别赦免,则自当等该程序走完再说。

美国弱智罪犯不执行死刑之启示 [*]

2002 年 6 月 20 日晚上，收到美国朋友凯利（Kelly）发来的一封电子邮件，标题是"Very Good News"（非常好的消息）。凯利是一个联邦法官的助理（clerk），她的这封电子邮件讲述的是美国最高法院于 6 月 20 日做出了一项里程碑式的司法判决：弱智死刑犯不应被判死刑。其基本情况是这样的：

1996 年的一个盛夏夜晚，阿特金斯和朋友为找钱买啤酒喝，在一家商店停车场绑架了一位空军现役人员，强迫他从一台取款机上取钱，然后再开车将他送至一个荒芜的地方，由阿特金斯开枪将其打死。在审判中，一位精神病学家称，阿特金斯患有"轻微的智力迟钝症"，但法庭还是判处他死刑。阿特金斯不服，向弗吉尼亚州高等法院提起上诉，但弗吉尼亚州高等法院维持了死刑的判决。阿特金斯仍不服，继续向美国最高法院上诉。美国最高法院经过辩论后，以 6 票对 3 票的压倒性多数做出了一项有利于阿特金斯的判决。这项判决认为，智商系数在 70 以下的罪犯属于弱智者（阿特金斯的智商测验只有 59），而处决弱智者属于"残忍的和不寻常的惩罚"（cruel and unusual punishment），这有违美国宪法修正案第八条规定的"不得施加残忍的和不寻常的惩罚"。

* 原载《检察日报》2002 年 10 月 9 日。

根据凯利提供的相关网址，我又登录做了些阅读，才发现这件事在美国社会所引起的反响确实非同小可，各种大小媒体都纷纷刊文对此进行报道并发表评论。《纽约时报》的评论认为这一判决是美国 1976 年恢复死刑以来最为重要的司法判决，说明这个国家正在朝着"进化了的体面标准"前进。美国有线电视台的评论认为，该判决的高明之处在于绕开笼统的死刑存废之争，而抓住弱智罪犯这一特殊群体，巧妙地运用宪法修正案第八条来否决对其判处死刑的正当性。

从最高法院法官斯蒂文斯代表 6 位法官所撰写的意见来看，他们之所以做出如上裁决，主要是基于下述考虑：首先，对弱智者执行死刑，既不人道，也无法实现死刑的威慑作用；其次，现在美国社会越来越多的人不认同用死刑来对付弱智者。1989 年，最高法院曾经做出过拒绝承认宪法禁止判处弱智者死刑的裁决，当时的理由是"鉴于没有充足的证据可以得出结论，全国大多数人认为这种处决违反了这个国家'正在进化的体面标准'"，但自那时以来，"美国公众、立法者、学者和法官一直在探讨这个问题：死刑判决可否强加于智力迟钝的刑事犯"，事实是，反对对弱智者执行死刑的州的数目已经从 1989 年的 2 个增加到了今天的 18 个 [1]。应当说，公众态度的这种变化是最高法院做出此项裁决的重要原因。

美国最高法院这一具有里程碑意义的判决，可以带给我们许多思考和启迪。简单说来，我想至少有以下几点：

第一，宪法对刑法的制约。现代法治国家的刑法应在宪法的

1　目前在美国 50 个州中有 38 个州保留有死刑。——作者注

维度内活动，宪法的原则和精神是刑法的重要参照系，可以成为刑法内容演进的助推器。但在我国，长期以来，宪法与刑法，似乎是井水不犯河水，两者并不搭界，无论刑事立法还是刑事司法，都是我行我素，缺少宪法意识。今后，我们是否也应该关注一下刑事法领域的合宪性问题呢？

第二，我国刑法学界对死刑的研讨大多集中在存与废之争上，好像存与废的理由都已说光说尽，彼此半斤八两，却很少有人从弱智者这样的角度去探讨减少死刑的途径。显然，简单的死刑存废之争实际上是覆盖了许多更为丰富的内容，在保留死刑的前提下，仍然可以对不同的死刑案件做进一步的分类研究，从而达到减少死刑适用的目的。

第三，我国刑事立法和刑事司法在对行为人的责任能力和罪过形态的认识上还停留在较为浅显的状态，像智商这类因素是否影响行为人的刑事责任，弱智者对刑罚的感受程度如何，对他们适用某种刑罚能否达到威慑和特殊预防的目的，都还无人涉足。面对这些新的课题，刑法学者实有"与时俱进"之必要，借助现代科学知识，去深入研究和认识。

绝症死刑犯与人文关怀 [*]

一、一个真实案例引出的话题

湖北房县是一个国家级贫困县，警方在 2003 年 6 月 15 日抓获一名逃亡半年之久的杀人犯罪嫌疑人王某后，经检查发现他身患晚期肺结核，医生断定他已经活不了多长时间。在随后羁押他的 10 个月中，共抢救 5 次，花去医疗费数千元。2004 年 4 月 27 日，十堰市中级人民法院以故意杀人罪一审判处王某死刑，王某不服，向湖北省高级人民法院提起上诉。在等待法院终审判决的 5 个月时间内，王某的身体状况急剧恶化，警方又花费数千元对其前后进行 8 次抢救，直至 2004 年 9 月 29 日，死刑犯王某被执行枪决。据悉，为救治王某所花费的医疗费，合计相当于该县 20 名警察财政下拨的一年医疗费的总和。[1]

此事经报刊和互联网转载后，在社会上引起激烈争论。赞成者认为，对于羁押的犯罪嫌疑人，哪怕已一审判决死刑，在他还没有被终审宣判死刑或执行死刑以前，监管机关仍然有义务保护其生命与身体健康。房县看守所的此举充分体现了人文关怀。反对者却认为，房县作为国家级贫困县，有那么多贫困

---

* 原载《人民检察》2006 年第 13 期。
1 参见陆承剑、魏世银：《13 次抢救死刑犯》，载《西部法制报》2004 年 11 月 20 日。

人口需要救助，却花如此重金来抢救一个死刑犯，这样的付出不值，是司法"作秀"。

二、联想到另一个案例

看到这个案例，我首先想到联合国前南斯拉夫国际刑事法庭（以下简称前南法庭）处理过的一个案子，兹简介如下：

1996年2月29日，前南法庭的检察官对塞族主管后勤的将军久基奇提出起诉书。4月，检察官对初审分庭提出申请，撤回对久基奇的起诉书，理由是久基奇的健康状况急剧恶化，他的癌症已转移到脊椎和一些内脏，荷兰医生诊断他得了癌症，最多只能活9个月。他将很快不能有意义地参加他的辩护，在这种情况下审讯他就会造成不公正和不人道。然而，健康状况不能免除他参与犯罪的责任，如果他的病情好转，检察官保留再起诉他的权利。

初审分庭接到检察官的申请后，认为："无论所述健康理由多么重要，法院的规约和规则都未规定可以此理由撤销对国际法庭必须审判的主要罪行的起诉书"，于是驳回了检察官撤诉的申请。但是，法官们同时认定，久基奇的健康状况已不允许对他进行任何形式的拘留，他所需的治疗证明他需要不同的环境，因此命令基于人道主义将他临时释放，他可以离开荷兰与家人团聚，但受以下条件的严格限制：他在离开以前他或他的律师必须通知书记官长他的地址，以后地址若有变化也要通知书记官长；久基奇必须不断向书记官长报告他的健康状况；如果他的健康状况允许，被传唤时，必须出庭回答对他的讯问；他所居住的国家政府不能阻止执行法院依法庭规则对他提出的要求。这样，法院就通过暂停审判的方式，实现了与检察官要求撤诉，待被告人身体情况改善后再行起诉的同样效果。[1]

值得注意的是，早在"二战"后的纽伦堡审判和东京审判中，就有过法庭因被告人身体不好而暂停审判的先例，前者如克鲁普案，后者如冈河案，不过当时是由被告人的律师而不是由检察官提出申请，而且，法庭对律师撤销审判的请求未予批准，只同意暂时中止审判。[2]

三、从国际法庭做法中得到的启发

从国际刑事法庭对久基奇的处理方法，回头看王某一案，我们也许可以受到一些启发：那就是对于王某这样的绝症犯，应当考虑暂停审判，采取有条件地释放，让其亲人将其保释回家。这样既对王某实行了人道主义待遇，又可避免由政府花费巨额医疗费来对其进行抢救。那么，这样做能否在现有法律框架内找到依据呢？我认为是可以的。刑事诉讼法第 51 条规定：对于可能判处有期徒刑以上刑罚，采取取保候审、监视居住不致发生社会危险性的，可以取保候审或者监视居住。《看守所条例》第 26 条也规定："病情严重的可以依法取保候审。"这里，有两个问题需要进一步探讨：一是刑诉法对取保候审和监视居住有时间限制，即前者不得超过 12 个月，后者不得超过 6 个月，这主要是考虑到它们毕竟属于限制人身自由的强制措施，因而办案机关不能无限期

---

1 参见凌岩：《跨世纪的海牙审判》，法律出版社 2002 年版，第 214 页以下。后久基奇于 5 月 18 日在贝尔格莱德死亡。

2 参见前引凌岩书，第 219 页。

地拖延，但就对绝症犯实行暂停审判取保候审而言，因主要是从他的健康状况出发而实行的人道主义，所以如果期限到后健康状况仍然不适宜接受审判，应可以继续保持这一状态。[1] 二是如何判断"不致发生社会危险性"？现在我国对未决犯实际上是"以羁押为原则、以取保为例外"，这与国外通行的对未决犯实行"以取保为原则、以羁押为例外"正好相反，应当说，后者更符合"无罪推定"的精神，而前者则更多地建立在对未决犯不信任的基础上，总担心取保出去会发生社会危险。另外，司法实践中还存在一条潜规则，即一般只对可判缓刑的才允许取保。在这种情况下，要对一个绝症死刑犯实行暂停审判而有条件地释放，恐怕观念上还需要作比较大的调整。但我更愿意相信，人之将死，其心也善，绝症死刑犯并不因为其是死刑犯就必然会发生社会危险性。当然，有效落实对被取保候审者的监督措施，包括强化保证人的相关职责，也应是题中之义。

四、人文关怀如何深入人心

前述暂停审判、有条件释放的构想，实际上给我们当前如火如荼的执法中的人文关怀传递了一种新的思路，那就是：在高举人文关怀的旗帜下，我们亦需走出非此即彼的思维模式，在更宽的视野中寻求更妥当的方案。确实，在一个国家级贫困

---

1 实践中类似这种利益冲突的执法现象并不罕见，它要求执法者选择一个根本性的利益，如《治安管理处罚法》规定：公安机关应当及时将传唤当事人的原因和处所通知被传唤人家属，实践中据此引发对"嫖娼被抓是否应通知老婆"的争论，其实前述规定主要是为了保障被传唤人的人权，但当在嫖娼被抓这种场合，通知老婆可能带给其家庭巨大的"杀伤力"，因而不妨让违法者本人选择是否通知他人、通知何种人（亲属或友人）。

县，由政府花许多资金来抢救一个死刑犯，虽然从人道主义来说是对的，但老百姓可能并不容易接受，相反，还会招来司法"作秀"的指责。

现行《看守所条例》只规定人犯患病、应当给予及时治疗，但治疗的钱由谁来出，并不明确。据笔者初步了解，现在各地做法也不一致，有的地方统一由政府出，有的地方则要求由家属出。前述房县王某案例，则是由县公安局就其病情和医疗费情况向县人大和有关方面提交专题报告，后由县人大常委会提出列入县财政年度预算而解决的。[1] 显然，这种特批只能是作为个案而存在，它并没有从机制上解决问题。那么，如何从机制上来解决呢？我认为，除了进一步扩大取保的适用面外，对被羁押在看守所内的所有人犯都应统一购买医疗保险，至于保险费从何出，可以考虑由中央政府、地方政府以及一些基金会等非政府组织分担。这样，一旦王某这样的情形出现，就可以由保险公司支付绝大部分甚至全部医疗费用。

可能提出的一个问题是：为什么人犯在看守所里受到的待遇会比外面好？其实，这样的问题已不新鲜。在西方，监狱、看守所内的人犯更是受到在我们看来比较优厚的待遇，如每人一间房，房里有电视机、收音机等，还有健身房、游泳池、教堂等。我曾在访问一个美国监狱时，遇到其看守抱怨道：犯人一有个三长两短，就要送医院；哪一天我若是得了重病，干脆也犯个轻罪进去得了。说归说，他真的愿意进去吗？我想几乎对于所有人而言，这是不可能的，因为自由和声誉这两样东西，对于人来说实在是

---

1 参见前引陆承剑、魏世银文。

太可贵了。当然，作为一个发展中国家，我们不能片面地将西方某些国家对监狱、看守所里的人犯的福利措施照搬过来，但必须承认，我们现在对被羁押人犯的各种权利保障方面还有很大的改进余地。作为一种制度性的东西，我想监狱、看守所的合法性必须建立在确保两方面的基本权利之上：一是被羁押者的生命权，包括基本的生活条件保障，不能受到虐待、不能受到刑讯逼供或变相的刑讯逼供，不能在有疾病时得不到救治，等等；二是被羁押者的诉讼权利，包括会见律师、会见家属、申诉等权利。这样，它就有可能在某些方面比社会上的一些特殊群体如无家可归者、流浪乞讨者的待遇还要好，但再好，它的被剥夺人身自由的本质特征没有变，它的法律和伦理上的否定性评价没有变，因而不可能真正成为鼓励和刺激人们去犯罪的诱因。

最后要说的是，目前我们在执法和司法的各个环节中的人文关怀不是太多了，而是太少了；不是过头了，而是远远不够。随着我国物质文明、精神文明和制度文明的全面发展，人文关怀这道法律领域中的风景一定会越来越亮丽，越来越深入人心。当前，在推进人文关怀时，我们要注意以下几点：一是要一手抓人文关怀，一手抓司法公正，要警惕执法的"人性化"泛化成"人情化"，警惕执法对象钻人文关怀的空子，给司法公正带来危害。二是要防止将人文关怀简单化、场面化，要克服华而不实的"作秀"现象、一阵风现象，要持之以恒地使之制度化、规范化；另外，还要注意在对犯罪嫌疑人、被告人和犯人的人文关怀的同时，充分考虑被害人及其他利害关系人的利益和感受，要充分维护他们的合法权益，引导他们接受人性化的执法观念。三是要"以人为本"，对一切不符合人文关怀的现象都要在实际工作中积极主动地加以革新。要树立这样一种基本认识：凡是符合诉讼规律的东西，不管传统上我们是如何地不承认，都要扭转过来，如警察出庭作证、共犯出庭作证等，事实证明这有利于查明案件真相，对不冤枉被告人有好处，我们为什么不提倡呢？另一方面，只要是不损害司法公正的，不管传统上我们是如何地对过去的做法习以为常，都要改正过来，如囚犯不应被强令剃光头，被告人出庭应可以穿自己的服装，未决犯在被羁押期间应有权会见家属，被告人在法庭开庭前或休庭时应可以与亲属作适当的交流，被告人在开庭时应可以坐下、可以每开庭一段时间就休息一会儿，等等，这些都既不妨碍诉讼进程，也不损害其他当事人的权益，相反，完全是人性使然，我们又为什么不支持呢？

对老年罪犯免死是智慧的立法 *

现在世界上废除死刑的国家已经大大超过了保留死刑的国家，而且联合国及其相关组织一再强调，它所提出的免除弱势群体的死刑、减少死刑犯的痛苦等，绝不能理解为允许推迟或阻止废除死刑。

在此前提下，联合国经社理事会早已敦促那些还保留死刑的国家应确立一个不得判处或执行死刑的年龄上限。但由于这一敦促并没有法律效力，而且对这个年龄上限到底应当是多少也没有明确，所以在世界各地的落实情况有别。

总的来看，响应联合国经社理事会上述敦促的国家和地区在增多，如蒙古、墨西哥、危地马拉规定 60 周岁以上不得执行死刑，俄罗斯和哈萨克斯坦规定 65 周岁以上不得执行死刑（俄罗斯现在事实上已经停止了所有死刑的执行），苏丹规定 70 周岁以上的人不得执行死刑，我国台湾地区规定年满 80 岁的人犯罪不得处死刑（也不得处无期徒刑）。

这次《刑法修正案（八）》提出"75 岁以上免死"的命题，引发社会关注甚至争议。我个人当然是赞成这样一种立法思路的。实际上，中国古代就有对老年人犯罪从宽处理的传统，1935 年的

---

* 原载《检察日报》2010 年 9 月 3 日。

《中华民国刑法》也规定年满 80 岁的人犯罪不判死刑，所以有学者认为这次提出"75 岁以上免死"只是对我国宽宥老年人犯罪的法制传统的重拾。当然，对老年罪犯免死，绝不是说就不惩罚老年人犯罪，还有无期徒刑和有期徒刑，所以不会放纵犯罪，更不会威胁到社会的安全。

在整个社会趋向减少死刑、严格限制死刑的形势下，对老年罪犯免死更是一个妥当的选择。从法院系统反馈回来的数据看，70 岁以上犯重罪可能判处死刑的，现在全国每年也就几起，是个位数，说明免除这部分人的死刑不会对社会造成大的冲击。而且，70 多岁的人如果仍然去犯重罪，要么是有可以谅解的外部原因，要么是他本人的判断力和控制力下降，对这种人判死刑，实际上法官也下不了手。

有人可能会举出极个别老年人恶性犯罪的例子来反对"75 岁以上免死"，但别忘了，作为表达国家智慧的立法，它考虑的是社会通常的情况，而不能根据个案甚至是放大了的个案来做出误导全局的判断。这就像我们规定不满 18 周岁的人犯罪不判死刑、不满 14 周岁的人不负刑事责任一样，我们是基于一种整体判断，认为不满 14 周岁的人还不具备刑事责任能力，不满 18 周岁的人虽然已经具备了刑事责任能力但与成年人相比其刑事责任能力还比较低，如果我们要纠缠于个案，那确实可能举出某个 13 岁的人比另一个 14 岁的人发育还要成熟、某个 17 岁的人比另一个 19 岁的人刑事责任能力还要强的例子。但立法无法满足这种个案公正，只能针对抽象的人做出一般性的规定，司法才能在法律规定的原则范围内考虑个别人的具体情况，尽可能地实现个案公正。

如果说自古以来就有的对老年人犯罪实行宽宥处理的政策体

现的是当政者的一种平恕之心，那么现代科学的发展则为这种宽宥处理提供了科学上的根据。科学表明，衰老能导致责任能力的降低，这也是高龄为什么可以成为减轻处罚的一个因素的原因。

因此，确立"75岁以上免死"，从刑事立法上免除"一老一小"这两个特殊群体的死刑，是我们这个社会走向更加人道和宽容的法治、善治的又一进步。

死囚生育权带来的法律思考 *

民妇提出法律难题

2001年11月20日,《浙江工人日报》披露一条社会新闻。浙江省有位叫郑雪梨的青年妇女,新婚丈夫不慎犯下命案,一审法院判其丈夫死刑。郑雪梨向当地两级法院提出了一个在传统司法实践看来荒唐至极的请求——"让我借助人工授精怀上爱人的孩子!"

郑的丈夫叫罗锋,供职于一家公司。2001年5月29日,因琐事与公司副经理王某发生争执,王某先打了罗一耳光,并用榔头打了罗一下,之后引发了这起恶性犯罪事件。8月7日,一审法院以故意杀人罪判罗死刑。一审判决第二天,罗向浙江高院提起上诉,而罗的妻子则向两级法院提出人工授精请求。一审法院当即以此做法无先例为由,拒绝了罗妻的请求。目前,罗案已进入终审程序,省高院至今未对罗妻的请求作出答复。

然而,此案目前已引起社会和媒体的广泛注意,不少普通百姓也热烈讨论。其热点集中在生育权这个法律没有明文禁止的权利,作为死囚犯,他能否享有?

---

* 原载《北京法制报》2001年12月1日。

由于法律对此没有明文规定，先前也没有先例，此案对现行法律提出了挑战。一些法学专家也高度重视此案的法律意义。他们一方面从法律人道主义角度提出对罗妻主张的支持；另一方面又对现行法律的制度完善提出意见。另有学者从人权和法治角度，对此提出反对意见，认为生育权的丧失是丧失自由权的应有之义，而且，人道的考虑不能忽视孩子的角度。

然而，无论正反意见，社会对权利话语的热衷、执着折射出中国社会的一种进步。这表明，法治理念、对自我权利的诉求与主张的意识正在走向中国民间。仅此一点即意义非凡！

权利意识凸显社会进步，法律疑难呼唤制度更新

中国社会科学院法学研究所副研究员刘仁文博士认为，首先罗妻能向法院提出自己的请求，说明我们这个社会正在朝着法治社会进步。为什么这样说？一是她自己对自我权利的诉求与主张意识的增强，这种事情过去她想都不敢想，估计也想不到这一点；二是她有了要求既不采取无理取闹的态度，也不去找党委政府和单位领导，而是去找法院，这说明法院正成为老百姓讨说法的地方，可喜可贺！在一个法治社会，法院就应当成为公民与国家争议的裁判官。像美国，即使在总统选举这样重大的政治事件中出现了纠纷，也要求助于法院，而且不管法院的裁断在双方看来是否正确，一旦做出，就具有高度的权威性，双方都本着对法治的尊重去遵守它。

他认为，虽然现行法律对这个问题没有明确规定，但按照法治社会的一个基本原则，公权力只有在法律明确授权的情况下才

可以行使，而私权利则只有在法律明确禁止的情况下才不可以行使。本案罗妻与死刑犯丈夫的生育权作为一项私权利，既然法律没有明文禁止，其行使又可通过现代科技手段实现，并且对社会和他人都不造成危害，这样的法律空子应当允许当事人钻。当然，对于罗妻选择此种实现生育权方式对自己特别是对未来的孩子可能带来的一系列问题，可以建议其慎重考虑，但这是她自己的事。

一审法院以没有先例为由拒绝罗妻的请求，似有不妥。先例是人创造的，美国的堕胎合法化、对公众人物和权力机关的名誉侵权之限制，都是在没有先例的情况下通过法官的理念来实现的。我国现在正处于一个体制转轨、民主法制建设大踏步前进的时期，时代需要我们的法官运用现代理念来创造更多更好的先例，而不是因循守旧。

刘仁文强调此案提出了中国新的法律制度建设问题。他认为，可以预见，罗妻的一二审诉求都难以成功，因为在目前中国的法治条件下，作为地方法院和地方法官很难从宪法、人权、人道主义等抽象的法律理念中推理出对罗妻的支持。那么，建议罗妻向最高人民法院提起申诉，同时也建议最高人民法院受理该申诉，并做出妥善的裁断。这里，实际上又一次呼唤中国的违宪审查制度，即罗妻的此种权利是否为宪法所保护、下级法院对罗妻诉求的驳回是否违宪？不管最高人民法院的裁断结果如何，第一，它必须是从宪政的角度把理由说清楚，法理上能让人心服口服；第二，一旦最高人民法院做出裁断，即为权威裁断。

实际上，这里还呼唤一个中国的判例制度。法律不可能穷尽一切，那么遇上本案这类问题怎么办？可由最高人民法院通过判例的形式来实现法官造法的功能。在宪法和法律的含义和精神指导下，对一些重大的司法问题做出符合时代特征的判例，使之对以后类似问题具有约束力，从而实现法律的稳定性与司法的能动性互补。

他还认为，如果法律同意罗妻生育权的请求，对提升中国法治建设的形象非常有意义。因为从其所掌握的资料看，还未曾听说哪一国家有此先例。他说，难道中国就永远只能"借鉴"而不能创造吗？我们为什么不能在人道主义、现代民主法治方面引领时代先锋，创造出好的先例，让国外学者也能引用中国的某一判例来说明在某个领域的划时代性，就像今天我们的学者所不断引用欧美的一些划时代性案例一样？

一审判死刑太重

作为刑法学专家，刘仁文还对此案一审判决提出异议。他指出，按照我国刑法规定，死刑只适用于罪行极其严重、不杀不足以平民愤的罪犯，并不是出现了死人的后果就一定要判处罪犯死刑；相反，激情杀人、被害人有过错的杀人，应当与蓄谋杀人、恶意预谋杀人区别对待，在刑罚上体现比例性原则、区别原则。举个最简单的例子，在被害人有过错的交通事故中，责任人承担的责任要比被害人无过错的时候轻。本案被害人在引发被告人的犯罪行为过程中是有一定的责任的，也就是说，被告人对于一般的社会公众并无危害，其人身危险性和主观恶性并不像那些针对普通大众随意实施杀人行为的犯罪分子大，所以，无论从刑法的立法原意还是从"可杀可不杀"的刑事政策来考虑，都不一定非要对罗犯判处死刑不可。

死刑犯器官利用需进一步规范 *

2012 年 3 月份，多家媒体报道了卫生部副部长黄洁夫在全国政协小组讨论会上披露的一个消息：器官紧缺是中国器官移植发展的瓶颈，由于缺乏公民自愿捐献，死囚器官目前成了我国器官移植的主要来源。

这则消息当时让不少人感到有点吃惊，因为此前卫生部发言人的说法是：死刑罪犯的器官利用在我国只是极个别的。

对于死刑犯的器官利用问题，国外和境外媒体多次报道，有关国际组织也关注已久，各种猜测和批评都有。这其中，除少数属"蓄意编造"和"恶意诋毁"外，我相信大多数还是出于对实际情况的不了解。因此，说出真相，反而有利于防止谣言的传播。

最高人民法院、最高人民检察院、公安部、司法部、卫生部、民政部曾于 1984 年颁布过《关于利用死刑罪犯尸体或尸体器官的暂行规定》(以下简称《暂行规定》)，其中规定以下几种死刑罪犯尸体或尸体器官可供利用：1. 无人收殓或家属拒绝收殓的；2. 死刑罪犯自愿将尸体交医疗卫生单位利用的；3. 经家属同意利用的。此外，《暂行规定》还规定：对需征得家属同意方可利用的尸体，卫生部门得与家属协商，并就经济补偿等问题达

* 原载《东方早报》2012 年 11 月 22 日，发表时题为《死刑犯器官利用的立法问题》。

成书面协议。

上述《暂行规定》已经过去二十多年了，还没有去掉"暂行"二字。我认为，从该问题的重要性和国际关注度来看，有必要上升到全国人大常委会的立法层面来讨论，这样既可以提升法律位阶，也可以根据社会的进步和人权保障的需要，对一些问题做出更详细的规定。

例如，《暂行规定》只涉及利用死刑犯的尸体和尸体器官，没有涉及活体器官的捐献，但近年实践中屡有死刑犯想捐献活体器官给有紧急需要的病人的案例，对此，司法机关能否同意？现在，理论上有不同看法，有的认为，死刑犯与其他公民一样，有自愿捐献自己器官的权利；另有的认为，考虑到死刑犯所处的特殊环境和弱势地位，除了允许死刑犯将自己的器官捐献给自己的配偶和近亲属，其他得一概禁止。我个人倾向于同意前一种观点，但对于如何确保其权益的自愿行使确实需要有一套制度的保障。与此相关的一个问题是，如果采纳前一种观点，对那些捐献器官的死刑犯，能否作为立功来认定以便减轻其刑？我想答案恐怕应当是否定的，否则岂不每个死刑犯都可以通过这种途径来达到免死的目的了。

由于死刑犯处在被羁押的封闭环境里，如何确保他们将自己的器官或尸体交医疗卫生单位利用的决定是出自自愿，而不是有关机构和人员动员、教育甚至施加压力的结果，这是核心问题。我想，必须遵循两个基本原则：一是要确保有关机构和人员利益无涉。如果在死刑犯的器官利用中有关机构和人员能获得好处甚至提成，那将是十分危险而可怕的一件事情。二是必须由中立的第三方来听取死刑犯的意见，让死刑犯在没有任何压力、获得充分信息的情况下自主做出决定。

现行《暂行规定》规定了三种死刑犯尸体或尸体器官可供利用的情形，但都不甚严谨，需要细化。如何谓"无人收殓或家属拒绝收殓"？在有的案件中，死刑犯被执行死刑时家属并没有接到通知，或本来是可以联系上的，但有关机关并没有去做进一步的联系工作。还有的死刑犯在外地被执行死刑，家属出于经济方面的考虑没有去收殓。但即使在这种情况下，如果涉及要利用死刑犯的器官，还是应当给予家属适当的经济补偿。另外，第二种情形"死刑罪犯自愿将尸体交医疗卫生单位利用"和第三种情形"经家属同意利用"如果出现矛盾怎么办？也就是说，有可能死刑犯本人愿意但家属不同意，还有可能家属同意但死刑犯本人并不愿意。我认为还是应当以死刑犯本人的意愿为主，当死刑犯本人不愿意时，应当尊重他本人的意愿；但当本人愿意、而家属不同意的理由是，怀疑其本人意愿不是出自真心时，则应当由中立的第三方来听取其家属意见，并最后做出是否批准的决定。

实践中接受器官的一方往往会支付一定的经济补偿，有时补偿费还比较高。《暂行规定》只是笼统地规定了在一定条件下死刑犯家属有获得经济补偿的权利。我认为，应当严格规定有关司法机关和医疗机构及相关人员不得在死刑犯器官利用中有任何牟利行为，所有的经济补偿费都必须交到死刑犯家属的手中。现实中许多死刑犯家庭极度贫困、上有老下有小，"死不瞑目"，如果他的家属能获得这笔经济补偿费，对他也算是个安慰。

2011年《刑法修正案（八）》规定：未经本人同意摘取其器官，或者强迫、欺骗他人捐献器官；违背本人生前意愿摘取其尸体器官，或者本人生前未表示同意，违反国家规定，违背其近亲属意愿摘取其尸体器官的，都要作为犯罪行为来加以惩处。毫无疑问，这里的保护对象也包括死刑犯。因此，在规范死刑犯的器官利用时，还要注意与此相衔接，用有效的预防和制裁措施来制止那些违背死刑犯本人及其家属的意志、擅自移植死刑犯器官或利用死刑犯尸体的行为。

最后要说的是，我们讨论规范死刑犯器官利用是在死刑存在的现实条件下，它与我们严格限制死刑乃至最终要废除死刑的目标是不矛盾的，绝不能以死刑犯的器官或尸体有利用价值而放松对现行死刑适用面的严格控制。

为什么不知道马加爵被执行死刑 *

　　2004年6月17日，杀害四名同学的原云南大学大学生马加爵被执行死刑。据媒体报道，马加爵的姐姐从网上看到有关消息后主动给记者打电话："我弟弟是不是真的死了？"马加爵的父亲在接受采访时也不断地重复一句话："法院应该通知我一声啊……"

　　这是犯罪人的亲属方，那么被害人的亲属方呢？被害人邵瑞杰的父亲邵渭清说，如果不是记者通知，他之前还真没得到任何消息。被害人杨开红的哥哥杨开武也告诉记者，他此前对此一无所知。

　　那么，犯罪人的亲属和被害人的亲属该不该知道马加爵即将被执行死刑？回答应是肯定的。从犯罪人亲属一方来看，让马加爵与他爱的人、爱他的人见上最后一面，是一种温情执法、人性执法的表现。而从被害人亲属一方来看，让他们知道案件的最后结果，有利于抚慰他们受伤的心灵。

　　这就牵涉到一个刑事司法中的具体问题：如何在刑事司法过程中确保相关信息及时传达到涉案各方及其亲属？现在的实际情况是，在许多地方，公安局一抓人，家属就急得团团转，见也见不着，打听也打听不到，而被抓的人在里边想请家属送件衣服、

* 原载《检察日报》2004年6月23日。

送点钱或请律师之类，也是麻烦得很，要是被外地公安机关抓走，则更是艰难。至于一个案子什么时候从公安侦查阶段到了检察起诉阶段，又什么时候从检察机关移送法院审判，全是没准儿的事，你就随时打听着吧。我最近就遇到了这样一件事：老家一犯罪嫌疑人的父母请我替他们在外地作案的儿子做辩护律师，他们说除了公安局寄给他们的一个逮捕通知书外，其他就什么线索也没有了，不知道儿子被关押的这个地方在哪一方，只好全部拜托我了。由于该犯罪嫌疑人的家里特别穷，为节省费用，我准备等案子到了法院再去，那样阅卷、会见和调查取证工作就可一次完成。然而，究竟案子何时到检察院，何时到法院，得自己托人频频打听，否则只怕那边开庭完了，这边还不知道呢。数日前，又托人打听案子进展情况，得知此案已由县检察院转市检察院，问人关在何处，答曰，有可能仍在县看守所，也有可能转往市看守所。又问如仍关在县看守所，该看守所怎么找，去会见是不是要先到市检察院去获得许可。答曰，得再托人打听一下。

法院审理也是如此，如果说开庭时间还能从法院的公告栏里获知的话（应当直接通知才好），那么开完庭，什么时候宣判，被告人的亲属也好，被害人及其亲属也好，又不得而知。等到送往监狱服刑，被害人一方则完全不知道对方的情况了，有的犯人通过关系，减刑、假释或保外就医什么的，没几年就出来了，被害人一方还蒙在鼓里，以为对方仍在蹲监牢呢。

刑事司法虽然由国家主宰，但最初矛盾来源于犯罪人和被害人，任何一步都牵动着双方及其亲属的感受。如果在整个过程中，有意无意地将双方当事人架空，使有关信息不能畅通抵达各方，那么，对犯罪人一方而言，将带来诉讼成本的增加、亲情关系的折磨等后果，对被害人一方而言，则不利于抚慰其创伤、保持对国家司法公正和司法确定性的信心。

因此，我主张，凡刑事诉讼、刑事执行的所有环节，都应以最迅捷、最方便的方式让犯罪人和被害人及其亲属知晓，否则，国家我行我素，自以为在公正执法，这种公正却不为被害方所知；自以为在伸张正义，却不曾想又在制造着引发犯罪的冷漠。

北京市高级人民法院去年出台司法为民 50 条新举措，其中一条规定：死刑犯临刑前可以会见亲属。这一规定的首位受益者是一个叫李军的死刑犯，在法院安排下见到妻子的李军说：这满足了他心里最大也是最后的愿望，他十分感谢政府、感谢法院。记者李曙明先生据此提出"让死刑犯带着感激上路"，我要说的是，不仅要让"死刑犯"带着感激上路，更要让更多的"活刑犯"带着感激去改造，让更多的"活刑犯"亲属带着感激去生活，只有这样，我们这个社会才能充满温情，才能去除暴力的根源——冷漠、仇恨、猜忌、不信任，而这，才是高明的刑事司法者所应追求的境界。

死刑犯行刑前应有权会见亲属 [*]

　　关于死刑犯行刑前是否有权会见亲属，我国法律没有明确规定，过去实践中的普遍做法是不允许死刑犯刑前会见亲属，其原因大概一方面是基于安全的考虑，另一方面可能也与我们长期以来只把死刑犯看作专政对象、要无情打击有关。多年前，四川资阳的张某因制造冰毒被判死刑，媒体报道他死前唯一的愿望是和妈妈合张影，但因"不符合看守所规定"而被拒绝。2004 年，马加爵被执行死刑后，其姐姐才从网上看到有关消息，马加爵的父亲在接受采访时不断重复着："法院应该通知我一声啊……"

　　随着"执法人性化"理念的铺开，逐渐有一些地方允许死刑犯在行刑前会见亲属，如 2003 年北京市高级人民法院出台司法为民 50 条新举措，其中一条就规定：死刑犯临刑前可以会见亲属。这一规定的首位获益者是一个叫李军的死刑犯，在法院安排下见到妻子的李军说：这满足了他心里最大也是最后的愿望，他十分感激政府、感谢法院。李曙明先生据此提出"让死刑犯带着感激上路"，我也曾专门就此撰文肯定法院的这种做法。

　　2007 年 3 月 11 日最高法、最高检、公安部、司法部联合发布《关于进一步严格依法办案确保办理死刑案件质量的意见》第 45

* 原载《法制日报》2013 年 9 月 11 日。

条规定："人民法院向罪犯送达核准死刑的裁判文书时，应当告知罪犯有权申请会见其近亲属。罪犯提出会见申请并提供具体地址和联系方式的，人民法院应当准许；原审人民法院应当通知罪犯的近亲属。罪犯近亲属提出会见申请的，人民法院应当准许，并及时安排会见。"2012年12月20日最高人民法院发布的《关于适用〈中华人民共和国刑事诉讼法〉的解释》第423条规定："第一审人民法院在执行死刑前，应当告知罪犯有权会见其近亲属。罪犯申请会见并提供具体联系方式的，人民法院应当通知其近亲属。罪犯近亲属申请会见的，人民法院应当准许，并及时安排会见。"有学者认为，前者相对比较合理，确立了法院在送达文书时的通知义务，为安排会见预留可能的时间，但后者则又将告知的时间模糊规定为"执行死刑前"，容易带来法院在行刑验明正身时才告知。[1] 我认为该学者对后者的这种解读是不准确的，后者的精神与前者应是一致的，最高法院不可能在时隔5年之后对死刑犯权利保障的理念还出现倒退。

既然最高司法机关已经规定死刑犯临刑前有权会见亲属，按理说这在实践中就不应当成为一个问题了。但不幸的是，这偏偏还就是一个问题。2013年7月12日，长沙市中级人民法院对湘西非法集资案主犯曾成杰执行死刑，当其女儿发微博称她没有接到通知，错过见父亲最后一面时，引起网民如潮般关注，大家普遍对法院死刑执行中漠视生命伦理的做法感到不满。[2]

法院官方微博的最初回应称：无法律规定。当网友们拿出

1　参见傅达林：《"刑前会见权"不证自明》，载《检察日报》2013年7月24日。

2　从过去对死刑犯不允许见亲属的做法无动于衷甚至认为理所当然，到如今这种社会心理的变化，说明人道主义正在我们这个社会复苏和成长。

《最高人民法院关于适用〈中华人民共和国刑事诉讼法〉的解释》时，又说在验明正身时告知了会见权，但曾成杰未提出要求。这又陷入"错上加错"：验明正身已属于临刑前的最后一个环节，在这个时候告知，已无兑现此权利的可能。[1]

从曾成杰案可知，目前死刑犯行刑前会见亲属的权利并没有得到有效保障。同样，也从曾成杰案可知，若罔顾人性，连死刑犯见自己的亲属一面都保证不了，民众是会对这种冷漠司法持强烈反感态度的。

我认为，应从以下几方面来完善死刑犯行刑前会见亲属这一制度：

首先，就是要统一认识。死刑犯行刑前会见亲属是其一项应有的权利，这可以从宪法中的尊重人权条款推理出来。应当看到，随着国家法治的发展，过去许多习以为常的做法和观念都应当调整过来。死刑犯在行刑前想会见自己的亲属，这完全符合人性，且大都会起到积极作用，如叮嘱家人要遵纪守法、好好做人，牵挂和关心老人和小孩等。当然，从法院及看守所的角度来讲，这样做无疑要增加一些工作量，如通知死刑犯的亲属、做好必要的安全防范等，但这都不能成为阻碍这项工作的理由，因为不存在不可克服的困难。

其次，最高人民法院要在现有司法解释的精神指导下，进一步出台更有操作性的确保死刑犯会见亲属权实现的细则。具体构想如下：1. 由于按照目前的法律规定，下级人民法院在接到最高人民法院执行死刑的命令后，7日内就必须交付执行。而首先

1　参见任然：《用曾成杰案重申司法正义》，载《新华每日电讯》2013年7月15日。

接到最高人民法院通知的是省一级的高级人民法院，如果由高级人民法院来通知中级人民法院，再由中级人民法院来通知死刑犯及其亲属，考虑到死刑犯又常常羁押在县一级的看守所，还要考虑到有的死刑犯的亲属路途遥远，甚至由于在外打工等因素可能不是马上就能联系上，建议高级人民法院在接到最高人民法院执行死刑的命令当天，就要在第一时间通知第一审人民法院，第一审人民法院在接到通知后也要在第一时间通知死刑犯所在的看守所，由看守所在第一时间通知死刑犯本人，告知他有权会见其近亲属；2. 为确保死刑犯近亲属的申请会见权，也应第一时间通知到他们。为此，应从第一审开始，就在案卷里写明至少一个近亲属或其他人的联系方式，一旦接到上级人民法院的死刑执行通知，就要立即与该联系人联系。这个联系人应由被告人自己提供，如他只能提供姓名，不能提供具体联系方式，则法院要负责落实具体联系方式。实践中有的死刑犯基于种种原因，如觉得愧对家人，或担心路途太远，可能不愿意通知家人来见面，因此上述第一时间通知死刑犯本人和通知其近亲属应同时启动；3. 对于会见的时间原则上不应有限制，参加会见的人数一般为一次一人，但遇有老人、小孩等确想参加会见的，应允许增加此类人员 1 至 2 人；4. 如果遇有特殊情况，如亲属因故来不及赶到，或因经济原因放弃到路途遥远的地方去会见，法院应当协调死刑犯所在的看守所提供免费通话的便利；5. 如果死刑犯没有近亲属，或近亲属联系不上，法院应当允许死刑犯会见其想会见的其他亲人或朋友；6. 如果近亲属离得远，而希望委托离死刑犯羁押所在地近的其他亲人或朋友去代为会见的，也应当允许。

最后，要把死刑犯会见亲属的权利上升到法律层面并做相应完善。现在有的地方之所以没能很好地落实死刑犯会见亲属的权利，就是因为法律没有就此做出明确规定。为了确保死刑犯临刑前的会见权，应当通过刑事诉讼法予以明示，增加"死刑犯临刑前的会见权"这一内容。与此同时，建议把现在刑事诉讼法关于下级人民法院在接到最高人民法院执行死刑的命令后必须在7日内交付执行的规定加以修改，适当延长死刑执行时间，以便死刑犯亲属有比较充裕的时间来申请会见。当然，死刑犯会见亲属的时间可以提前，但具体通知死刑犯的行刑时间则不宜过早，以免造成死刑犯的过度焦虑。

顺便还要说一个问题，那就是现在实践中都是在死刑执行后，先由法院把死刑犯的尸体火化后，再将骨灰交给死刑犯的家属。但这一做法招致的担心和质疑是，死刑犯尸体在被火化前是否有可能未经家属允许而被摘走器官。为防止这类现象的发生，建议法律或司法解释明确规定，死刑犯尸体在送到火葬场被火化前，应当通知其亲属代表前往火葬场，在确认尸体的完整性后再行火化。

建立对刑事被害人的补偿制度[*]

随着马加爵案件的告破，对四名受害者家属的经济补偿问题也浮出水面，但面对一贫如洗的马加爵及其家庭，要从犯罪嫌疑人方面得到补偿，显然不可能。

现实生活中，许多受害人及其家庭往往因遭受犯罪的侵害而陷入生活极度困难的境地，他们要么因自己被致残致伤需要支付巨额的医疗费而无法承担，要么因失去劳动力而丧失抚养全家老小的能力，如此等等，都呼唤国家建立对刑事被害人的救济制度。

对刑事被害人进行救济，不仅是国家应有的人文关怀，也可以说是国家的义务所在。因为公民被害，与国家没有提供一个安全的生存和生活环境有关，因此国家也要承担一定责任。目前世界上许多国家都设立了刑事被害人的经济补偿和精神抚慰制度，值得我们借鉴。第一，它有利于缓解受害人及其家属的经济困难——特别是对丧失劳动力的家庭而言。第二，它有利于防止被害人走向犯罪道路。有的被害人因为没有得到救济，要么私自复仇，要么因困难而走向盗窃或其他犯罪道路。第三，它有利于防止案件私了。为什么有的案件如强奸等容易私了，就是因为受害人及其家属认为犯罪后果已成事实，怎么判对方刑都不能挽

---

* 原载《新京报》2004 年 3 月 25 日。

回自己的损失，还不如捞点实惠的。第四，它有利于刑罚轻缓化。赔偿被害人后，因其刑事责任部分转嫁为民事责任，被害人和社会的怒气也降低，可以相应减轻其刑罚的长度和严厉性，这对节省国家司法成本也有好处。

我国刑法第 36 条规定，由于犯罪行为而使被害人遭受经济损失的，对犯罪分子除依法给予刑事处罚外，并应根据情况判处赔偿经济损失，这也就是所谓的刑事附带民事制度。但该规定至少存在两方面的不足：一是没有确立犯罪被害人及其家属在得不到犯罪人的赔偿的情况下，有权向国家提出补偿的制度。实践中有的案件长年未破，被害人就一直无法提起赔偿，或者案子虽然破了，法院也依法判处犯罪人赔偿被害人，但犯罪人根本无实际履行能力。二是赔偿范围太窄，比如，把民事赔偿仅限为经济损失，不包括精神损失，显然是滞后了，因为精神损害赔偿已经广泛适用于民事司法实践；还有，法律只规定对遭受经济损失的被害人进行赔偿，而没有将赔偿对象扩大到其近亲属，显然也是不合适的。

尽快完善相关法律，建立对我国刑事被害人及其家属的经济补偿和精神抚慰制度，是政治文明的必然要求。我们注意到，一些地方已经开始在这方面迈出了可喜步伐。据《山东商报》2004年 3 月 22 日报道，淄博市中级人民法院在全国率先提出了建立刑事被害人的救助制度。这种探讨是一种对法律的"善意扩张"，完全符合"司法为民"的指导思想，是司法能动性的良性表现。

为进一步规范该制度的发展，笔者认为，当前在制度设计上须抓紧做好以下几件事情：1. 落实主管部门和经费来源。可考虑由各级社会治安综合治理委员会牵头，组织民政机关、公检法等部门，实行国家拨款、地方财政补助、发动社会捐赠等多种途径筹集资金，成立专项基金；2. 明确赔偿对象。必须为被害人本人，本人死亡的，为其父母、子女和配偶，且必须是因被犯罪所害而陷入困境，如无法支付治疗费用、无法获得维持生活的基本条件等；3. 建立审批程序。被害人及其家属在要么因案子未破、犯罪嫌疑人没抓到，要么因犯罪嫌疑人家里穷、无支付能力，无法从犯罪人那里得到赔偿的情况下，可根据一定的程序提出申请，由有关部门审查后对符合条件的给予相应救济。

后 记

2013年初，受三联书店总编辑李昕先生的鼓励，我将十余年来关于死刑研究的长短文章整理到一起，发现总字数已经超过50万字。后来在李先生的建议下，我把这些文字分成两类，即论文和随笔。论文经过编辑整理，已经结集为《死刑的全球视野与中国语境》一书，于2013年在中国社会科学出版社出版。随笔则经过三联书店鲍准等几位编辑的反复提炼和筛选，最后以本书的形式面世。

需要说明的是，本书的文章写于过去十多年间，而这十多年里，世界上废除死刑的国家每年都在增加，我国的死刑改革也在多方面取得了重要进展，有些主张现在已在新的立法中得到体现，如最高人民法院收回死刑核准权、死刑罪名从过去的68个减少到55个等。考虑到逐篇去更新这些数据和内容不仅是一项繁重的工作，而且更重要的是我觉得也没有必要，因为那样将失去阅读的历史感。因此，书中的所有文章基本上都保留了原貌，并在每篇文章的开头注明了发表的时间。

在书稿编校过程中，传来最新消息：3月9日，在全国人大举行的记者会上，立法机关的有关负责人表示，目前刑法修改工作已列入年度立法计划，全国人大常委会正根据十八届三中全会精神，听取各方意见，研究逐步减少死刑问题。对于一个长期从事死刑改革研究的学者，我自然乐见其成，也时刻准备着以自己的专业知识来服务于国家的这一政策目标。

我深信：一个少用甚至不用死刑的国家，对民众而言，更具亲和力。

是为后记。

刘仁文

2014 年 4 月 28 日于京西寓所